全国高职院校专业教学创新系列教材

——铁道运输类

铁道机车车辆无损检测技术与应用

TIEDAO JICHE CHELIANG WUSUN JIANCE
JISHU YU YINGYONG

主　编◎刘宏利　房　楠　朱慧勇

副主编◎姚芳芳　田　航　雷云涛

　　　　党会学　郝　磊

主　审◎李益民　林　辉

西南交通大学出版社
·成都·

图书在版编目（CIP）数据

铁道机车车辆无损检测技术与应用 / 刘宏利，房楠，朱慧勇主编. -- 成都：西南交通大学出版社，2022.3（2024.1 重印）

ISBN 978-7-5643-8604-7

Ⅰ.①铁… Ⅱ.①刘… ②房… ③朱… Ⅲ.①机车车辆–无损检验 Ⅳ.①U260.7

中国版本图书馆 CIP 数据核字（2022）第 029901 号

Tiedao Jiche Cheliang Wusun Jianche Jishu yu Yingyong

铁道机车车辆无损检测技术与应用

主编　刘宏利　房　楠　朱慧勇

责 任 编 辑	何明飞
封 面 设 计	墨创文化
出 版 发 行	西南交通大学出版社 （四川省成都市金牛区二环路北一段 111 号 西南交通大学创新大厦 21 楼）
营 销 部 电 话	028-87600564　028-87600533
邮 政 编 码	610031
网　　　址	http://www.xnjdcbs.com
印　　　刷	四川森林印务有限责任公司
成 品 尺 寸	185 mm × 260 mm
印　　　张	18.25
字　　　数	453 千
版　　　次	2022 年 3 月第 1 版
印　　　次	2024 年 1 月第 2 次
书　　　号	ISBN 978-7-5643-8604-7
定　　　价	49.80 元

课件咨询电话：028-81435775

图书如有印装质量问题　本社负责退换

版权所有　盗版必究　举报电话：028-87600562

前　言

无损检测技术是机械工业的重要支柱，随着现代工业和科学技术的发展，无损检测技术在设备和装备运行、产品质量保证、提高生产率、降低成本等领域正发挥着越来越大的作用。

为了适应高职高专教育理念的改革及课程教学改革的实施，对接"1+X"职业资格等级证书要求，做到书证融通、课证融通，把握"必须+够用"的内容要求，突出高技能应用型人才的培养以及无损检测岗位对检测人员的需求，我们编写了这本《铁道机车车辆无损检测技术与应用》。

本书在工学结合理念的指导下，从无损检测探伤工工作的岗位技能出发，以企业实际工作过程和项目任务的实现过程为引线，以无损检测探伤工操作技能为向导，着眼于培养无损检测探伤工实用基本技能。全书系统地介绍了无损检测中所需要的检测基础知识、原理及检测方法，同时也突出了检测材料、工艺以及检测结果的分析、判定。书中不仅对6种常规的无损检测技术进行了详细介绍，同时还介绍了一些其他常用的无损检测技术，反映了当前国内外无损检测领域的最新动态和最新研究成果。

本书为新形态教材，精选生产过程中常见的维修作业项目作为课程教学任务，采用任务驱动的教学模式编写，即先提出检测作业任务，对该任务中涉及的相关理论知识进行必要阐述，然后进行了任务实施。让学生初步学会无损检测技术的检测操作方法、缺陷观察、数据记录以及缺陷评定。本书根据教学实际需求配置了相关微课视频、动画等数字化教学资源和二维码，同时添加"拓展知识"板块，为无损检测爱好者提供更深层的学习途径；最后设置了知识风暴的闯关答题，通过后台教师对学生重点知识学习的掌握程度进行评判。本书满足"四新"内容要求，符合职业教育教学规律，符合学生学习习惯。

本书由西安铁路职业技术学院刘宏利、房楠、朱慧勇担任主编，姚芳芳、田航、雷云涛、党会学、郝磊担任副主编，李益民、林辉担任主审。其中，模块一由姚芳芳编写，单元二磁粉检测技术里的项目一由林辉编写，剩余磁粉检测技术由刘宏利编写，单元三超声波检测技术由房楠编写，单元四涡流检测技术由雷云涛编写，单元五目视检测技术和单元六渗透检测技术由朱慧勇编写，单元七射线检测技术和模块三由田航编写，磁粉检测技术任务一由长安大学党会学编写，动车组动态检测技术由郝磊编写。

本书可作为三年制高职及五年制高职铁道机车车辆制造与维护、理化检测技术专业的教材，也可供相关工程技术人员参考。

本书在编写过程中得到校企合作中国中车戚墅堰机车集团公司、西安铁路局宝鸡机车检修段高级工程师蔡根社和西安市轨道交通集团有限公司运营分公司工程师侯江的大力支持。同时，编者参阅了许多专家和同行编著的书籍和相关技术文章，受到了不少启发和教益，在此表示诚挚的感谢。

尽管我们在教材特色的建设方面做了许多努力，但由于编者学识及水平所限，书中难免存在疏漏和不当之处，敬请读者批评指正，并将您的宝贵意见反馈给我们，以便对书稿进行完善。

所有意见和建议请发往：lhongl6306@126.com 或 312271170@qq.com。

编　者

2021 年 12 月

二维码目录

序号	二维码名称	资源类型	页码
1	单元一项目一知识拓展	文档	019
2	单元一项目一心灵驿站	文档	019
3	单元一项目一头脑风暴	文档	019
4	马氏体不锈钢	文档	023
5	磁导率	文档	023
6	单元二项目一知识拓展	文档	024
7	单元二项目一心灵驿站	文档	024
8	单元二项目一头脑风暴	文档	024
9	真空磁导率	文档	028
10	材料内部磁畴排列	文档	029
11	居里点	文档	030
12	矫顽力	文档	030
13	磁阻	文档	031
14	安培环路定律	文档	036
15	单元二项目二知识拓展	文档	049
16	单元二项目二心灵驿站	文档	049
17	单元二项目二头脑风暴	文档	049
18	磁粉检测设备的组成	文档	053
19	磁粉的分类形状	文档	058
20	磁粉的性能测试	文档	059
21	DT4A	文档	061
22	单元二项目三知识拓展	文档	065
23	单元二项目三心灵驿站	文档	065
24	单元二项目三头脑风暴	文档	065
25	单元二项目四知识拓展	文档	076
26	单元二项目四心灵驿站	文档	076

目　录

模块一　铁道机车车辆无损检测技术与应用基础知识

模块二　铁道机车车辆无损检测技术与应用

模块三 无损检测技术与应用新技术

模块一

铁道机车车辆无损检测技术
与应用基础知识

　　现代工业生产中广泛使用的金属材料是由冶炼得到的，之后通过铸造、锻压、焊接等热加工工艺及车、铣、刨、磨、钳等冷加工工艺加工成机器中所使用的零部件，后经装配在工业生产各领域中使用，其加工过程如图 1-0-1 所示。机车车辆中使用的典型零部件如轮对、轴承、制动盘、曲轴、螺栓以及线路中的钢轨等都是使用这些工艺流程加工制成的。

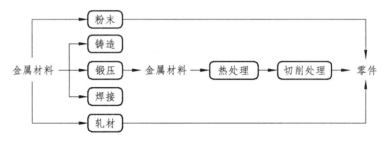

图 1-0-1　零件加工的基本流程

　　铸造、锻压、焊接等热加工工艺通常用于制成毛坯，由于金属在冷却结晶时冷却速度的不均衡以及杂质的存在，会导致毛坯中不同程度地产生缺陷。这些缺陷在工件的切削加工和使用中会导致应力集中，甚至开裂，应及时发现并避免使用。在切削加工前通常会用热处理消除部分缺陷，但是无法完全避免，而且某些热处理方法还会导致材料内部产生其他的缺陷。故需要使用一种在不破坏工件本身的前提下，检测出其内部缺陷的方法，在加工前判断毛坯质量是否符合设计与使用需求，即用无损检测技术评价毛坯质量。

　　零部件在工作中会承受一定的载荷，导致其产生裂纹、磨损、腐蚀、变形等损伤。如铁道机车车辆的车轮踏面与车轴轮座处承受交变载荷，易产生疲劳裂纹；轴箱导框及导槽与车钩及缓冲器零件间存在摩擦，易被磨损等。裂纹的产生既可能出现在零件的表面，也可能出现在零件内部，内部的裂纹不易被发现，会在持续使用中长大并导致脆断，这是极其危险的。需要在零部件的使用过程中在不破坏零件的前提下，检测零件内部组织的连续性、完整性、安全可靠性及某些物理性能，即无损检测技术评价零部件的使用性能。

　　无损检测的意义在于保障零件、组件的安全使用，节约材料，在零件无损的条件下检测零件、部件、组件、设备、材料和大型工程项目，使之安全有效地生产、工作。

项目一　认识无损检测技术

 知识目标

1. 了解无损检测技术的基本概念与发展。
2. 掌握无损检测技术的常用方法及特点。
3. 掌握无损检测技术在全面质量控制中的作用。

 能力目标

1. 理解无损检测技术的意义。
2. 能够根据无损检测技术的特点，合理选择无损检测方法。

 素质目标

1. 培养学生树立正确的人生观与价值观。
2. 培养学生正确认识事物的发展规律，一切事物都有产生、发展和转化为其他事物的历史，都有其过去、现在和未来。

任务一　无损检测技术的基本概念与常用方法

【任务提出】

什么是无损检测技术？在工业生产中是如何产生这项技术的？它的发展又经历了哪些过程？具体检测方法都有哪些？工作原理如何？具有什么样的特点？

【任务目标】

1. 了解无损检测技术的基本概念。
2. 了解无损检测技术的发展过程。
3. 了解无损检测技术的常用方法。
4. 了解无损检测技术不同方法的特点。

【相关知识】

一、无损检测技术的基本概念

无损检测技术又称为"非破坏试验"（Non-destructive Testing，NDT），是指在不破坏材料和制品的前提下，应用声、光、磁和电等多种物理原理和化学现象，借助现代的技术和设备器材，对各种工程材料、零部件、结构件进行有效检验和测试，判断出可能存在的缺陷尺寸及位置，借以评价它们的连续性、完整性、安全可靠性及某些物理性能。

对材料进行无损检测后得到的工艺特征信息，可以协助找出材料性能与这些工艺参量间的关系，帮助改进工艺，维持产品质量。同时，还可以在设定应力及环境载荷下，对材料在给定的寿命期间内，能否可靠使用或长期保存后是否仍能可靠使用做出评价。

二、无损检测技术的发展

在飞机设计的早期，人们认为材料是无缺陷的连续均匀介质，并在此前提下计算构件的承载能力，以此作为产品的设计依据。设计人员承认在零件中可能存在宏观缺陷，但认为这可通过无损检测予以确定，当时对无损检测的要求也只是把有缺陷的零件分选出来。

第二次世界大战后，随着飞机使用率的提高和服役期的延长，疲劳问题引起重视。在飞机的结构设计中，除了静强度外，还必须满足疲劳寿命的要求，要通过对材料、部件和全尺寸飞机构件的试验决定结构的疲劳寿命，再除以安全系数作为飞机的安全寿命，而一旦出现了裂纹就认为结构已到了寿命。20世纪60年代末，即便在飞机结构上应用了高强度、超高强度的材料，美国仍出现了多起安全寿命设计飞机的灾难性事故，这使人们认识到安全寿命设计并不能保证安全，无损检测也不能保证不漏检，从而为飞机设计思想和无损检测的可靠性带来了新的课题。20世纪70年代，破损安全设计概念建立并得到试验的支持。破损安全设计是通过使用多载荷通道或止裂装置，在构件使用寿命期间，疲劳裂纹或其他损伤在规定的检验期内被检出之前将不发展到毁坏性状态，飞机工业由于采用破损安全设计思想，有效地减少了早期失效问题。

20世纪70年代中期以后，基于断裂力学理论进行损伤容限设计和对无损检测可靠性进行定量评定的要求几乎同时形成。断裂力学方法的实施必须取得无损检测的密切配合才使得损伤容限设计具备其意义，无损检测技术也进入了定量无损检测阶段，它的检测方法和设备要便于现场使用、有定量检测缺陷大小的能力，同时要有符合要求的可靠性。

20世纪80年代，随着工业技术的迅速发展，无损检测技术的应用领域更加广泛，检测设备的研制及其实用性得到了快速发展和提高，迅速进入工业现场。无损检测技术也从单纯的无损探伤（Non-destructive Inspection，NDI）和无损检测（Non-destructive Testing，NDT）向无损评价（Non-destructive Evaluation，NDE）发展过渡。无损评价包含了无损探伤和无损检测的内容，在实际工作中，不但需要发现缺陷，还要做出该材料或制品能否应用的结论。

三、无损检测技术的常用方法

工程中常用的无损检测方法，一般是指磁粉检测（MT）、超声检测（UT）、涡流检测（ET）、渗透检测（PT）、射线检测（RT）和目视检测（VT），其适用范围如表1-1-1所示。

表 1-1-1 五大常规无损检测方法的适用范围

无损检测方法	磁粉检测（MT）	超声检测（UT）	涡流检测（ET）	渗透检测（PT）	射线检测（RT）
内部缺陷		√			√
表面缺陷	√	√	√	√	
近表面缺陷	√	√	√		

（一）磁粉检测

磁粉检测（Magnetic Particle Testing, MT）只适用于检查铁磁性材料的铸件表面缺陷和表面以下 6~7 mm 深埋藏的缺陷（或叫表层缺陷）。检测操作需要使用磁粉或磁悬液以及直流或交流的磁化设备（固定式的或便携式的）进行。磁化设备在铸件外表面或内表面的一定范围内产生磁场，在磁化区内的缺陷，就会产生漏磁场。此时，撒上磁粉或喷上磁悬液，磁粉就被吸住，这样就可以显示出缺陷来。这样显示出的缺陷（如裂纹）基本上都是横切磁力线的缺陷，对于平行于磁力线的长条形缺陷则显示不出来。为此，操作时还需要不断改变磁化方向，以保证能够检查出未知方向的各个缺陷。只有当缺陷的取向与磁场方向（或磁力线）垂直时，并且该磁场的强度正好使铸件达到饱和时，才能得到最大的显示灵敏度，磁粉显示出的缺陷形状轮廓才最清晰。

根据铸件的大小、形状和磁粉检测的要求，采用不同的磁化设备和具体方法。对于大批量生产的较小铸件，可以采用固定式磁化设备，对于单件或小量生产的大型铸件则使用便携式磁化设备，有的用触头磁化，有的用磁轭、线圈、中心导体或软电缆等不同的具体磁化手段进行磁化。所有这些都由合格的检测人员根据铸件的具体情况和检测要求去认定。

磁粉检测的检测灵敏度较高，可以发现极细小的裂纹缺陷，显示缺陷直观，不受工件大小和几何形状的限制，能适应各种场合的现场作业，检测成本低，速度快。但磁粉检测仅适用于检测铁磁性材料；检测缺陷在表面或表层且受工件几何形状影响（如键槽），易产生相关显示；检测灵敏度受磁化时磁场方向影响较大；如果缺陷与磁化磁场方向平行，缺陷则不容易被检测出来；覆盖层的存在将导致缺陷漏磁的降低，对磁粉检测灵敏度造成不良影响；具有较强剩磁的零件必须进行退磁，否则会对其使用造成不利影响。

（二）超声检测

超声检测（Ultrasonic Testing，UT）是利用超声波在介质中传播时发生衰减，碰到内部表面或缺陷时，由于界面的存在产生反射而被发现的性质来检测表面和内部缺陷的一种常规无损检测方法。一般的超声检测都是非直观的，不能呈现出缺陷的真实形状、大小和分布情况，只有采用有专门多种成像功能的仪器，才能显示出来。

反射声能的大小是内表面或缺陷的指向性和性质以及这种反射体的声阻抗的函数，因此可以应用从各种缺陷或内表面反射的声能来检测缺陷的存在位置、壁厚或者表面下缺陷的深度。对缺陷大小的测定一般用当量大小来评定，而利用超声检测铸件内部组织结构甚至强度，则是利用声速的变化与相应组织结构的关系进行的。

超声检查对面积型缺陷的检出率较高，但对体积型缺陷的检出率较低；适宜于检测厚度较大的工件，不适宜检测较薄的工件；应用范围广，可用于各种零件；检测成本低、速度快、仪器体积小、质量轻、现场使用较方便，对缺陷在工件厚度方向上的定位较准确。但是无法得到缺陷的直观图像，定性困难，定量精度不高；检测结果无直接见证记录，检测零件的材质、晶粒度对检测有影响；工件不规则外形和一些结构会影响检测；探头扫查面的平整度和粗糙度对超声检测有一定影响。

（三）涡流检测

涡流检测（Eddy Current Testing，ET）适用于检测铁磁性材料和非铁磁性材料铸件的表面缺陷及表面以下一般不大于 6 ~ 7 mm 深的缺陷，需要使用相应的涡流检测设备。将一个带交流电的探头式线圈或马蹄形线圈的测试线圈放置在铸件表面上时，在铸件上感应产生出旋涡式电流，简称涡流。涡流的电磁能量又反射回测试线圈上，如果铸件表层存在缺陷，则涡流的电特征就会有畸变而发现缺陷的存在。所发现的缺陷（如裂纹）一般都是垂直于涡流流动方向的。因为涡流是交流电，由于趋肤效应的原因，所以它不能发现距表面太深的缺陷。另外，要注意检查铁磁性材料的铸件时，可能因为磁导率的变化影响而使测量的缺陷大小、深度不准确或者测量值不稳定。还要注意校对仪器用的试块材质最好与被测工件相同或相近，对试块上的人工缺陷也要制造精确。涡流检测对探测出的缺陷大小和形状不直观，一般只能确定缺陷的所在表面位置和深度，对比较大的缺陷，才可能确定出在铸件表面上的大致形状大小或范围。另外，对于在工件表面上小的开口缺陷，检测灵敏度不如渗透或磁粉检测。

涡流检测适用于检测导电材料，可以检测出表面和近表面缺陷，其检测结果以电信号输出，便于数字化分析处理，不需要耦合零件或耦合介质，容易实现快速及自动化检测。但是涡流检测在形状复杂的试件上很难应用，一般只用于检测管材、板材等轧制型材；仅能够进行当量检测，不能对缺陷定性；其干扰因素较多，容易引起杂乱信号，导致检测结果失真；由于受到"趋肤效应"的限制，对深层缺陷不敏感，只适用于检测导电材料，且检测灵敏度较低。

（四）渗透检测

渗透检测（Penetrant Testing，PT）只用于检查各种材质的铸件表面上的开口缺陷，如表面细裂纹、表面针孔等肉眼难以发现的缺陷。它是利用有色的高渗透能力的渗透剂，浸湿或喷洒在铸件表面上，待数分钟，使渗透剂渗入开口缺陷里面后，快速洗去或擦掉表面渗透液层，再将易干的显示剂喷洒在表面上，待把残留在开口缺陷中的渗透剂吸出来后，显示剂就被染色，反映缺陷的形状、大小和分布情况，对于有经验的检测人员来说，一般还能估计缺陷的深度。所有这些检测结果对检测部门判断铸件合格与否，是否返修，如何返修等都是非常有用的。此外，对于铸造工艺人员来说，该方法在改进铸造工艺方面也是很有用的。渗透检测的结果比目视检测的结果更为全面、精确。

渗透检测适用于检测非疏孔性材料表面的开口缺陷，其检测方法不受材料的组织结构和化学成分的限制，一次性检测可以覆盖到零件的所有表面，可以检测出任何方向的缺陷。但是检测受零件表面粗糙度影响较大，检测结果容易受操作者经验、知识水平的影响；对于开口被封闭的缺陷，不能被有效地检测出，可以检测出缺陷的分布，但难以确定缺陷的实际深度；检测工序多，速度慢，检测所需材料较贵、成本较高，检测灵敏度比磁粉检测低。

（五）射线检测

射线检测（Radiographic Testing，RT）用于检查各种金属材料铸件的内部缺陷。对铸件的射线检测，一般用 X 射线或 γ 射线作为射线源，因此需要有产生射线的设备和其他的附属设施。当工件置于射线场照射时，射线的辐射强度就会受到铸件内部缺陷的影响。使得穿过铸件射出的辐射强度随着缺陷大小、性质的不同而有局部变化，形成缺陷的射线（强度）图像，通过射线胶片予以显像记录，或者通过荧光屏实时系统予以实时检测观察，或者通过辐射计数仪检测。通过射线胶片显像记录的方法，是最常用的方法，就是通常说的射线照相检测，简称射线检测。射线照相反映出来的缺陷图像是直观的，缺陷形状、大小、数量、平面位置和分布范围都能呈现出来，只是自铸件表面的深度一般反映不出来，需要采取特殊措施和计算才能确定。因为它永久记录了缺陷的图像，是铸件射线检测最常用的方法。在射线照相时，一定要按照铸件相应的标准要求、灵敏度和质量等级进行评片工作。

射线检测可以检测零件内部的缺陷，检测基本不受材料、形状、外轮廓尺寸等因素的限制，检测结果直观，可用底片直接记录，缺陷定性、定量准确；对体积型缺陷检出率很高，但面积型缺陷的检出率受到各种因素的影响，因此适宜检测厚度较薄的零件；适宜检测对接焊缝，检测角焊缝效果较差，不适宜检测板材、棒材、锻件，较难确定缺陷在零件厚度方向的位置和尺寸；检测成本高，检测速度慢，射线对检测人员有伤害。

（六）目视检测

目视检测（Visualand Optical Testing，VT）常用于目视检查焊缝，根据焊缝自身的工艺评定标准。可以通过目测和直接测量尺寸来做初步检验，如果发现咬边等不合格的外观缺陷，需要先打磨或者修整，之后才做其他深入的仪器检测。例如，焊接件表面和铸件表面较多采用目视检测，而锻件就很少，并且其检查标准是基本相符的。目视检测，在国内实施得比较少，但在国际上是非常正式的无损检测第一阶段首要方法。按照国际惯例，目视检测要先做，以确认不会影响后面的检验，再接着做五大常规检验。

【任务实施】

学习任务一相关内容，完善表 1-1-2 和表 1-1-3。

表 1-1-2　无损检测技术的发展历程

时　　间	典型事件	发展历程
飞机设计的早期		无损探伤能把有缺陷的零件分选出来
第二次世界大战后	飞机使用率的提高和服役期的延长	一旦出现疲劳裂纹，就认为结构已到了寿命
20 世纪 60 年代至 70 年代	多起飞机的灾难性事故	断裂力学理论进行损伤容限设计和对无损检测可靠性进行定量评定
20 世纪 80 年代	工业技术的迅速发展	无损检测技术进入工业现场

表 1-1-3　常用无损检测方法的特点

方　　法	应　　用	优　　点	缺　　点
磁粉检测法			
超声检测法			
涡流检测法			
渗透检测法			
射线检测法			
目视检测法			

任务二　无损检测技术在铁路上的应用

【任务提出】

现代工业中无损检测技术的应用领域广泛，在铁道机车车辆的日常维护与维修作业中，哪些零部件需要使用无损检测？又会选择哪种具体方法进行无损检测呢？

【任务目标】

1. 掌握材料中常见的缺陷类型及特点。
2. 掌握轨道交通中无损检测技术的应用。
3. 掌握轨道交通中常用的无损检测方法。

【相关知识】

一、材料和构件中的缺陷

金属材料的热加工方式通常有铸造、锻造和焊接，在加工过程中会造成一定的材料内部缺陷，影响后续的加工与零部件的使用。在此，我们通过学习原材料和焊缝中的缺陷种类及产生的原因，以便正确选择无损检测方法，制定合理的检测方案，最终得到正确的检测结果。铸件中常见的宏观缺陷有夹砂和夹渣、缩孔和疏松、铸造裂纹及冷隔等；锻件中常见的宏观缺陷有偏析、残余缩孔、缩管和疏松、夹杂物以及锻造裂纹；焊接件中常见的宏观缺陷有焊接裂纹、气孔、固体夹渣、未熔合和未焊透、形状缺陷及其他缺陷。这些缺陷的存在会使零件的强度降低，原始的微小裂纹处更易引起应力集中与腐蚀开裂，进而导致裂纹逐渐长大，使材料的疲劳极限降低，最终导致零件脆性断裂。

（一）焊接缺陷

1. 焊接裂纹

焊接裂纹是指金属在焊接应力及其他致脆因素共同作用下，焊接接头中局部地区金属原子结合力遭到破坏而形成的新界面所产生的缝隙。焊接裂纹是焊接结构（件）中最危险的缺陷。焊接裂纹的特征是具有尖缺口和长宽比大。按裂纹的外观形貌和产生的部位来分类，各种裂纹的特征及分布见表 1-1-4 和图 1-1-1。

表 1-1-4　按外观形貌划分的裂纹特征及分布

名　称	特　征	分　布
横向裂纹	裂纹长度方向与焊缝轴线相垂直	位于焊缝、热影响区或母材中
纵向裂纹	裂纹长度方向与焊缝轴线相平行	
弧坑裂纹	形貌有横向、纵向或星形状	位于焊缝收弧弧坑处
放射状裂纹	从某一点向四周放射的裂纹	
枝状裂纹	形貌呈树枝状	位于焊缝、热影响区或母材中
间断裂纹	裂纹呈断续状态	
微观裂纹	在显微镜下才能观察到	

2. 气　孔

焊接时，熔池中的气泡在凝固时未能逸出而残留下来所形成的空穴称为气孔。气孔有时以单个出现，有时以成堆的形式聚集在局部区域，其形状有球形、条虫形等，如图 1-1-2 所示。

3. 固体夹渣

焊接后残留在焊缝中的熔渣称为夹渣。其形状较复杂，一般呈线状、长条状、颗粒状及其他形式，主要发生在坡口边缘和每层焊道之间非圆滑过渡的部位，在焊道形状发生突变或存在深沟的部位也容易产生夹渣。横焊、立焊或仰焊时产生的夹渣比平焊多。当混入细微的非金属夹杂物时，在焊缝金属凝固过程中可能产生微裂纹或孔洞（图 1-1-3）。

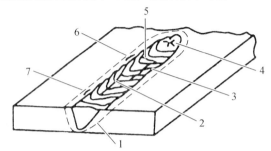

1—热影响区；2—纵向裂纹；3—间断裂纹；4—弧坑裂纹；
5—横向裂纹；6—枝状裂纹；7—放射状裂纹。

图 1-1-1　各种裂纹的外观形貌

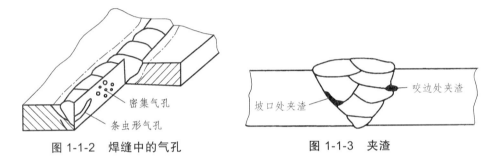

图 1-1-2　焊缝中的气孔

图 1-1-3　夹渣

4. 未熔合和未焊透

（1）未熔合：在焊缝金属和母材之间或焊道金属与焊道金属之间未完全熔化结合的部分。未熔合常出现在坡口的侧壁、多层焊的层间及焊缝的根部。这种缺陷有时间隙很大，与熔渣难以区别。有时虽然结合紧密但未焊合，往往从未熔合区末端产生微裂纹（图 1-1-4）。

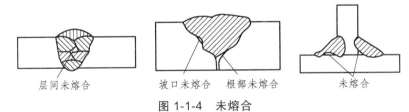

图 1-1-4　未熔合

（2）未焊透：焊接时，母材金属之间应该熔合而未焊上的部分。未焊透出现在单面焊的坡口根部及双面焊的坡口钝边。未焊透会造成较大的应力集中，往往从其末端产生裂纹（图 1-1-5）。

（a）单面焊未焊透　　　　　（b）双面焊未焊透　　　　　（c）角焊缝未焊透

图 1-1-5　未焊透

5. 形状缺陷

（1）咬边：由于焊接参数选择不当，或操作工艺不正确，沿焊趾的母材部位产生的沟槽或凹陷。在立焊及仰焊位置容易发生咬边，在角焊缝上部边缘也容易产生咬边（图1-1-6）。

（a）角焊缝咬边　　　　　　　　　　（b）对接焊缝咬边

图1-1-6　咬边

（2）焊瘤：焊接过程中，熔化金属流淌到焊缝之外未熔化的母材上所形成的金属瘤。焊瘤存在焊缝表面，在其下面往往伴随着未熔合、未焊透等缺陷。由于焊缝填充金属的堆积，使焊缝的几何形状发生变化而造成应力集中（图1-1-7）。

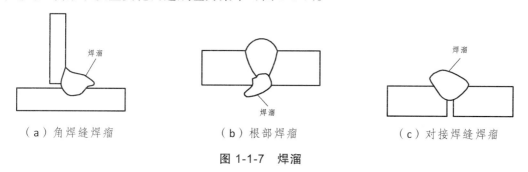

（a）角焊缝焊瘤　　　　　（b）根部焊瘤　　　　　（c）对接焊缝焊瘤

图1-1-7　焊瘤

（3）烧穿和下塌。焊接过程中熔化金属自坡口背面流出，形成穿孔的缺陷叫烧穿[图1-1-8（a）]。烧穿容易发生在第一道焊道及薄板对接焊缝或管子对接焊缝中。在烧穿的周围常有气孔、夹渣、焊瘤及未焊透等缺陷。穿过单层焊缝根部，或在多层焊接接头中穿过前道熔敷金属塌落的过量焊缝金属称为下塌[图1-1-8（b）]。

（a）烧穿　　　　　　　　　　　　　（b）下塌

图1-1-8　烧穿和下塌

（4）错边和角变形。由于两个焊件没有对正而造成板的中心线平行偏差称为错边。当两个焊件没有对正而造成它们的表面不平行或不成预定的角度称为角变形（图1-1-9）。

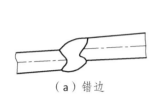
（a）错边

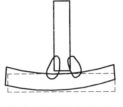
（b）角焊时的变形

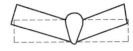
（c）V形坡口的焊后变形

图 1-1-9　错边和变形

（5）焊缝尺寸、形状不合要求。焊缝的尺寸缺陷是指焊缝的几何尺寸不符合标准的规定（图 1-1-10）。

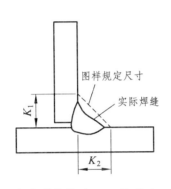
（a）焊脚尺寸 K_1、K_2 偏小

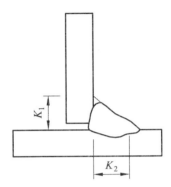
（b）焊脚尺寸 K_1 偏小、K_2 偏大

图 1-1-10　焊缝尺寸不合要求

焊缝形状缺陷是指焊缝外观质量粗糙，鱼鳞波高低、宽窄发生突变，焊缝与母材非圆滑过渡（图 1-1-11）。

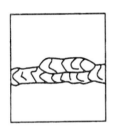
（a）焊缝宽度不一致

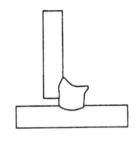
（b）角焊缝凸度过大

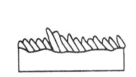
（c）焊缝高度突变

图 1-1-11　焊缝形状不合要求

6. 其他缺陷

（1）电弧擦伤：在焊缝坡口外部引弧时产生于母材金属表面上的局部损伤。如果在坡口外随意引弧，有可能形成弧坑而产生裂纹，该缺陷又容易被忽视、漏检，从而导致事故的发生[图 1-1-12（a）]。

（2）飞溅：熔焊过程中，熔化的金属颗粒和熔渣向周围飞散的现象称为飞溅[图 1-1-12（b）]。不同药皮成分的焊条具有不同的飞溅损失。

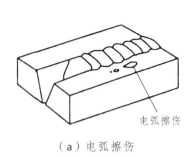
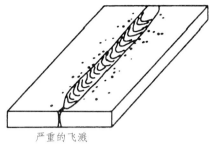

（a）电弧擦伤 　　　　　　　　　　　（b）飞溅

图 1-1-12　电弧擦伤和飞溅

（二）铸件中常见宏观缺陷及产生的原因

（1）夹砂（冲砂）和夹渣：铸件表面的砂粒和高温熔液接触，剥离后混入钢中形成夹砂。钢熔液中混入熔渣后又将钢水注入铸型中形成夹渣。当浇口设计不当时，容易出现夹渣。夹砂可用超声波检测。

（2）缩孔和疏松：凝固过程中熔液供给不足时产生，与铸件的材质也有关系，收缩率越大的材料越容易出现缩孔。对于这种缺陷，通过射线和超声波检测共同使用效果最好。

（3）铸造裂纹：铸件各部分冷却速度不同，会产生内应力，当内应力超过该温度下的承受能力时，便会造成铸件撕裂而形成裂纹。铸造裂纹属于热裂纹（1 300 ℃），其特点是晶间夹杂物是脆性的，在晶间拉伸应力的作用下产生。缩孔性裂纹：不能完全承受其他部位的收缩力产生。冷裂纹（260 ℃）：在奥氏体向马氏体转变温度范围内，组织应力造成穿晶断裂。该缺陷可用超声波检测，大型铸件射线透照时可加高能加速器。

（4）冷隔：同一铸件中一次浇铸或两次浇铸时，由于温度偏低，金属液体未能充分熔合在一起，边界形成带有氧化层的隔层。可用超声波探伤检测出冷隔。

（三）锻件中常见宏观缺陷及产生的原因

（1）偏析：在钢锭浇铸过程中，未凝固部分将引起合金元素和杂质浓度的升高，此时在重力作用和钢水的对流下就会导致偏析，偏析带上的主要元素包括 S、P、C、Mn、Mo 等。

（2）残余缩孔、缩管和疏松：浇铸中未能及时补充钢水导致残余缩孔和缩管；疏松则是钢锭中的微细空隙形成的，它产生在晶粒结合较弱、锻造过程中又未能充分锻合的部位，多由于熔炼不良、锻锭形状不适当、锻造比不适当造成。可用射线和渗透检测这些缺陷。

（3）夹杂物：内夹杂物（通常位于偏析带非金属夹杂物，但主要是硅酸盐，如 SiO_2、AL_2O_3、FeO_2 等）、外夹杂物（金属和非金属夹杂物，炼钢炉、钢水包等），可采用金相分析、扫描电镜分析、X 射线能谱定量分析、X 射线衍射结构分析等方法检测。

（4）锻造裂纹：锻造温度不适当、加热温度不均匀、加热和冷却速度不适当及压力加工用力不当等导致金属局部破裂形成裂纹。对内部裂纹可用超声波检测，对表面或者表层裂纹可用磁粉或者渗透检测。

（四）在用设备定检中常见宏观缺陷及产生的原因

在用设备定检中，除常发现因制造方式不同导致的制造缺陷继续发展以致缺陷超标，还应注意设备因运行而发生的运行缺陷。

（1）疲劳裂纹：设备或部件承受交变载荷而引起的裂纹，该类裂纹的断口一般有明显的呈同心圆状的疲劳源，并伴有脆性断口。

（2）应力腐蚀裂纹：处于特定腐蚀介质中且受拉应力作用产生的裂纹，一般认为它与氢脆性有关。

（3）氢损伤：金属中由于含有氢或金属中的某些成分与氢反应，从而使金属材料的力学性能发生改变的现象。

（4）摩擦腐蚀：两接触面处在微小振动和互相摩擦状态时，其微小部分反复进行结合与分离，同时与周围环境发生化学反应，引起摩擦腐蚀。一般可以看到有小碎片和微细粉末伴随产生。

（5）空化侵蚀：液体中产生的气泡破灭时，对材料表面进行冲击，产生空化侵蚀。

二、机车车辆转向架的无损检测

转向架是机车车辆最重要的部件之一，它主要由轮对轴箱装置、弹簧悬挂装置、构架（侧架）、基础制动装置和车体支承装置等组成。转向架的技术状态将直接影响列车的运行安全。

（一）轮　对

轮对是由一根车轴和两个相同的车轮组成的，两者间采用过盈配合牢固地结合在一起，如图 1-1-13 所示。轮对承担车辆全部重量，且在轨道上高速运行，承受着来自车体、钢轨的各种静、动作用力，受力复杂。轮对是转向架中重要的部件之一，又是影响车辆运行安全性的关键部件之一，故对轮对必须进行非常严格的无损检测，确保其质量。

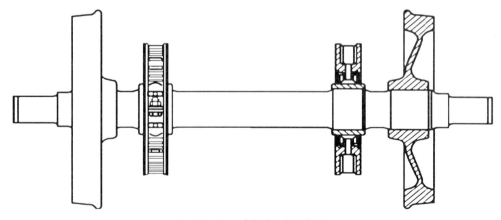

图 1-1-13　车辆轮对示意图

1. 车轴缺陷

车轴是转向架轮对中重要的部件之一，车轴有实心轴和空心轴之分。我国车辆用的车轴绝大多数是圆截面实心轴。为了降低车辆簧下部分质量以改善车辆运行平稳性和减小轮轨间的动力作用，高速列车常采用空心车轴。车轴的轮座镶入部和轴颈根部是容易产生疲劳裂纹的部位，如图 1-1-14 与图 1-1-15 所示。目前，列车车轴的无损检测方法主要有磁粉检测法和超声波检测法。磁粉检测法能对轮轴表面和近表面的缺陷进行有效检测，对于发生在轮座镶入部的各种内部缺陷，常采用超声波检测方法。超声波检测轴类大锻件时，通常在两个垂直方向布置探头，如图 1-1-16 所示。

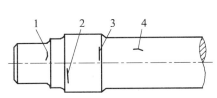

1—防尘板座与轴颈交界处的裂纹；2—轮座外侧边缘
10～20 mm 裂纹；3—轮座内侧边缘 10～20 mm 裂纹；
4—轴身及轴中央的裂纹。

图 1-1-14　车轴裂纹部位图

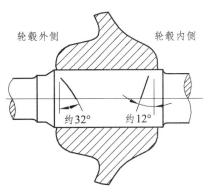

图 1-1-15　车轴轮座部裂纹的特征

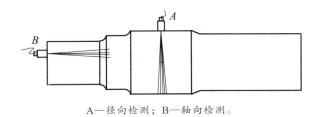

A—径向检测；B—轴向检测。

图 1-1-16　超声波检测探头布置方式

2. 车轮缺陷

车轮是车辆走行部极为重要的部件，车轮出现故障不仅会降低车辆和线路的使用寿命，大大增加能源消耗和维修成本，而且还可能导致轴温急剧上升，造成车轴热切。特别是铁路提速后，其故障率一度呈上升趋势，如何科学地对车轮实施无损检测，对保证列车行车安全具有十分重要的作用。目前，车轮故障检测方法主要有静态检测法和动态检测法两种。静态检测技术是指车轮在检修过程中，从转向架上卸下，再用相应的检测仪器或装置进行测量。这种方法存在着检测效率低、工人劳动强度大、不能在线发现运行中车轮故障以及不便于信息化管理等弊端，故现在国内外都大力发展动态检测法。动态检测是指在铁路机车车辆运行过程中对车轮进行的检测。该方法具有非接触、检测速度快、在线测量等优点。目前，车轮动态检测方法主要有超声波检测法、电磁超声（EMAT）检测法、振动加速度检测法以及光学图像检测法等。

车轮的损伤形式有车轮踏面及轮缘的磨损、裂纹，踏面的缺损、剥离、擦伤、局部凹入、碾宽，踏面上粘有熔化金属等。表面缺陷可由目视检测记录后，通过镟修恢复踏面原有几何尺寸。但是由于承受交变载荷产生的疲劳裂纹多发生在踏面下面，需要通过无损检测的方法或者镟修后才能发现。踏面内部产生的疲劳裂纹方向与车轮旋转方向的关系，如图1-1-17所示。据经验，踏面内部产生的疲劳裂纹倾斜20°～50°，如图1-1-18所示，该部位由于受到较强的冷作碾压而产生了塑性变形，使之变硬并延伸，呈薄片状脱落，造成踏面剥离。产生踏面剥离的另一个原因主要是因为材质不良、有夹渣，在运行中经反复碾压，材质疲劳而出现鳞片状剥落。

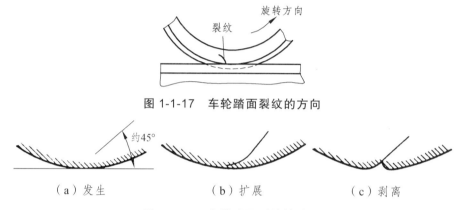

图1-1-17　车轮踏面裂纹的方向

（a）发生　　　　　　　（b）扩展　　　　　　　（c）剥离

图1-1-18　车轮踏面裂纹的扩展

3. 轮对的无损检测方法

车辆轮对在装配前，应对车轴各部位用探伤仪器进行检查；检修时按规定对轴颈、防尘板座、轮座、制动盘座及轴身进行探伤检查，常用的探伤方法有磁粉探伤与超声波探伤。铁路客货车轮对车轴表面探伤常用荧光磁粉探伤仪，如图1-1-19与图1-1-20为TYC型轮对荧光磁粉半自动探伤仪的机构图。电磁探伤的操作工艺过程如下：

（1）探伤之前，必须将被探工作物表面的锈蚀、油垢、灰尘及水分除净，直至完全露出表面。

（2）清理被探工作物表面以后，应先做外观检查，找出肉眼可以看到的缺陷及可疑的地方，以此作为探伤的重点。

（3）准备工作做好以后，应先检验探伤器的灵敏度及性能，确认探伤器良好后再进行探伤作业。

（4）按照轮对的轮廓尺寸放置探伤器，使受探各部位都能受到磁场励磁。探伤时应采取纵向磁化法和周向磁化法交叉探测。

（5）探伤中，如果发现有铁粉集中现象，应将探伤器角度略加变动，使磁力线与铁粉集中处有较大的交角，促使显示更加清晰。如果初步断定为裂纹，可将铁粉全部擦去，再重新探伤两三次，如仍呈现铁粉聚集现象，便可确认是裂纹了。

（6）探伤完了按规定打钢印，并将探伤情况填写在规定的记录簿中。

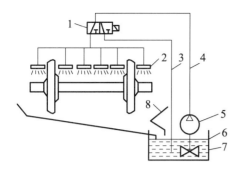

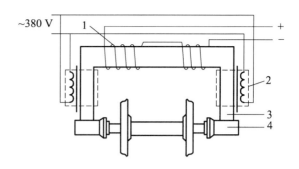

1—纵向磁化线圈；2—周向磁化线圈；3—铁芯；4—探头；5—液压泵；6—储液槽；7—搅拌器；8—回收槽。

1—换向阀；2—喷头；3—输液管；4—输液管。

图 1-1-19 TYC 探伤机磁悬浮液喷洒回收装置　　**图 1-1-20 TYC 探伤机磁化机构**

使用超声波探伤时，根据车轴裂纹的位置（图 1-1-16）合理布置超声波探头的位置，如图 1-1-21 所示。图 1-1-21（a）中，使用探头 A_1 检测轴颈和轮座外侧，轮座内侧使用组合探头 C 和直探头 SE 进行检测，组合探头 C 探测轮座内侧部，直探头 SE 探测轴中央部分。图 1-1-21（b）中，使用小角度纵波探头 A_2 检测轴颈，将斜探头 B 设在轴中央部分检测轮座外侧部分。

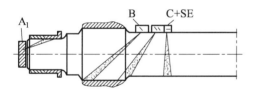

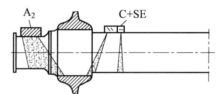

（a）滑动轴承及未装滚动轴承车轴　　　　　（b）滚动轴承车轴（装有滚动轴承）

图 1-1-21 车轴探伤位置示意图

自动化超声波探伤装置的探头布置可参照图 1-1-22 设置，两侧车轮踏面及轮辋上各装一组探头 1 和 2；轴颈、轴端面、轴身也是每侧各装一组探头 3、4、5。对于各种类型的车轴，由于结构、几何尺寸、是否有滚动轴承等不同，其探头可根据具体情况调节机械结构及进行不同组合。

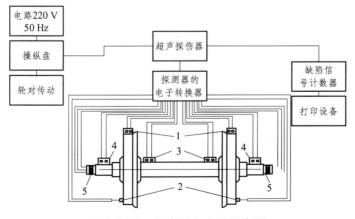

图 1-1-22 超声探头布置示意图

（二）滚动轴承

轴箱装置将轮对和侧架或构架联系在一起，一方面把轮对沿钢轨的滚动转化为车体沿线路的平动，另一方面承受着车辆的重量，传递各方面的作用力。为了显著降低车辆起动和运行的阻力，现代机车车辆大都采用滚动轴承轴箱装置。我国铁路机车车辆滚动轴承箱装置按所使用的轴承类型不同，可分为有轴箱的圆柱滚动轴承轴箱装置和无轴箱的圆锥滚动轴承箱装置两大类。圆柱滚动轴承轴箱装置主要用于客车转向架，货车转向架只有少量进口罐车装有圆柱滚动轴承轴箱装置，其结构和客车圆柱滚动轴承轴箱装置相比只有轴箱体两侧结构有所不同。无轴箱圆锥滚动轴承装置只用于货车转向架。

铁路车辆用滚动轴承均配置在簧下，除承受车辆载荷外，还直接承受着轮轨间发生的振动、冲击，其可靠性直接关系行车安全。与其他机械零部件相比，滚动轴承的一个显著的特点就是其寿命的离散性很大，即用同样的材料、同样的加工工艺和生产设备制造出来的同一批轴承，即使在相同的工况条件下，其寿命也可能有较大的差别，有的轴承还远未达到设计寿命就出现了各种故障。所以加强轴承的监测和诊断，及时了解和掌握轴承的工作状态，可以尽量发挥轴承的工作潜力，避免或减少事故的发生，对列车的安全运行具有十分重要的意义。

早期的轴承故障诊断方法是将听音棒接触轴承部位，依靠听觉来判断轴承有无故障。后来逐步采用电子听诊器、各式测振仪器和仪表并利用振动位移、速度或加速度的均方根值来判断轴承有无故障。随着滚动轴承运动学、动力学的不断发展，对轴承振动信号中频率成分和轴承零件的几何尺寸及缺陷类型的关系有了比较清楚的了解，加之快速傅里叶变换技术的发展，开创了用频域分析方法来检测和诊断轴承故障的有效途径，从而奠定了滚动轴承状态监测及故障诊断的理论基础。目前，已有多种信号分析仪可用于对滚动轴承进行故障诊断。由于采用了各种现代信号处理技术，如相干滤波、自适应滤波、频率细化、倒频率、包络谱等，大大提高了诊断的灵敏度和有效性。

为预防由轴承故障引起的事故，在全国铁路主要干线上都安装了大量的红外线轴温探测系统，并形成了探测网络，以便及时发现温度过高的轴承，防止燃轴、切轴和脱轨事故，取得了很好的效果。考虑到重载、快速运输体系的发展及轴承工作环境的恶劣情况，仅仅依赖红外轴温探测系统难以有效保障列车的安全。为提高铁路行车的安全性，避免或减少由轴承引发的燃轴、切轴和脱轨事故，一些新技术与新装备也在不断应用到滚动轴承早期故障的预报监测中。

三、铁路钢轨的无损检测

钢轨是机车车辆运行的基础，钢轨状态的好坏直接关系到铁路运输安全。轮轨之间存在着复杂的作用力，车轮作用于钢轨上的力有垂直力、横向水平力和纵向水平力。此外，气候和其他因素也对钢轨受力有影响，使钢轨除产生基本弯曲应力外，还有接触应力、残余应力、局部应力和温度应力等，从而造成钢轨产生压缩、伸长、弯曲、扭转、压溃或磨损、断裂等损伤，对车辆的安全运行构成很大的威胁。例如，2000 年 10 月 17 日，一列高速列车在从伦敦（London）驶往利兹（Leeds）的途中发生出轨事故，整个列车 11 节车厢的后面 8 节脱轨，

2 节几乎完全倾覆，造成 4 人死亡，70 人受伤的严重事故。后来，查明脱轨事故就是由于曲线外侧钢轨的断裂引起的。又如，1994 年 2 月 12 日，哈尔滨铁路局牡丹江铁路分局管内滨绥线九江泡至一面坡间，一货物列车发生颠覆、脱轨，造成重大行车事故。该起事故也是由于钢轨严重侧磨、轨距过大、扣件松动、钢轨弹性挤开等因素造成的。因此，国内外铁路部门从很早就开始对钢轨进行各种无损检测，保证铁路运输的安全。

目前，我国铁路主要采用手推式和全自动式轨道检测车相结合的方式对钢轨进行检测，采用的无损检测手段主要是超声波检测法和涡流检测法。

【思考题】

1. 简述什么是无损检测技术。
2. 请列举能够对材料内部缺陷进行检测的方法。
3. 简述超声波检测技术的工作原理。
4. 列举铸件中的主要缺陷。
5. 车轮的损伤形式有哪些？铁路中常用的无损检测方法是什么？

【知识拓展】

【心灵驿站】

【头脑风暴】

模块二

铁道机车车辆无损检测技术与应用

单元二　磁粉检测技术

远在春秋战国时期，我国劳动人民就发现了磁石吸铁的现象，并用磁石制成了司南勺，在此基础上制成的指南针是我国古代的伟大发明之一，最早应用于航海业。17世纪法国物理学家对磁力做了定量研究。19世纪初期，丹麦科学家奥斯特发现了电流周围也存在着磁场。与此同时，法国科学家毕奥、萨伐尔及安培，对电流周围磁场的分布进行了系统的研究，得出了一般规律。生长于英国的法拉第首创了磁感应线的概念。这些伟大的科学家在磁学史上树立了光辉的里程碑，也给磁粉检测的创立奠定了理论基础。

磁粉检测是无损检测中应用较早的一种方法。它是一种利用磁场磁化工件所产生的漏磁和合适的检验介质发现试件表面和近表面不连续性的方法。缺陷的漏磁可以用磁粉也可用其他测量元件来显示，用磁粉显示的方法称为磁粉检测。

漏磁场探伤包括磁粉探伤和利用检测元件探测漏磁场。其区别在于，磁粉探伤是利用铁磁性粉末——磁粉，作为磁场的传感器，即利用漏磁场吸附施加在不连续性处的磁粉聚集形成磁痕，从而显示出不连续性的位置、形状和大小。利用检测元件探测漏磁场的磁场传感器有磁带、霍尔元件、磁敏二极管和感应线圈等。利用检测元件检测漏磁场的检测方法有录磁探伤法、感应线圈探伤法、霍尔元件检测法、磁敏二极管探测法。

当磁力线穿过铁磁材料及其制品时，在其磁性不连续处将产生漏磁场，形成磁极。此时，撒上干磁粉或浇上磁悬液，磁极就会吸附磁粉，产生用肉眼能直接观察的明显磁痕，可借助该磁痕来显示铁磁材料及其制品的缺陷情况，合适的光照下显示出缺陷不连续性的位置、大小、形状和严重程度。

磁粉检测法可检测露出表面，用肉眼或放大镜不能直接观察到的微小缺陷，也可检测未露出表面，埋藏在表面下几毫米的近表面缺陷。虽然也能探查气孔、夹杂、未焊透等体积型缺陷，但它对面积型缺陷更灵敏，更适于检查因淬火、轧制、锻造、铸造、焊接、电镀、磨削、疲劳等引起的裂纹。

项目一　磁粉检测基础知识

知识目标

1. 了解铁磁性材料的概念以及磁粉探伤的定义。
2. 正确理解铁磁性材料磁化过程。
3. 掌握磁粉检测基本原理。

能力目标

1. 掌握铁磁材料的磁特性曲线。
2. 正确利用磁场方向判定钢棒通电法磁化和钢管中心导体法磁化磁感应强度分布。

素质目标

1. 具有严谨细致、实事求是的工匠精神，深厚的爱国情感和民族自豪感。
2. 培养学生遵章守纪的良好习惯。
3. 贯彻安全第一、质量就是生命的原则。

【任务提出】

将一铁磁金属制成的零件放在磁铁的两极之间，零件内就有磁力线通过，这时零件就被磁化了，对于断面相同、内部组织均匀的零件，磁力线在其内部是平行且均匀分布的，但当内部存在裂纹、夹渣、气孔等缺陷时，磁力线又是怎样分布的呢？

【任务目标】

1. 了解磁粉检测的优缺点。
2. 熟知磁粉检测的基本原理与应用。

【相关知识】

磁粉检测由于具有设备简单、操作方便、检测速度快、观察缺陷直观（磁粉法）和有较高的检测灵敏度等优点，在工业生产中应用极为普遍。如果以某种方法检出漏磁场，就可发现缺陷。磁力探伤按测量漏磁方式的不同，有磁粉法、漏磁检测法和录磁检测法等。其中磁粉检测法在工业中应用十分广泛。

一、磁粉检测适用范围

磁粉检测方法仅适用于检验铁磁性材料的表面和近表面缺陷，磁粉探伤的深度也是有局限性的，属于表面探伤类。该方法既可用于板材、型材、管材及锻造毛坯等原材料及半成品或成品表面与近表面质量的检测，也可用于重要机械设备、压力容器及石油化工设备的定期检查，适用范围如下：

马氏体不锈钢

（1）适用于检测铁磁性材料工件表面和近表面尺寸很小、间隙极窄的裂纹和目视难以看出的缺陷。

（2）适用于检测马氏体不锈钢和沉淀硬化不锈钢材料，不适用于检测奥氏体不锈钢材料。

（3）适用于检测管材、棒材、板材、型材及锻钢件、铸钢件和焊接件。

（4）适用于检测工件表面和近表面的缺陷，但不适用于检测工件表面浅而宽的缺陷、埋藏较深的内部缺陷和延伸方向与磁力线方向夹角小于 20°的缺陷。

二、磁粉检测的优点

用对铁磁性材料的磁导率和缺陷磁导率之间不连续变化的敏感性，缺陷处漏磁场的磁力线变化导致磁粉聚集，从而检测出铁磁性材料表面或近表面的缺陷、非金属夹杂及其他不连续性缺陷的位置。用磁粉探伤检验表面与超声探伤和射线探伤比较，灵敏度高、操作简单、结果可靠、重复性好、缺陷容易辨认。

磁导率

主要表现为：① 能直观显示缺陷的形状、位置、大小，并可大致确定其性质；② 具有高的灵敏度，可检出缺陷最小宽度约 0.1 μm 的表面裂纹，当缺陷中存在有外来杂质时，不会大幅度降低检查的灵敏度，除非该杂质与被检测件有类似的磁性；③ 几乎不受试件大小和形状的限制；④ 检测速度快，工艺简单，费用低廉。

三、磁粉检测的局限性

（1）该方法仅局限于检测能被显著磁化的铁磁性材料（Fe、Co、Ni 及其合金）及由其制作的工件表面与近表面缺陷。不能用于抗磁性材料（如 Cu）及顺磁性材料（如 Al、Cr、Mn）——工程上统称为非磁性材料的检测。

合金在外加磁场中，可表现出三种情况：

① 不被磁场吸引的，叫作反（抗）磁性材料。

② 微弱地被磁场所吸引的物质，叫作顺磁性材料。

③ 被磁场强烈地吸引的物质，叫作铁磁性材料，其磁性随外磁场的加强而急剧增高，并在外磁场移走后，仍能保留磁性。金属材料中，大多数过渡金属具有顺磁性，只有 Fe、Co、Ni 等少数金属是铁磁性的。

（2）只能检测表面或近表面缺陷，可探测的缺陷深度一般为 1~2 mm。

（3）对缺陷的取向有一定限制，一般要求磁化场的方向与缺陷主平面的夹角大于 20°。

（4）对试件表面的质量要求较高。

（5）对深度方向的缺陷定量困难。

（6）完成检测后必须进行清理，因为磁粉的特性可能会对该工作面产生影响。

（7）被测件有涂层时，灵敏度会降低。

（8）表面未破裂的近表面缺陷会造成发散的磁痕。

（9）可能会有伪磁痕影响。

【任务实施】

将一铁磁金属制成的零件放在磁铁的两极之间，零件内就有磁力线通过，这时零件就被磁化，对于断面相同、内部组织均匀的零件，磁力线在其内部是平行的、均匀分布的，但当内部存在裂纹、夹渣、气孔等缺陷时，由于这些缺陷中存在的物质往往是非磁性的（磁导率μ很小），磁阻很大，磁力线不能通过，只得改变磁场路径。当这些缺陷接近或位于零件表面时，则磁力线不但在零件内产生弯曲，而且还部分折射入空气，在零件表面形成一个南北两极的局部磁场，如图 2-1-1 所示，这种现象称为漏磁，这也是磁粉检测的基本原理。

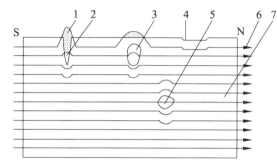

1—漏磁场；2—裂纹；3—近表面气孔；5—内部气孔；6—磁力线；7—工件。

图 2-1-1　磁粉的基本原理

【知识拓展】　　　【心灵驿站】　　　【头脑风暴】

【思考题】

1. 举例叙述磁粉检测的基本原理。

2. 分析磁粉检测的适用范围。

项目二　磁粉检测的电流、方法及磁化规范

知识目标

1. 了解磁粉探伤中的磁化电流分类及各自应用的特点。
2. 熟知磁粉检测方法及分类。
3. 掌握磁粉检测的工艺方法。

技能目标

1. 正确选用磁化电流及磁化方法。
2. 能分析规范的工艺过程。

素质目标

1. 培养学生良好的职业道德。
2. 具备过硬的职业素质和良好的个人品德。
3. 贯彻安全第一、质量就是生命的原则。

任务一　磁粉检测的基本物理基础

【任务提出】

磁粉检测是利用铁磁材料将其通过电流产生磁场被磁化来探测工件表面及近表面缺陷的方法。那么磁场中磁感应强度、磁通量、磁场强度以及电流中的磁场强弱对钢铁的磁化过程都有不同程度的影响，掌握磁场中的变化物理量，对运用磁粉检测判断缺陷有事半功倍的效果。为能够正确、熟练地通过磁化过程判定检测缺陷，我们需要做如下准备：

（1）了解磁场中的磁感应强度、磁场强度、磁导率及磁通量。

（2）熟悉影响漏磁场和退磁场大小的因素。

（3）了解磁场中的物质磁介质。

（4）明确钢铁材料的磁化曲线以及退磁曲线特性。

【任务目标】

1. 熟知磁场中的几个物理量的相互时间作用。

2. 正确熟读铁磁特性曲线图。

3. 掌握漏磁场分布及其形成原因。

一、磁现象和磁场

(一) 磁现象

磁铁具有吸引铁屑等磁性物体的性质叫作磁性。凡能够吸引其他铁磁性材料的物体叫作磁体，它是能够建立或有能力建立外加磁场的物体，有永磁体、电磁体、超导磁体等。永磁体是不需要力维持其磁场的磁体；电磁体是需要电源维持其磁场的磁体；超导磁体是用超导材料制成的磁体。

磁铁各部分的磁性强弱不同，两端强中间弱，特别强的部位称为磁极，如图 2-2-1 所示。一个磁铁可分北极（N）、南极（S）。磁极间相互排斥及相互吸引的力叫作磁力。使原来没有磁性的物体得到磁性的过程叫作磁化。

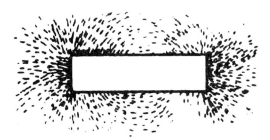

图 2-2-1　条形磁铁周围的磁场

(二) 磁　　场

磁体附近存在着磁场，凡是磁力可以到达的空间称为磁场。磁场是物质的一种形式，磁场内分布着能量。磁场存在于被磁化物体或通电导体内部和周围空间，有大小与方向。一般用磁力线、磁感应线、磁场强度、磁感应强度和磁通量来表示磁场的大小和方向。

为了形象地表示磁场的强弱、方向与分布情况，可以在磁场内画出若干假想的连续曲线，即磁力线，如图 2-2-2 所示。磁力线具有方向性。在磁场中磁力线的每一点只能有一个确定的方向，磁力线贯穿整个磁场，互不相交。异性磁极的磁力线容易沿着磁阻最小的路径通过，其密度随着距两极距离的增大而减小；同性磁极的磁力线有相互向侧面排挤的倾向。

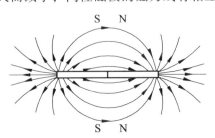

图 2-2-2　条形磁铁的磁力线分布

磁力线（磁感应线）具有以下特征：

（1）具有方向性的闭合曲线，在磁体内，由 S 极到 N 极；在磁体外，由 N 极出发，穿过空间进入 S 极。

（2）互不相交。

（3）可描述磁场的大小和方向。

（4）沿磁阻最小路径通过。

二、磁场中的几个物理量

（一）磁场强度（H）

磁场里任意一点放一个单位磁极，作用于该单位磁极的磁力大小叫作该点的磁力大小，磁力的方向叫作该点的磁场方向。磁场大小和方向的总称叫作磁场强度，表示符号为 H。所以磁力等于磁极乘磁场强度，或者说单位正磁极所受的力叫作磁场强度。在 SI 单位制中，磁场强度的单位是安培每米（A/m），在 CGS 单位制（厘米－克－秒单位制）中，磁场强度的单位是奥斯特（Oe），换算公式为

$$1 \, A/m = 4\pi \times 10^{-3} Oe \approx 0.0125 \, Oe$$

$$1 \, Oe = 10^3 / 4\pi = 80 \, A/m$$

一根载有直流电 I 的无限长直导线，在离导线轴线为 r 处所产生的磁场强度为

$$H = \frac{1}{2\pi r}$$

磁场强度、磁通量、磁感应强度的计量单位见表 2-2-1

表 2-2-1　磁场强度、磁通量、磁感应强度的计量单位

物理量		法定计量单位			
		国际单位制		高斯单位制	
名称	符号	名称	符号	名称	符号
磁场强度	H	安[培]每米	A/m	奥斯特	Oe
磁通量	Φ	韦[伯]	Wb	麦克斯韦	Mx
磁感应强度	B	特[斯拉]	T	高斯	GS

注：1 Oe =（103/4π）A/m = 79.577 A/m ≈ 80 A/m，Wb = 10^8 Mx。
1T = 1 N/（A·m）= 1 Wb/m^2，1T = 10^4 GS。

磁场强度中，常用磁力线（磁感应线）表示。磁力线（磁感应线）上任一点的切线方向和该点 H 矢量方向相同，磁力线（磁感应线）的疏密程度代表 H 矢量的大小，磁力线（磁感应线）越密，表示 H 越大，磁力线（磁感应线）越疏，表示 H 越小。

（二）磁感应强度（**B**）

磁场在某一点磁感应强度的大小，等于放在该点与磁场方向垂直的通电导线所受的磁场力 F，与该导线中的电流强度 I 和导线长度 L 的乘积成正比。

$$B = \frac{F}{IL}$$

将原来不具有磁性的铁磁材料放入磁场强度为 **H** 的外磁场，此材料可被磁化。除原来的外加磁场外，在磁化状态下该材料还将产生自己的附加磁场，这两个叠加起来的总磁场，称为磁感应强度，表示符号为 **B**。单位为特斯拉（T），1T 表示在垂直磁力线的单位面积（每平方米）上通过一条磁感应线。在 CGS 单位制中，磁感强度的单位为高斯（GS），换算公式为：

$$1\,T = 10^4\,Gs$$

$$1\,Gs = 10^{-4}\,T$$

磁场强度与磁感应强度的区别：磁场强度不考虑磁场中物质对磁场的影响，与磁化物质的特性无关。

（三）磁通量（**Φ**）

通过磁场中某一曲面的磁力线数叫作通过此曲面的磁通量，通过磁场中某一微小面积的磁通量，等于该处磁感应强度 **B** 在垂直于曲面方向的法向分量与曲面面积 dS 的乘积（**Φ** = −**B**cosα ds），用 **Φ** 表示。在 SI 单位制中，磁通量的单位为韦[伯]（Wb），在 CGS 单位中，磁通量的单位为麦[克斯韦]（Mx），1 麦[克斯韦]（Mx）表示通过 1 根磁力线，换算公式为 1 韦[伯]（Wb）= 10^8 麦[克斯韦]（Mx）。

非均匀磁场中任意曲面 S 的磁通量 $\boldsymbol{\Phi} = \int_s \boldsymbol{B}\mathrm{d}s$

均匀磁场中，当磁感应强度方向垂直于截面 S 时，该截面上的磁通量可以简单地表示成 $\boldsymbol{\Phi} = \boldsymbol{B} \cdot S$。

（四）磁导率 μ

磁感应强度 **B** 与磁场强度 **H** 的比值称为磁导率，也称绝对磁导率，用符号 μ 表示，**B** = μ**H**。磁导率表示材料被磁化的难易程度，反映材料的导磁能力。在 SI 单位制中，磁导率的单位为亨利/米（H/m），在 CGS 单位制中，磁导率是纯数。磁导率不是常数，是随磁场大小不同而改变的变量，有最大值和最小值。在磁粉检测中，经常用到的磁导率如下：

真空磁导率

材料磁导率：磁路完全处于材料内部情况下所测得的 **B/H** 值，常用于周向磁化。

最大磁导率：由于铁磁材料的磁导率是随外加磁场变化的量，从变化曲线中获得的最大值叫作最大磁导率，用 μ_m 表示。

有效磁导率：磁化时，零件上的磁感应强度与外加磁化磁场强度的比值。它不仅与材料性质有关，而且与零件的形状有关。对零件在线圈中纵向磁化非常重要。

物质的磁导率μ与真空磁导率μ_0（恒定值）的比值为相对磁导率μ_r。由于空气中的μ值接近于μ_0，在磁粉检测中，通常将空气中的磁场值看成真空中的磁场值，即$\mu_r = 1$。在 SI 单位制中，$\mu_0 = 4\pi \times 10^{-7}$，在 CGS 单位制中$\mu_0 = 1$。

三、磁场中的物质

（一）磁介质

凡是能影响磁场的物质叫磁介质。磁介质放入磁场中要产生附加磁场，使原来的磁场发生变化，这种现象叫作磁介质的磁化。

物质按磁学性能分为顺磁性物质、抗磁性物质和铁磁性物质三类。无论哪种物质，由于它们的相对磁导率$\mu_r \approx 1$，在外磁场作用下，难以获得较大的磁感应强度。

设原来的磁场强度为$\boldsymbol{H}_0$，磁感应强度为$\boldsymbol{B}_0$，磁介质磁化后得到的附加磁场为$\boldsymbol{B}'$则总磁场的磁感应强度为$\boldsymbol{B} = \boldsymbol{B}_0 + \boldsymbol{B}'$。磁介质产生的附加磁场的方向与原磁场的方向相同或相反。

磁介质产生的附加磁场的方向与原磁场的方向相同的物质叫作顺磁物质（$\mu \approx 1$），如铝、钨、钠、氯化铜等。

磁介质产生的附加磁场的方向与原磁场的方向相反的物质叫作抗磁物质（逆磁物质）（$\mu < 1$），如汞、金、铋、氯化钠等。

顺磁物质和抗磁物质在外磁场中所引起的附加磁场都很小，接近于原磁场，对外基本上不显磁性，因此，它们被统称为非磁质。

铁磁质：引起的附加磁场比原磁场大得多的物质（$\mu \gg 1$），简称铁磁物质。如铁、钴、镍及大多数合金。

磁粉探伤只适用于铁磁性材料，通常把顺磁性材料和逆磁性材料都列入非磁性材料。

（二）磁　畴

磁畴是材料中最基本的磁性单元。宏观物体一般总是具有很多磁畴，磁畴的磁矩方向各不相同，结果相互抵消，矢量和为零，整个物体的磁矩为零，它也就不能吸引其他磁性材料。也就是说，磁性材料在正常情况下并不对外显示磁性（永久磁铁除外）。只有当磁性材料被磁化以后，原子磁矩已在一个个小的区域内按某一方向平行排列，每个小区域都达到磁化饱和的程度，它才能对外显示出磁性。材料中磁畴的排列如图 2-2-3所示。

材料内部磁畴排列

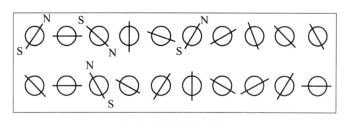
（a）非铁磁性材料

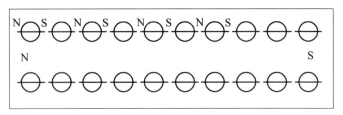

（b）铁磁性材料

图 2-2-3　材料内部磁畴排列

当把铁磁性材料放到外加磁场中去时，磁畴就会受到外加磁场的作用，一是使磁畴磁矩转动，二是使畴壁发生位移，最后全部磁畴的磁矩方向转向与外加磁场方向一致，铁磁性材料被磁化，显示出很强的磁性，如图 2-2-4 所示。

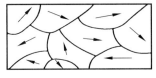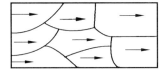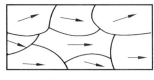

（a）不显示磁性　　　　　　　　（b）磁化　　　　　　　　（c）保留一定剩磁

图 2-2-4　铁磁性材料的磁畴方向

高温情况下，磁体中分子热运动会破坏磁畴的有规则排列，使磁体的磁性削弱，温度超过居里点后，磁性全部消失，变为顺磁质。

四、钢铁材料的磁场

磁粉检测的主要对象是钢铁材料。磁状态一般由磁化曲线（**B-H** 曲线）来表示。图 2-2-5 表示特磁性物质的原始磁化曲线的一般规律。当把没有磁性的铁磁材料及制品直接通电或置于外加磁场中时，当外磁场 **H** 由零逐渐增大时，其磁感应强度 **B** 将明显地随着磁场强度 **H** 缓慢增大到 a 点，然后 **B** 随着 **H** 的增大而迅速增加（ab 段），进而又减缓增加（bc 段），并逐渐趋向饱和（cm 段），c 点称为饱和点。因此产生比原磁化场大得多的磁场，对外显示磁性。磁化曲线表示磁介质中的磁感应强度 **B** 和磁场强度 **H** 的关系。

铁磁性物质被磁化后再去除外加磁场时，材料内部的磁畴不会恢复到未被磁化的状态，即铁磁质仍保留一定的磁性（剩磁）。要去除剩磁，必须外加反向磁场，当反向外磁场 $H = H_c$ 时，$B = 0$，H_c 称为矫顽力（磁感应强度的变化总是滞后于磁场强度的变化的现象称为磁滞现象）。如果反向磁场继续增大，**B** 可再次达到饱和值。当 **H** 从负值回到零时，材料具有反方向的剩磁 B_r。磁场强度过零再沿正方向增加时，完成一个循环。该闭合曲线称为材料的磁滞回线。铁磁质在交变磁场内反复磁化的过程中，其磁化曲线是一条具有方向性的闭合曲线，称为磁滞回线，如图 2-2-6 所示。如果磁滞回线是细长的，通常说明该材料是低顽磁性（低剩磁）的，易于磁化；而宽的磁滞回线，说明材料具有高的顽磁性，较难磁化。

居里点

矫顽力

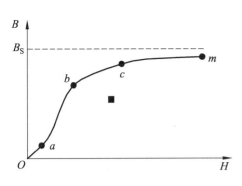

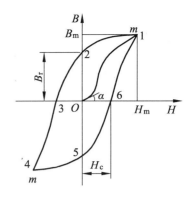

| 图 2-2-5 铁磁性材料的 B-H 曲线图 | 图 2-2-6 磁滞回线 |

铁磁材料的特性有高导磁性、饱和磁性和磁滞性。根据矫顽力 H_0 大小将铁磁材料分为软磁材料（$H_0 \leqslant 40 \, \text{A/m}$）和硬磁材料（$H_0 \leqslant 8\,000 \, \text{A/m}$）

软磁材料和硬磁材料具有以下特征：

（1）软磁材料是指磁滞回线狭长，具有高磁导率、低剩磁、低矫顽力和低磁阻的铁磁性材料。软磁材料磁粉检测时容易磁化，也容易退磁。软磁材料有电工用纯铁、低碳钢和软磁铁氧体等。

（2）硬磁材料是指磁滞回线肥大，具有低磁导率、高剩磁、高矫顽力和高磁阻的铁磁性材料。硬磁材料磁粉检测时难以磁化，也难以退磁，适于制造永久磁铁。硬磁材料有铝镍钴、稀土钴和硬磁铁氧体等材料。

磁阻

五、漏磁场与退磁场

（一）漏磁场

漏磁场是指在磁铁材料不连续或磁路的截面变化处形成磁极，磁感应线溢出工件表面所形成的磁场。

以有裂纹的钢材为例，裂纹处的物质是空气，与钢材的磁导率差异大，磁感应线因磁阻增加而产生折射。部分磁感应线从缺陷下通过，形成被"压缩"的形象：一部分磁感应线直接从缺陷通过；另一部分折射后从上方的空气中逸出，通过空气再进入钢材中，形成漏磁场，裂纹两端磁感应线进出的地方形成缺陷的磁极，如图 2-2-7 所示。磁粉检测正是利用这种漏磁场对工件进行检测的。

缺陷的漏磁场的大小与工件材料的磁化程度有关，在材料未达到饱和前，漏磁场的反应不充分，磁路中的磁导率较大，磁感应线多数向下部材料中压缩；接近饱和时，磁导率呈下降趋势，漏磁场迅速增加。一般，易磁化的材料容易产生漏磁场。工件表面的覆盖层会导致漏磁场减小。

磁力探伤中能否发现缺陷，首先取决于缺陷处漏磁场强度是否足够大。要提高检测灵敏度，即发现更细小的缺陷，就必须提高漏磁场的强度。工件中磁感应强度越大，则缺陷处的漏磁场强度越大，一般 $\boldsymbol{B} = 0.8 \, \text{T}$ 即可保证缺陷处的漏磁场能够吸附磁粉。由于铁磁性材料的磁导率远远大于非铁磁性材料的磁导率，因此前者容易获得足够大的磁感应强度。

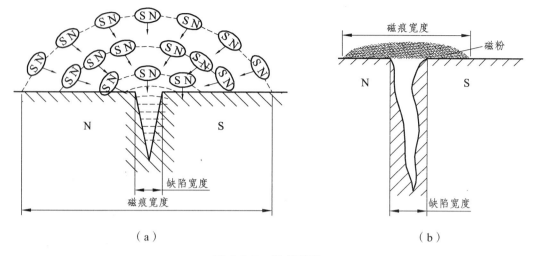

（a）   （b）

图 2-2-7　漏磁吸引

当然，缺陷处漏磁场的大小还取决于缺陷本身的状况，如缺陷的宽窄、深度与宽度之比、埋藏深度等。因此，对于具有相同磁感应强度的工件材料，在不同的缺陷处的漏磁场强度也有差异。

（二）退磁场

铁磁性棒料放在外磁场中磁化，棒料两端也分别感应出了 N 级、S 级，形成了方向与外磁场相反的磁场强度增量 ΔH。因为 ΔH 弱了外磁场对材料的磁化作用，所以称其为退磁场如图 2-2-8 所示。

$$\Delta H = N \frac{1}{\mu_0}$$

式中　N——退磁因子；

　　　J——磁极化强度，T；

　　　μ_0——真空磁导率，$\mu_0 = 4\pi \times 10^{-7}$ H/m。

N 的大小主要取决于被磁化物体的形状，完整的环形闭合体 $N = 0$；球体 $N = 0.333$，标准椭圆体 $N = 0.73$；棒料，N 与 L/D 成反比。

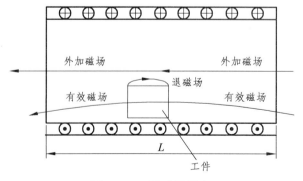

图 2-2-8　退磁场示意

【任务实施】

一、影响漏磁场的因素

（1）外加磁场强度的影响：外加磁场强度一定要大于产生最大磁导率对应的磁场强度，使磁导率减小，磁阻增大，漏磁场增大。

（2）缺陷位置及形状的影响：缺陷埋藏越浅，缺陷越垂直于表面，缺陷的深度比越大，其漏磁场越大。

（3）工件表面覆盖层的影响：同样的缺陷，工件表面覆盖层越薄，其漏磁场越大。

（4）工件材料及状态的影响：工件本身的晶粒大小、含碳量的多少、热处理及冷加工都会对漏磁场产生影响。

二、影响退磁场的因素

（1）退磁场大小与外加磁场强度大小有关。外磁场强度越大，工件磁化得越好，产生的 N 极和 S 极磁场越强，因而退磁场也越大。

（2）退磁场大小与工件 L/D 值有关。工件 L/D 值越大，退磁场越小。

（3）退磁因子 N 与工件几何形状有关，它是 L/D 的函数。

（3）磁化尺寸相同的钢管和钢棒，钢管比钢棒产生的退磁场小。

（4）磁化同一工件时，交流电比直流电产生的退磁场小。因为交流电有集肤效应，比直流电渗入深度浅。

任务二　磁化电流与磁化方法

【任务提出】

磁粉检测的能力，不仅取决于外加磁场的大小和缺陷的延伸方向，还与缺陷的位置、大小和形状等因素有关。磁粉检测时，当磁场方向与缺陷延伸方向垂直时，缺陷处的漏磁场最大，检测灵敏度最高。当磁场方向与缺陷方向平行时，不产生磁痕显示，即使存在缺陷也检测不出来。由于工件中的缺陷有各种方向的取向，难以预知，因此应根据工件的几何形状，采用不同的方法进行周向、纵向或多向磁化，以便在工件上建立不同方向的磁场，发现各个方向上的缺陷，于是就产生了各种不同的磁化方法。

选择磁化方法应考虑的因素有：工件尺寸的大小，工件的外形结构，工件的表面状态。同时，根据工件过去撕裂的情况和各部位的应力分布，分析可能产生缺陷的部位和方向。如何正确根据工件的大小形状合理选择磁化方法呢？

【任务目标】

1. 正确根据工件大小形状合理选择磁化方法。

2. 掌握电流通过圆柱导体和圆管导体时形成磁场的大小强弱。

3. 熟知国内磁化规范。

【相关知识】

所谓磁化，是指在磁力探伤中，通过磁场使工件带有磁性的过程。对工件磁化时，磁力线应尽可能与缺陷主平面垂直，以产生足够的漏磁场，使缺陷最为清晰。

一、磁化电流

（一）磁化电流分类

磁粉检测常用不同的电流产生磁场对工件进行磁化，这种电流称为磁化电流。由于不同电流随时间变化的特性不同，在磁化时所表现出的性质也不一样。磁粉检测采用的磁化电流有交流电、整流电（包括单相半波整流电、单相全波整流电、三相半波整流电和三相全波整流电）。其中最常用的磁化电流有交流电、单相半波整流电和三相全波整流电三种。表 2-2-2 列举了磁化电流的波形、电流表指示及换算关系。

表 2-2-2　磁化电流的波形、电流表指示及换算关系

电流类型	波形	电流表指示	换算关系	峰值为 100 A 时电流表读数/A
直流电		平均值	$I_m = I_d$	100
交流电		有效值	$I_m = \sqrt{2}I$	71
单相半波整流电		平均值	$I_m = \pi I_d$	32
单相全波整流电		平均值	$I_m = \dfrac{\pi}{2} I_d$	64
三相半波整流电		平均值	$I_m = \dfrac{2\pi}{3\sqrt{3}} I_d$	83
三相全波整流电		平均值	$I_m = \dfrac{\pi}{3} I_d$	95

（二）交流电的趋肤效应

交变电流通过导体时，导体表面的电流密度较大而内部电流密度较小的现象称为趋肤效应。如图 2-2-9 所示。这是由于导体在变化的磁场中因电磁感应而产生涡流，在导体表面附近，涡流方向与原来的电流方向相同，使电流密度增大；而在导体轴线附近，涡流方向则与原来的电流方向相反，使导体的电流密度减弱，如图 2-2-10 所示。

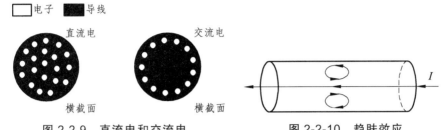

图 2-2-9　直流电和交流电　　　　　　图 2-2-10　趋肤效应

通常 50 Hz 交流电的趋肤深度，也称为交流电的渗入深度 δ ，大约为 2 mm。

二、磁化电流值的确定

磁化电流值的确定与工件材料的磁导率、直径（厚度）、电流性质以及磁化方法等因素有关。为了避免复杂的计算，一般采用简单的经验公式选取。

选取的原则：采用低电压、大电流和使工件达到磁饱和点。对于圆柱体工件，其经验公式为

（1）当工件直接通交流电：

$$I = (6 \sim 18)d \ (\text{A})$$

式中，d——工件直径，mm。

（2）工件间接通交流电：

$$IW = (20 \sim 30)d \ （\text{A} \cdot \text{匝}）$$

式中，W——线圈匝数。

当材料磁导率高时，选取小的系数；用直流电时，可将计算出的电流值降低 30% ~ 35% 来使用。

三、磁化方法

磁化方法根据采用磁化电流不同可分为直流磁化法和交流磁化法；根据通电的方式不同分为直接通电磁化法和间接通电磁化法；根据工件磁化方向的不同可分为纵向磁化法、周向磁化法、复合磁化法或多向磁化、辅助磁化等；根据磁粉检测方法还可分为连续磁化法和剩磁法。

（一）直流磁化法和交流磁化法

1. 直流磁化法

直流磁化法是采用低电压、大电流的直流电源对工件进行磁化。由于磁力线稳定，穿透较深，能发现离工件表面较深的缺陷，探伤效果好。将交流电变成直流电需附加设备，因此成本高。

2. 交流磁化法

交流磁化法是采用低电压、大电流的交流电源对工件进行磁化。磁力线不如直流磁化法稳定；趋肤效应使渗透深度较浅，只能发现离表面较近的缺陷。但它设备简单，成本较低，应用广泛。

（二）直接通电磁化法和间接通电磁化法

安培环路定律

1. 直接通电磁化法

直接通电磁化就是在工件上直接通电流以产生磁力线进行检测。该方法的主要特点是所需设备和检测方法简单；工件表面接上电源时，要求接触良好，否则会把工件表面烧伤；工件表面接触通电部位得不到正常磁化，为了发现全部缺陷，必须至少分两道工序才能完成，如图 2-2-11 所示。

（a）   （b）

图 2-2-11 直接通电磁化

1）直接通电圆柱导体磁场

（1）磁场方向。

当电流通过直长圆柱导体时，产生的磁场是以导体中心为圆心的同心圆，如图 2-2-12 所示，在半径相等的同心圆上，磁场强度相等，方向与电流方向有关，称为电流磁效应，一般用右手定则表示。

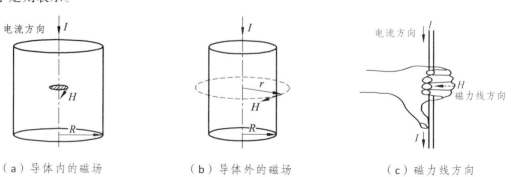

（a）导体内的磁场   （b）导体外的磁场   （c）磁力线方向

图 2-2-12 通电圆柱导体的磁场

（2）磁场强度计算。

通电圆柱导体表面的磁场强度可由安培环路定律推导，若采用 SI 单位制，因圆周对称，所以沿圆周积分得：

$$2\pi RH = I$$

$$H = \frac{1}{2\pi R} \qquad\qquad （2\text{-}2\text{-}1）$$

式中　H——磁场强度，A/m；

　　　I——电流，A；

　　　R——圆柱导体半径，m。

近似计算公式见表 2-2-3。

表 2-2-3　电流的磁场公式

电流通过导体形状	公　式
通电圆柱形导体表面（$r = R$）	$H = \dfrac{I}{2\pi R}$
通电圆柱形导体内部（$r < R$）	$H = \dfrac{Ir}{2\pi R}$
通电圆柱形导体外部（$r > R$）	$H = \dfrac{I}{2\pi r}$
通电螺管线圈中心	$H = \dfrac{NI\cos a}{L}$
通电螺管环	$H = \dfrac{NI}{2\pi R}$ 或 $H = NI / L$

注：式中，H 为磁场强度；N 为线圈匝数；L 为螺管线圈的长度。

若采用 CGS 单位制，因 $1\,\text{Oe} \approx 80\,\text{A/m}$，半径 R 的单位用 cm 表示，带入式（2-2-1）得

$$H = \frac{1}{80} \times \frac{I}{(2\pi R)} / 100 = \frac{100}{80 \times 2\pi} \times \frac{I}{R} \approx \frac{0.2I}{R} \text{ 或 } I = 5RH \qquad （2\text{-}2\text{-}2）$$

若将式（2-2-2）中圆柱导体半径 R 用直径 D 代替，并将 D 的单位用 mm 表示，则得出以下两公式：

$$I = \frac{HD}{4} \qquad\qquad （2\text{-}2\text{-}3）$$

或

$$I = \frac{HD}{320} \qquad\qquad （2\text{-}2\text{-}4）$$

在连续法检测时，一般要求工件表面的磁场强度至少达到 2400 A/m（30 Oe），代入式（2-2-3）式或式（2-2-4）中，得

$$I = \frac{HD}{4} = I = \frac{100D}{4} = 25D \text{ 或 } I = \frac{HD}{320} = \frac{240OD}{320} = 7.5D \approx 8D$$

在剩磁法检测时，一般要求工件表面的磁场强度至少达到 8 000 A/m（100 Oe），代入式（2-2-3）式或式（2-2-4）中，得

$$I = \frac{HD}{4} = I = \frac{100D}{4} = 25D \text{ 或 } I = \frac{Hd}{320} = \frac{8\,000D}{320} = 25D$$

这就是对圆柱导体磁化时，磁化规范的经验公式 $I = 8D$ 和 $I = 25D$ 的来源。

2）圆柱导体通电磁场应用特点

用交流电和直流电磁化同一钢棒时，磁场强度分布如图 2-2-13 和图 2-2-14 所示，其共同点是：

（1）在钢棒中心处，磁场强度为零。

（2）在钢棒表面，磁场强度达到最大。

（3）离开钢棒表面，磁场强度随 r 的增大而下降。

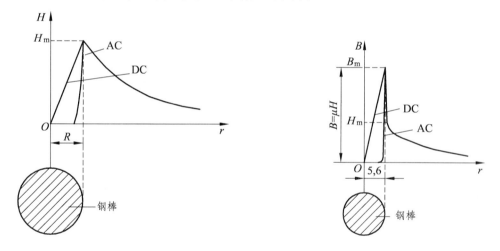

图 2-2-13　钢棒交、直流电磁化的磁场强度分布　　图 2-2-14　钢棒交、直流电磁化的磁感应强度分布

其不同点是，直流电磁化，从钢棒中心到表面，磁场强度是直线上升到最大值。交流电磁化，由于趋肤效应，只有在钢棒近表面才有磁场强度，并缓慢上升，而在接近钢棒表面时，迅速上升达到最大值。

3）通电圆柱钢管导体的磁场

用交流电和直流电磁化同一钢管时，磁场强度分布如图 2-2-15 所示。磁感应度分布如图 2-2-16 所示所示。从图上可以看出，钢管内壁 $H = 0$，$B = 0$，所以磁场分布不是由钢管中心轴线，而是从钢管内壁到表面逐渐上升到最大值。其余的钢棒通电法磁化磁场分布相同。

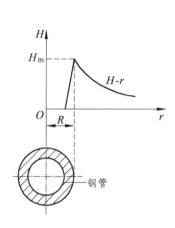

图 2-2-15　空心钢管交、直流电磁化的
磁场强度分布

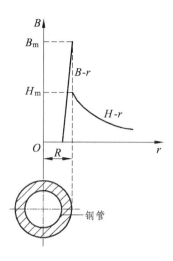

图 2-2-16　空心钢管交、直流电磁化的
磁感应强度分布

4）通电螺线管磁场

（1）磁场方向。

在螺管线圈中通以电流时，产生的磁场是与线圈轴平行的纵向磁场，如图 2-2-17 所示，其方向用螺线管右手定则判定。通电螺管线圈中心的磁场强度计算公式见表 2-2-3。

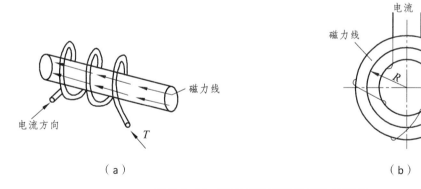

（a）　　　　　　　　　　　　　　　　　　　　（b）

图 2-2-17　通电螺线管线圈产生的磁场

（2）磁场强度计算。

通电螺管线圈中心的磁场如图 2-2-18 所示，计算公式：$H = \dfrac{NI}{L}\cos\alpha = \dfrac{NI}{\sqrt{L^2 + D^2}}$。在有限长螺管线圈的横截面上，靠近线圈内壁处的磁场较强，而在轴线中心最强，二端较弱，为中心处的 50% ~ 60%。

5）通电钢管中心导体法磁化

用直流电中心导体法磁化钢管时，磁场强度和磁感应强度的分布如图 2-2-19 所示。在钢管内是空气，由于中心导体 $\mu_r \approx 1$，所以只存在磁场强度 H。在钢管上由于 $\mu_r \gg 1$，所以能感应产生较大的磁感应强度，又因为 $H = I/2\pi r$ 且钢管内半径比外半径 r 小，因而钢管内壁较外壁面磁场强度和磁感应强度都大，探伤灵敏度高。离开钢管外表面，在空气中，$\mu_0 \approx 1$，$B \approx H$，所以磁感应强度突降后，与 H 曲线基本重合。

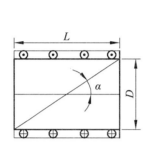

图 2-2-18　空载通电线圈中心的磁场

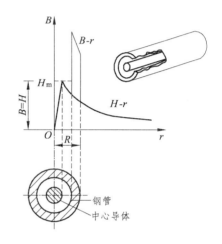

图 2-2-19　直流电中心导体法磁化钢管的磁场强度和磁感应强度分布

2. 间接通电磁化法

间接通电法就是先给线圈或芯杆通电产生磁场，利用该磁场再来磁化被检工件。由于它克服了直接通电法的弊端，故得到了广泛的应用，间接通电法又有芯杆法和线圈法之分。

芯杆法采用铜棒或电缆穿过工件，并同时通以电流。产生的周向磁场不仅能检测管子内外表面的纵向缺陷，而且能同时发现端面上的径向缺陷，如图 2-2-20 所示。

采用芯杆法磁化空心工件时，其外表面磁场强度比内表面弱，壁越厚两者相差越大。采用这种方法可以对管子内表面及其附近的缺陷进行检测，如图 2-2-21 所示。

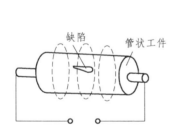

图 2-2-20　芯杆法磁化的磁场强度分布图

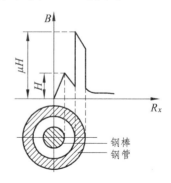

图 2-2-21　芯杆法磁化的磁感应强度分布

检测小型空心工件时，导体放在工件中心，这样在工件表面各点的磁场强度比较均匀。对于较大直径的管件、环形件或压力容器，如果把芯杆导体放在中心，则要在整个工件圆周上产生正常检测所需要的磁场，所需电流非常大。如果将导体偏置靠近工件的管壁，那么只要很小的电流就能在靠近导体的管壁中产生足够的磁场强度。中心导体的直径与筒形工件的内径和壁厚无关，其尺寸主要根据导体的电流容量和是否容易装卸而定。如图 2-2-22 所示是线圈法，线圈通电产生与工件轴向平行的磁场。

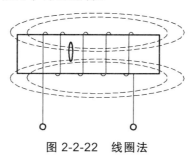

图 2-2-22　线圈法

（三）纵向磁化法和周向磁化法

1. 纵向磁化法

纵向磁化是指将电流通过环绕工件的线圈，使工件沿纵长方向磁化的方法。工件磁化后，磁力线的方向与工件的纵向线圈法轴线平行，用于检测与工件纵向轴线垂直的横向缺陷，具体有磁轭磁化、线圈开端磁化和线圈闭端磁化等方法。如图 2-2-23 所示是磁轭磁化法，探伤时，在磁轭的开端放上工件，线圈通电后则磁力线通过工件并与磁扼构成磁回路。这种方法的特点是无须将磁化线圈绕在工件上。另外，要求磁轭与工件接触良好，接触面之间的空气隙越小越好。气隙太大，会产生过大的磁阻，使通过工件的磁力线减少，降低探伤的灵敏度。如图 2-2-24 所示是线圈开端磁化法，工件上绕线圈或用预先绕好的线圈套在工件上。这种方法的特点是所用的设备很轻便；磁力线由两极出来是经空气构成回路，出现外磁现象；磁力线在两端分布不均，影响检测。如图 2-2-25 所示是线圈闭端磁化法，利用磁轭来加强磁感应和改良工件两端的磁化情况，因此灵敏度比线圈开端法高。纵向磁化法有线圈法、磁轭法和永久磁轭法。

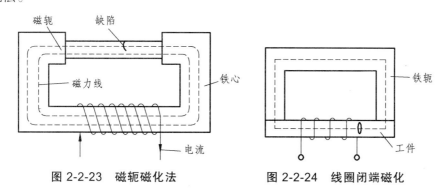

图 2-2-23　磁轭磁化法　　　　图 2-2-24　线圈闭端磁化

2. 周向磁化法

周向磁化是指给工件直接通电，或者使电流流过贯穿空心工件孔中的导体，旨在工件中建立一个环绕工件的并与工件轴垂直的周向闭合磁场，用于发现与工件轴平行的纵向缺陷，即与电流方向平行的缺陷。工件磁化后，磁力线在工件上的分布是环绕工件轴线成很多的同心圆。它又有直接通电周向法（图 2-2-11）和间接通电周向法（图 2-2-20）。周向磁化法还可分为通电法、中心导体法、偏置芯棒法、触头法、感应电流法和环形件绕电缆法等。

3. 复合磁化法

为了检测工件上不同方向的缺陷，把周向磁化和纵向磁化两种方式组合在一起，形成复合工件磁化方式。如图 2-2-25 所示给磁轭通交流电形成周向磁场，给线圈通直流电形成纵向磁场。如果两个磁场同时施加，那么合成磁场将是两个矢量合成，如图 2-2-26 所示。这个合成磁场是与工件轴线成一个倾斜角度分布的，可以检测既不是纵向也不是周向的而是与工件轴线成某一角度的缺陷。通过改变纵向或周向的磁化强度可取得不同倾斜角的合成磁场，就可发现与工件轴线成不同倾角的缺陷。

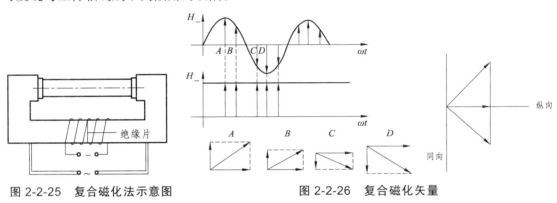

图 2-2-25　复合磁化法示意图　　　图 2-2-26　复合磁化矢量

（四）连续磁化法和剩磁法

1. 连续磁化法

连续磁化法是一种把工件的磁化和缺陷的显示同时进行的方法，适用于软磁性材料（剩磁较小）。检测，时需待工件上所浇洒的磁粉悬浮液的流动基本停止后，再切断磁化电源。这种方法的特点是充磁时间长、磁化效果好、检测灵敏度比较高。

2. 剩磁法

剩磁法是利用工件被磁化后的剩磁来检查其表面缺陷的方法，即先把工件磁化，然后撤除磁化电流后再浇洒磁悬液进行缺陷显示，适用于硬磁性材料（剩磁大的工件）。一般情况下，材料的剩磁总是小于它的磁化磁场，因此剩磁法的检测灵敏度比连续法低。这种方法的检测效率高，适用于批量生产工件的检测。一般情况下，只要条件允许，尽量采用剩磁法。

【任务实施】

利用公式计算求出磁化电流：

（1）一截面为 50 mm × 50 mm，长为 1 000 mm 的方钢，要求工件表面磁场强度为 8 000 A/m，求所需的磁化电流值。

解：当量直径 $D = 50 \times 4 / \pi \approx 64$（mm）

$$I = 8\,000 \times 64 / 320 = 1\,600 \text{（A）}$$

（2）中心导体法检测如图 2-2-27 所示的 ϕ 100 mm × 20 mm 工件，中心导体 ϕ50 mm，要求工件表面磁场强度 H = 2 400 A/m，求磁化电流？

解：按照要求达到的磁场强度值，可知符合标准规范，选择公式

$$I = 8D$$

$$D = 100 \text{ mm}$$

$$I = 8D = 8 \times 100 = 800 \text{（A）}$$

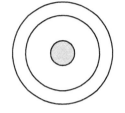

图 2-2-27　中心导体法检测

磁化工件所需的电流值为 800 A。

（3）一圆柱导体直径为 20 cm，通以 5 000 A 的直流电，求与导体中心轴相距 5 cm，10 cm，40 cm 及 100 cm 各点处的磁场强度，并用图示法表示出导体内、外和表面磁场强度的变化？

解：四个点到导体中心的距离分别是 0.05 m、0.1 m、0.4 m 和 1 m，导体半径 R 为 0.1 m，分别代入公式，有

$$H_1 = \frac{Ir}{2\pi R^2} = \frac{5\,000 \times 0.05}{2 \times 3.14 \times 0.1^2} \text{ A / m} = 3980 \text{ A/m}$$

$$H_2 = \frac{I}{2\pi R} = \frac{5\,000}{2 \times 3.14 \times 0.1^2} \text{ A / m} = 7\,962 \text{ A/m}$$

$$H_3 = \frac{I}{2\pi R} = \frac{5\,000}{2 \times 3.14 \times 0.4} \text{ A / m} = 1\,990 \text{ A/m}$$

$$H_4 = \frac{I}{2\pi R} = \frac{5\,000}{2 \times 3.14 \times 1} \text{ A / m} = 796 \text{ A/m}$$

其内、外和表面的磁场强度分布如图 2-2-28 所示

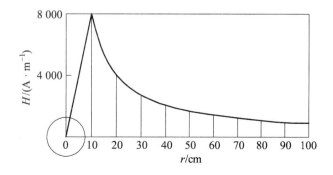

图 2-2-28　圆柱导体内、外和表面的磁场强度分布

任务三　磁化规范及其制定

【任务提出】

由于工件材料存在因材料、热处理状态以及工件的尺大小，表面状态的不同，确定采用哪种磁粉检测的方式方法，用多大的磁化电流以及磁化的区域，显然这些因素变动范围很大，对每个工件制定一个精确的磁化规范进行磁化是困难的。但人们在长期的理论探讨和实践经验的基础上，摸索出将磁场强度控制在一个较为合理的范围内，使得工件得到有效的磁化方法。通过本任务的学习，学会制定磁化规范的方法；牢记：通电法和中心导体法磁化规范，偏置心棒法磁化规范，触头法磁化规范，线圈法磁化规范，磁轭法的磁化规范，感应电流法的磁化规范。

【任务目标】

1. 正确根据工件材料、大小及形状制定合理磁化规范方法。
2. 掌握各种方法的磁化规范。
3. 熟知国内磁化规范及其制定方法。

【相关知识】

本任务主要介绍通电法和中心导体法磁化规范、偏置心棒法磁化规范、触头法磁化规范、线圈法磁化规范、磁轭法的磁化规范、感应电流法的磁化规范。

一、轴向通电法和中心导体法磁化规范

中心导体法可用于检测工件内、外表面与电流平行的纵向缺陷和端面的径向缺陷。外表面检测时应尽量使用直流电或整流电。通电磁化法和中心导体法的磁化规范按 2-2-4 表计算。

表 2-2-4　轴向通电磁化法和中心导体法磁化规范

检测方法	磁化电流计算公式	
	AC	FWDC
连续法	$I = (8 \sim 15)D$	$I = (12 \sim 32)D$
剩磁法	$I = (25 \sim 45)D$	$I = (25 \sim 45)D$

注：I 为磁化电流，A；D 为圆柱形工件直径，mm；对于非圆柱形工件，D 为工件截面上的最大尺寸，或取当量直径 $D = $ 周长$/\pi$，mm。

例：圆柱形工件直径 50 mm，要求工件表面磁场强度 $H = 2\,400$ A/m，求磁化工件所需电流。

解：按照要求达到的磁场强度值，可知符合标准规范。

选择公式：

$$I = 8D$$

$$D = 50 \text{ mm}$$

$$I = 8D = 8 \times 50 = 400 \text{ （A）}$$

磁化工件所需的电流值为 400 A。

二、偏置导体法磁化规范

当采用中心导体法磁化时，若工件直径大、设备的功率不能满足时，可采用偏置芯棒法磁化。应依次将芯棒紧靠工件内壁（必要时对与工件接触部位的芯棒进行绝缘）停放在不同位置，以检测整个圆周。在工件圆周方向表面的有效磁化区为芯棒直径 d 的 4 倍，并应有不小于 10% 的磁化重叠区。磁化电流仍按表 2-2-4 中的公式计算，只是直径 D 要按芯棒直径加 2 倍工件壁厚之和计算，见表 2-2-5。

表 2-2-5　偏置导体法磁化规范

最大壁厚/mm	电流/A（导体 $D = 50$ mm）
3.2	1 250
6.4	1 500
9.6	1 750
12.8	2 000
壁厚大于 12.8 mm 工件，壁厚每增加 3.2 mm，电流增加 250 A	

三、支杆法（触头法）磁化规范

支杆间距 L 一般控制在 75 ~ 200 mm。

有效磁化宽度：触头中心线的两侧 1/4 间距。

磁化区域：两次磁化间应不少于 10% 的磁化重叠区。连续法检测的磁化规范按表 2-2-6 计算。

表 2-2-6　支杆法（触头法）磁化规范

工件厚度 / mm	磁化电流计算公式 / A
$T < 9$	$I = (3.5 \sim 4.5)L$
$T \geqslant 19$	$I = (4 \sim 5L)$

注：I 为磁化电流，A；L 为两触头间距，mm。

四、线圈法磁化规范

（一）用连续法检验的线圈法磁化规范

一般线圈法的有效磁化区是从线圈两端向外延伸 150 mm 的范围内，超过 150 mm 之外的区域，磁化强度应采用标准试片确定。当被检工件太长时，应进行分段磁化并且应有一定的重叠区。重叠区应不小于分段检测长度的 10%，检测时，磁化电流应根据标准试片实测结果来确定。

（1）低填充系数：线圈横截面面积与被检工件横截面面积之比不小于 10 时。

工件置于线圈内壁：

$$NI = \frac{K}{L/D} \qquad (2\text{-}2\text{-}5)$$

式中　N——为线圈匝数；

　　　L——工件长度，mm；

　　　D——工件直径或横截面上任意两点之间的最大距离，mm。

长径比：$L/D \leqslant 2$；N/A；$L/D > 15$，按 15 计算。

当电流为 FWDC（三相全波整流电）时，$K = 45\,000$；

当电流为 HW（单相半波整流电）时，$K = 22\,000$；

当电流为 AC（交流电）时，$K = 32\,000$。

线圈两端轴向有效磁化范围：

工件置于线圈中心：

$$NI = \frac{1\,690}{6\dfrac{L}{D} - 5}$$

（2）高填充系数：线圈横截面面积与被检工件横截面面积之比不大于 2 时。

工件置于线圈中心：

$$IN = \frac{3\,500}{\dfrac{L}{D} + 2} \qquad (2\text{-}2\text{-}6)$$

（3）中填充系数：线圈横截面面积与被检工件横截面面积之比大于 2 且小于 10 时。

$$IN = (IN)_{\mathrm{h}} = \frac{10 - Y}{8} + (IN)_{\mathrm{l}}\frac{Y - 2}{8} \qquad (2\text{-}2\text{-}7)$$

式中　$(IN)_{\mathrm{h}}$——由（2-2-6）计算出的安匝数；

　　　$(IN)_{\mathrm{l}}$——由（2-2-5）或（2-2-6）计算出的安匝数；

　　　Y——填充因数线圈横截面面积与被检工件横截面面积之比。

注：填充因数的计算，无论工件是实心或空心工件，截面面积为总的横截面面积。

关于 L/D 中的直径 D，若工件为实心件圆柱体，D 为外直径。若为其他形状，D 为横截面最大尺寸。若工件为空心件，应采用有效直径 D_{eff} 代替。

中空的非圆筒形工件，D_{eff} 的计算如下

$$D_{eff} = 2\sqrt{\frac{A_1 - A_h}{\pi}} \qquad (2-2-8)$$

式中　　A_1——工件总的横截面积 mm^2；

　　　　A_h——工件中空部分的横截面面积 mm^2；

对于中空的圆筒形工件，D_{eff} 的计算如下。

$$D_{eff} = \sqrt{D_0^2 - D_1^2} \qquad (2-2-9)$$

式中　　D_0——圆筒外直径（mm）；

　　　　D_1——圆筒内直径（mm）。

式（2-2-5）和式（2-2-6）在 $L/D>2$ 时有效；当 $L/D<2$ 时，应在工件两端连接与被检工件材料接近的磁极块以使 $L/D>2$ 或采用标准试片实测来决定电流值。当 $L/D \geqslant 15$ 时，L/D 值仍按 15 计算。

式（2-2-5）和式（2-2-7）中的电流 I 为放入工件后的电流值。

（二）用剩磁法检测的线圈法磁化规范

剩磁法应用较少，但对于紧固件，如螺栓螺纹根部的横向缺陷应采用线圈磁化剩磁法检测。紧固件螺栓螺纹用的材料经过淬火后，其剩磁和矫顽力值一般都符合剩磁法检测的条件。如果用连续法检测，螺纹本身就相当横向裂纹，纵向磁化后，螺纹吸附磁粉形成的过度背景，使缺陷难以观察，所以宜采用剩磁法检测。

进行剩磁法检测时，考虑 L/D 的影响，推荐采用空载线圈中心的磁场强度应不小于表 2-2-7 所列的数值。

表 2-2-7　空载线圈中心的磁场强度值

L/D	磁场强度/（kA·m^{-1}）
>2 ~ 5	28
>5 ~ 10	20
>10	12

五、磁轭法磁化规范

磁轭法磁化时，两磁极间距一般控制在 75 ~ 200 mm，两次磁化间应有不小于 10%的磁

化重叠区。磁轭法磁化时，检测灵敏度可根据标准试片上的磁痕显示和电磁轭的静重提升力来确定，当两磁极间距为 50～150 mm 时，交流电磁轭至少应有 44.1 N 的提升力，直流电磁轭至少应有 177 N 的提升力。

大于 6 mm 的厚板工件，建议不要采用直流电磁轭磁化。

交叉磁轭至少应有 88 N 的提升力（也有标准要求是 118 N），或用其他方法验证磁化规范。

六、感应电流法磁化规范

感应电流法的磁化规范可用下式计算

连续法磁化　　　　　$I = 5C$　　　　　　　　　　　　　　　　　　　　（2-2-10）

剩磁法磁化　　　　　$I = 16C$　　　　　　　　　　　　　　　　　　　（2-2-11）

式中　I——变压器输入电流（A）；

　　　C——工件径向截面周长（mm）。

感应电流法磁化规范也可用标准试片上磁痕显示或用毫特斯拉计测量工件表面切向磁场强度来验证。

【任务实施】

确定如图 2-2-29 所示的磁化方法。

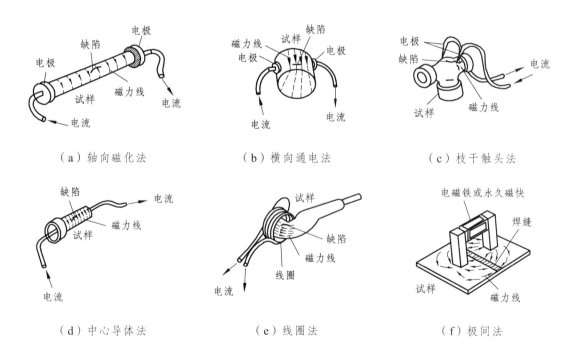

（a）轴向磁化法　　　　　（b）横向通电法　　　　　（c）枝干触头法

（d）中心导体法　　　　　（e）线圈法　　　　　（f）极间法

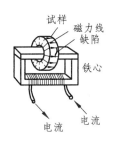

（g）感应电流法

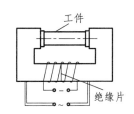
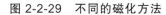
（i）直流磁轭与通交流电复合磁化

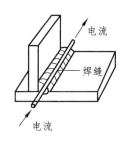
（j）电缆平行磁化

图 2-2-29　不同的磁化方法

【知识拓展】

【心灵驿站】

【头脑风暴】

【思考题】

1. 磁力线有哪些特性？

2. 什么是磁场强度、磁通量和磁感应强度？它们的表示符号、单位及换算关系是什么？

3. 铁磁性材料有哪些特性？

4. 影响漏磁场大小的因素有哪些？

5. 磁力探伤中检测漏磁场的方法有哪些？举例加以说明。

项目三　磁粉检测设备的分类、检测器材、保养与维护

 知识目标

1. 熟知磁粉检测设备的分类及命名方法。
2. 正确理解磁悬液的性能如何影响磁粉探伤效果的。
3. 掌握磁粉检测器材的种类以及适用的范围。

 技能目标

1. 理解磁粉检测设备为何分类。
2. 掌握载液、磁悬液和磁悬液浓度的区别。
3. 熟知磁粉检测对照明的要求。
4. 掌握可见光、黑光、荧光、磷光和光致发光的区别。

 素质目标

1. 培养学生良好的职业道德，爱国情怀。
2. 具备过硬的职业素质和良好的个人品德。
3. 贯彻安全第一、质量就是生命的原则。

任务一　磁粉检测设备分类

【任务提出】

　　磁粉检测设备是产生磁场对工件磁化并完成检测工件的装置，是磁粉检测中不可缺少的部分。根据检测零件的材质合理选配检测设备和器材的性能配置，能对工件检测中缺陷大小判定，可择优选择检测方法。正确科学使用检测设备，使设备经常处于良好技术状态，是实现设备寿命周期费用最经济、综合效能高和适应生产发展需要。熟知如何选择磁粉检测设备以及检测器材是保养与维护的必要条件。

【任务目标】

1. 熟知磁粉检测设备的分类及命名方法。
2. 掌握磁粉检测设备的主要组成以及选用原则。

3. 按比例熟练配置磁悬液。

4. 能正确对磁粉进行选用。

【相关知识】

一、磁粉检测设备的命名方法

根据国家专业标准 GB/T 32196—2015《无损检测仪器 型号编制方法》的规定，磁粉探伤机应按以下方式命名：

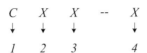

1——磁粉探伤机；

2——磁粉探伤机的磁化方式；

3——磁粉探伤机的结构形式；

4——数字或字母代表磁粉探伤机的最大磁化电流或探头形式。

常用磁粉探伤机命名的参数意义见表 2-3-1。

表 2-3-1　磁粉探伤机命名的参数

第 1 个字母	第 2 个字母	第 3 个字母	第 4 个字母	代表含义
C				磁粉探伤机
	J			交流
	D			多功能
	E			交直流
	Z			直流
	X			旋转磁场
	B			半驳脉冲直流
	Q			全驳脉冲直流
		X		携带式
		D		移动式
		W		固定式
		E		磁轭式
		G		荧光磁粉探伤
		Q		超低频退磁
			如 1000	周向电流 1 000 A

如：CJW-4000 型，为交流固定式磁粉探伤机，最大周向磁化电流为 4 000 A；

CZQ-6000 型，为超低频退磁直流磁粉探伤机，最大周向磁化电流为 6 000 A；

CJE-1 型，为磁轭式交流磁粉探伤机，形式为第 1 类。

（一）磁粉检测设备的分类

磁粉检测设备分类方法很多，通常按组合方式分为一体型和分立型两种。一体型磁粉探伤机，是将磁化电源、螺管线圈、工件夹持装置、磁悬液喷洒装置、照明装置和退磁装置等部分组成一体的探伤机；分立型磁粉探伤机，是将磁化电源、螺管线圈等各部分按功能制成单独分立的装置，在探伤时组合成系统使用的探伤机。按设备质量和可移动性分为固定式、移动式和携带式三种。这是磁粉探伤机最常见的分类方法。按照用途功能分为通用设备、专用设备。

固定式、专业检测探伤机属于一体型的，使用操作方便；移动式和携带式探伤机属于分立型的，便于移动和在现场组合使用。

1. 固定式磁粉探伤机

固定式磁粉探伤机的尺寸和质量都比较大，这类探伤机能进行通电法、中心导体法、感应电流法、线圈法、磁轭法、整体磁化或复合磁化等，并带有照明装置、磁悬液搅拌和喷洒装置、退磁、夹持工件磁化夹头和放置工件的工作台及格栅，适用于中小型工件的检测，如图 2-3-1 所示。一般均可对被检工件分别实施周向磁化、纵向磁化和周向、纵向联合磁化，还可以进行交流或直流退磁。采用额定磁化电流一般为 1 000～10 000 A 的交流电或直流电。

图 2-3-1　固定式磁粉探伤机

2. 移动式磁粉探伤机

移动式磁粉探伤机具有比较大的灵活性和良好的适应性，如图 2-3-2 所示。可在工作场地许可的范围内自由移动，便于检测不容易搬动的大型工件。移动式磁粉探伤机采用的磁化电流大小介于固定式和手提式之间，为 500～8 000 A 的半波整流电或交流电。附件有触头、夹钳、开合和闭合式磁化线圈及软电缆等，能进行触头法、夹钳通电法和线圈法磁化，可对大型铸锻件及多层式高压容器环焊缝或管壁焊缝的质量检查。

图 2-3-2　可移动磁粉探伤机

3. 便携带手提式磁粉探伤机

便携带手提式磁粉探伤机灵活性最大，如图 2-3-3 所示。适用于野外和高空操作，缺点是磁场强度比较小，磁化电流一般为 500～2 000 A 的半波整流电或交流电。

图 2-3-3　便携带手提式磁粉探伤机

目前，铁路机车车辆部门使用的探伤仪磁化设备有三种形式：手提式、台式与全磁式。手提式探伤仪磁化设备又可分为开合式环形式，闭合式环形式、开合式马蹄形式等。

（二）磁粉检测设备的主要组成

磁粉检测设备种类繁多、用途各异、但都由主体装置和附属装置组成。主体装置也称为磁化电源装置。附属装置则包括退磁装置、工件夹持装置、磁粉和磁悬液喷洒装置、剩磁测定装置和缺陷图像观察装置等。

磁粉检测设备的组成

二、磁粉检测测量仪器

磁粉检测中涉及磁场强度、剩磁大小、白光照度、黑光辐照度和通电时间等的测量，因而还应有一些测量仪器。

（一）特斯拉计（高斯计）

当电流垂直于外加磁场方向通过半导体时，在垂直于电流和磁场方向的物体两侧产生电势差，这种现象称为霍尔效应。特斯拉计是利用霍尔元件制造的测量磁场强度的仪器。它的探头是一只霍尔元件。其工作原理图如图 2-3-4 所示。当与被测磁场中磁感应强度的方向垂直时，霍尔电势差最大，因此，在测量时要转动探头，使表头指针的指示值达到最大时读数。国产仪器有 GD-3 型和 CT-3 型毫特斯拉计等，如图 2-3-5 所示。

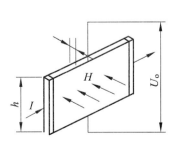

图 2-3-4　霍尔原件工作原理图

图 2-3-5　高斯特斯拉计

（二）袖珍式磁强计（剩磁计）

袖珍式磁强计是利用力矩原理做成的简易测磁仪。其外形如图 2-3-6 所示，尺寸为 $\phi 60 \text{ mm} \times 20 \text{ mm}$，它有两个永磁体，一个是固定的，用于调零；另一个是活动的，用于测量。活动永磁体在外磁场和回零永磁体的双重磁场力作用下将发生偏转，带动指针停留在一定位置，指针偏转角度大小表示外磁场的大小。

图 2-3-6　袖珍式磁强计

袖珍式磁强计主要用于工件退磁后剩磁大小的快速直接测量，也可用于铁磁性材料工件在探伤、加工和使用过程中剩磁的快速测量。使用时，为消除地磁场的影响，工件应沿东西方向放置，将磁强计上箭头指向方向的一侧紧靠工件被测部位，指针偏转大小代表剩磁大小，常用的 XGJ 型袖珍式磁强计有三种规格：XCJ-A、XCJ-B 和 XCJ-C。XCJ-A 有 0～±10 小格（0～±0.1 mT）；XCJ-B 有 0～±20 小格（0～±2 mT）；XCJ-C 有 0～±5 小格（0～±0.25 mT）。

注意：袖珍式磁强计不能用于测量强磁场，也不准放入强磁场影响区，以防精度受到影响。

（三）照度计、紫外辐射照度计（黑光辐射计）

照度计用于测量被检工件表面的白光照度值，使用时探头的光敏面置于待测位置，选定插孔将插头插入读数单元，按下开关，窗口显示数值即为照度值，如图 2-3-7 所示。

紫外辐射照度计又叫黑光辐射计，是通过测量黑光灯一定距离处的荧光强度间接测出紫外线的辐射照度。如图 2-3-8 所示。UV-A 型黑光辐照计用于测量波长范围为 320～400 nm，峰值波长为 365 nm 的黑光辐照度。

黑光辐照计由测光探头和读数单元两部分组成，探头的传感器是硅光电池器件，具有性能稳定的特点。探头的滤光片是特殊研制的优质紫外滤光片，能理想地屏蔽紫外带以外的杂光。读数用数字表显示，如图 2-3-9 所示。

图 2-3-7　白光照度计图

图 2-3-8　紫外线辐照计图

图 2-3-9　紫外线照度标准测试架

（四）通电时间测量器

可用通电时间控制器（如袖珍式电秒表）测量通电磁化时间。

（五）弱磁场测量仪

弱磁场测量仪是基于磁通门探头的测量仪它具有两种探头，均匀磁场探头和梯度探头。均匀磁场探头励磁绕组为两个完全相同的绕组反向串联感应绕组为两个相同绕组正向串联，用于测量直流磁场。梯度探头的初级绕组正向串联，次级绕组反向串联，专用于测量磁场梯度，而与周围均匀磁场无关。

这是一种高精度仪器，测量精度可达 8×10 A/m（10 Oe），对于磁粉检测来说，仅用于要求工件退磁后的剩磁极小的场合。国产有 RC-1 型弱磁场测量仪。

（六）快速断电试验器

为了检测三相全波整流电磁化线圈有无快速断电功能，可采用快速断电试验器进行测试。

【任务实施】

一、磁粉探伤机的使用方法

磁粉探伤机应按有关的使用说明书的要求进行使用，各种类型的磁粉探伤机的操作方法不一定完全相同。固定式磁粉探伤机的功能比较齐全，一般可对工件实施周向、纵向和复合磁化。应根据检测工件的技术要求，选择合适的磁化方式和操作方法。

下面以 CJW-4000 型磁粉探伤机为例，来说明这类设备的使用。

（1）使用前的准备工作。

第一，接通电源，开启探伤机上的总开关，检查电源电压或指示灯是否正常。

第二，开动液压泵电动机，让磁悬液充分搅拌。

（2）按照检测要求，对工件进行磁化并进行检测综合性能的检查。检查时，应按规定使用灵敏度试块或试片，并注意试块或试片上的磁痕显示。

（3）根据磁化方法选择磁化开关的工作状态并调节磁化电流。

第一，通电磁化。通电磁化是利用电流通过工件时产生的磁场对工件进行磁化的，通电磁化时，将工件夹紧在两接触板之间，选择磁化开关为"周向"，预调节电流调节旋钮，踩动脚踏开关，检查周向电流表是否达到规定指示值。未达到或已超过时，应重新调节后再进行检查，使磁化电流达到规定值。

第二，纵向磁化。纵向磁化是利用整体磁轭或者是电流通过线圈时产生的纵向磁场对工件进行磁化的。纵向磁化时，选择磁化开关为"纵向"，预调节电流调节旋钮，踩动脚踏开关，检查周向电流表是否达到规定指示值。未达到或已超过时，应重新调节后再进行检查。

使磁化电流达到规定值。需要注意的是，整体磁轭磁化时，工件的最大截面要小于磁轭的截面；线圈磁化时，尽量使工件靠近线圈内壁，若采用的是短螺管线圈，要先确定有效磁化区域，多次磁化时要有相互覆盖区，以保证检测区域每个位置都能被有效磁化。

第三，复合磁化。复合磁化是同时进行周向和纵向磁化操作。磁化时，选择磁化开关为"复合"，进行第一和第二中的操作。

（4）磁化和喷淋磁悬液。喷淋磁悬液时，严格控制磁悬液的喷洒压力和覆盖面，应做到缓流、均匀、全面覆盖。若有磁化区域喷淋不到时，应使用手工喷头进行补喷。为避免破坏已形成的磁痕，喷洒磁悬液应比磁化提前结束，或在喷液结束后，再磁化 1～2 次。

（5）检测工作完成后，切断照明和动力电源，擦拭干净设备，需要时对各运动部位给油润滑。

二、特斯拉计的使用方法

特斯拉计最重要的部件是霍尔元件探头，用于感应磁场，探头一般屏蔽在探头套内。以 HT20A 数字式特斯拉计为例说明这类设备的使用

（一）操作说明

（1）将电池放入电池盒内，或将外接电源与机器连接插入 220 V 市电。

（2）将仪器电源开关置于"▲"状态时，表示机器已通电开启。

（3）量程开关凸起为"▲"状态时：HT20 测量范围 0～200 mT，HT20A 测量范围 0～20 mT；量程开关按下为"▲"状态时：HT20 测量范围 0～2 000 mT，HT20A 测量范围 0～200 mT；根据自己的测量情况选择合适的量程。

（4）将传感器前端盖子旋开，显示标示凹点。

（5）开机后显示屏应该显示"000"，若不为零，调整"调零旋钮"至显示为零。

（6）传感器头部的凹陷圆点标示为传感器的有效位置，即为测量面。仪器所显示的数值为测量面所指示点的磁感应强度。例如，测量一块永磁体时，将该测量面轻轻放在被测位置上，此时显示的数值即为被测位置的磁场。

（二）传感器的使用

（1）被测磁场的磁力线方向垂直穿过传感器前端霍尔元件，如图 2-3-10 所示。

（2）使用横向传感器时，手握传感器将前端霍尔元件的凹面（即有小圆圈表示的一面)轻轻接触到被测物体的表面或所需要测量的空间磁场位置，如图 2-3-11 所示。

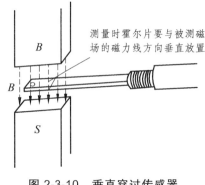

图 2-3-10　垂直穿过传感器

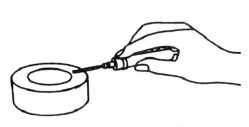

图 2-3-11　横向穿过传感器

任务二　磁粉检测器材

【任务提出】

磁粉是一种粉末状的物质，有一定大小、形状、颜色和较高的磁性。能吸引缺陷部位的漏磁场，从而把缺陷的轮廓清晰显示出来。磁粉的特性包括：磁性、尺寸、形状、密度、流动性和可识别力等。磁痕显示依据磁化工程中磁粉的施加方式以及磁悬液的浓度产生堆积的现象判断缺陷，施加不当，易产生过度背景。掌握磁悬液的施加方法以及熟知磁粉的性能尤为重要。

【任务目标】

1. 熟知磁粉的性能。
2. 掌握什么是载液、磁悬液和磁悬液浓度。
3. 熟知标准试块适用于不适用的范围。

【相关知识】

一、磁　粉

按磁痕观察方式，磁粉分为有荧光磁粉和非荧光磁粉；按在磁粉检测时施加的磁性介质视其状态分为干粉法和湿粉法。

（一）荧光磁粉

在黑光下观察磁痕显示的磁粉为荧光磁粉。荧光磁粉是以磁性氧化铁粉、工业铁粉或羰基铁粉为核心，在铁粉外面用树脂黏附一层荧光染料或将荧光染料化学处理而成。

磁粉的颜色、荧光亮度及与工件表面颜色的对比度，对磁粉检测灵敏度都有很大的影响。由于荧光磁粉在黑光照射下，能发出波长范围在 $510 \sim 550$ nm 色泽鲜明的黄绿色荧光，人眼对这种荧光的接受最敏感，与工件表面的对比度也高，适用于任何颜色的受检表面。荧光磁粉一般只适用于湿法检测。

对在役特种设备进行磁粉检测时，如制造时采用高强度钢以及对裂纹敏感的材料，或是长期工作在腐蚀介质环境下，有可能发生应力腐蚀裂纹的场合，其内壁宜采用荧光磁粉方法进行检测。

（二）非荧光磁粉

在可见光下观察磁痕显示的磁粉称为非荧光磁粉。常用的有四氧化三铁（Fe_3O_4）黑磁粉和 γ 三氧化二铁（$\gamma\text{-}Fe_2O_3$）红褐色磁粉。这两种磁粉既适用于湿法，也适用于干法。还有以纯铁粉为原料，用黏合剂包覆制成的白磁粉，或经氧化处理的蓝磁粉等非荧光的彩色磁粉，它们只适用于干法。

湿法用磁粉是将磁粉悬浮于油或水载液中喷洒到工件表面的磁粉；干法用磁粉是将磁粉在空气中吹成雾状喷洒到工件表面的磁粉。

JCM 系列空心球形磁粉是铁、铬、铝的复合氧化物，具有良好的移动性和分散性。磁化工件时，磁粉能不断地跳跃着向漏磁场处聚集，检测灵敏度高，且高温不氧化，在 400°C 下仍能使用，可用于在高温条件下和高温部件的焊接过程中进行检测。空心球形磁粉只适用于干粉检测。

在纯铁中添加铬、铝和硅制成的磁粉，也可用于 300～400°C 的高温焊接接头检测。

（三）磁粉的性能

磁粉检测是靠磁粉聚集在漏磁场处形成的磁痕显示缺陷的，磁痕显示程度不仅与缺陷性质、磁化方法、磁化规范、磁粉施加方式、工件表面状态和照明条件等有关，还与磁粉本身的性能如磁特性、粒度、形状、流动性、密度和识别度有关。在实际检测时，选择性能好的磁粉是很重要的。

磁粉的分类形状

1. 磁特性

磁粉的磁特性与磁粉被漏磁场吸附形成磁痕的能力有关。磁粉应具有高磁导率、低矫顽力和低剩磁性。高磁导率的磁粉容易被缺陷产生的微小漏磁场磁化和吸附，聚集起来便于识别。如果磁粉的矫顽力和剩磁大，磁化后，磁粉易形成磁极，彼此相互吸引，聚集成团，不容易分散开，磁粉也会被吸附到工件表面不易去除，形成过度背景，甚至会掩盖相关显示。若磁粉吸附在管道内，还会使油路堵塞。干法检验中，第一次磁化后的磁粉若被吸附在最初接触的工件表面上，使磁粉移动性变差，难以被缺陷处微弱的漏磁场所吸附，同样也会形成过度背景，影响缺陷辨认。

2. 粒　度

粒度的大小对磁粉的悬浮性和漏磁场对磁粉的吸附能力都有很大影响。选择磁粉粒度应考虑缺陷的性质、尺寸、埋藏深度及磁粉的施加方式。

在实际应用中，要求发现各种大小不同的缺陷，也要求发现工件表面和近表面的缺陷，所以应使用含有各种粒度的磁粉，这样对于各类缺陷可获得较均衡的灵敏度。对于干法用磁粉，粒度范围为 10～50 μm，最大不超过 150 μm。对于湿法用的黑磁粉和红磁粉，粒度宜采用 5～10 μm，粒度大于 50 μm 的磁粉，不能用于湿法检验，因为它很难在磁悬液中悬浮，粗大磁粉在磁悬液流动过程中，还会滞留在工件表面干扰相关显示。而粒度过细的磁粉在使用中，它们会聚集在一起起作用，所以一般不规定粒度的下限，荧光磁粉因表面有包覆层，所以粒度不可能太小，一般在 5～25 μm，但这并不意味着检测灵敏度的降低，因为荧光磁粉的可见度、对比度和分辨力高，所以仍能获得高的灵敏度。

在磁粉检测中，一般推荐干法用 80～160 目（0.18～0.09 mm）的粗磁粉，湿法用 300～400 目（0.050～0.035 mm）的细磁粉。

3. 形　状

磁粉有各种各样的形状，如条形、椭圆形、球形或其他不规则的颗粒形状。条形磁粉（长径比大）容易磁化并形成磁极，因而较容易被漏磁场吸附，有利于检测大缺陷和近表面缺陷，因为这类缺陷的漏磁场分散，聚集成磁粉链条才容易形成磁痕。但如果完全由条形磁粉组成，磁粉的流动性不好，磁粉严重聚集还会导致灵敏度下降。对于干法用磁粉，条形磁粉相互吸引还会影响喷洒和磁痕显示形成。球形磁粉能提供良好的流动性，但由于退磁场的影响不容易被漏磁场磁化，但空心球形磁粉能跳跃着向漏磁场聚集。为了使磁粉既有良好的磁吸附性能，又有良好的流动性，所以理想的磁粉应由一定比例的条形、球形和其他形状的磁粉混合在一起使用。

4. 流动性

为了能有效地检出缺陷，磁粉必须能在受检工件表面流动，以便被漏磁场吸附形成磁痕显示。湿法检验是利用磁悬液的流动带动磁粉向漏磁场处流动。干法检验是利用微风吹动磁粉，并利用交流电不断换向使磁场也不断换向，或利用单相半波整流电产生的单方向脉冲磁场带动磁粉变换方向促进磁粉流动的。由于直流电磁场方向不改变，不能带动磁粉变换方向，所以直流电不能用于干法检验。

5. 密　　度

湿法用黑磁粉和红磁粉的密度约为 4.5 g/cm³，干法用纯铁粉的密度约为 8 g/cm³，空心球形磁粉的密度为 0.71～23 g/cm³，荧光磁粉的密度除与采用的铁磁粉原料有关，还与磁粉、荧光染料和黏结剂的配比有关。

磁粉的密度对检测结果有一定的影响，因为在湿法检验中，磁粉的密度大，易沉淀，悬浮性差；在干法检验中，密度大，则要求吸附磁粉的漏磁场要大。密度大小与材料磁特性也有关，所以应综合考虑。

6. 识别度

识别度是指磁粉的光学性能，包括磁粉的颜色、荧光亮度及与工件表面颜色的对比度。对于非荧光磁粉，只有磁粉的颜色与工件表面的颜色成很大对比度时，磁痕才容易观察到，缺陷才容易被发现。对于荧光磁粉，在黑光下观察时，工件表面呈紫色，只有微弱的可见光本底，磁痕呈黄绿色，色泽鲜明，能提供最大的对比度和亮度。由于工件表面覆盖着一层荧光磁悬液，就会产生微弱的荧光本底，因此荧光磁悬液的浓度不宜太高，大约为非荧光磁悬液浓度的 1/10。

总之，影响磁粉使用性能的因素有以上 6 个方面，这些因素又是相互关联、相互制约的，追求某一方面而排斥另一方面，可能导致试验的失败。磁粉成分：Si>2%；C≤0.4%；氧化铁 Fe_2O_3 或 Fe_3O_4>95%。选用磁粉时要综合考虑，不能单凭某一性能的好坏来确定磁粉的好坏，要根据综合试验的结果来衡量磁粉的性能。

磁粉的性能测试

二、载　液

对于湿法的检测，用来悬浮磁粉的液体称为载液或载体，磁粉检测常用油基载液和水载液。磁粉检测-橡胶铸型法应使用无水乙醇载液。

（一）油基载液

油性载液优先用于如下场合：① 对腐蚀须严加防止的某些铁基合金（如经精加工的轴承和轴承套）。② 水可能会引起电击的地方。③ 在水中浸泡可引起氢脆或腐蚀的某些高强度钢和金属材料。

磁粉检测用油基载液是具有高闪点、低黏度、无荧光和无臭味的煤油。

（二）水载液

水不能单独作为载液使用，因为磁粉检测水载液必须在水中添加分散剂、防锈剂、必要时还要添加消泡剂，以保证水载液具有合适的润湿性、分散性、防腐蚀性、消泡性和稳定性。水载液验收试验包括：pH值、润湿性、分散性、防锈性、消泡性及稳定性。

用水做载液的优点是水不易燃、黏度小、来源广、价格低廉。

（三）磁悬液

磁粉和载液按一定比例混合而成的悬浮液体称为磁悬液。

每升磁悬液中所含磁粉的重量（g/L）或每 100 mL 磁悬液沉淀出磁粉的体积（mL/100 mL）称为磁悬液浓度。前者称为磁悬液配制浓度，后者称为磁悬液沉淀浓度。

磁悬液浓度对显示缺陷的灵敏度影响很大，浓度不同，检测灵敏度也不同。浓度太低，影响漏磁场对磁粉的吸附量，磁痕不清晰会使缺陷漏检；浓度太高，会在工件表面滞留很多磁粉，形成过度背景，甚至会掩盖相关显示。

三、反差增强剂

在检测表面粗糙的焊接件或铸钢件时，由于工件表面凹凸不平，或者由于磁粉颜色与工件表面颜色对比度很低，使缺陷难以检出，容易造成漏检。为了提高缺陷磁痕与工件表面颜色的对比度，检测前，可在工件表面上涂上一层白色薄膜，厚度为 25～45 μm，干燥后再磁化工件，然后喷洒黑磁粉磁悬液，其磁痕就清晰可见了。这一层白色薄膜就叫反差增强剂。反差增强剂可按表 2-3-2 推荐的配方自行配制，搅拌均匀即可使用。

表 2-3-2　反差增强剂配方

成分	工业丙酮/mL	X-1 稀释剂/mL	火棉胶/mL	氧化锌粉/mL
每 100 mL 含量	65	30	15	10

施加反差增强剂，整个工件检查可用浸涂法，局部检测可用喷涂或刷涂法。反差增强剂喷灌具有涂层成膜迅速均匀、附着力强、颜色洁白等，如图 2-3-12 所示。

清除反差增强剂，可用工业丙酮与稀释剂 X-1 按 3∶2 配制的混合液浸过的棉纱擦洗，或将整个工件浸入该混合液中清洗。

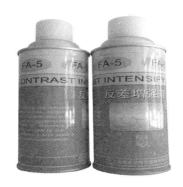

图 2-3-12　FC-5 型反差增强剂

四、标准试片与试块

常见的标准试件可分为人工缺陷标准试片和试块及自然缺陷试块。

（一）人工试片

1. 作　用

（1）检查探伤设备、磁粉、磁悬液的综合使用性能，以及操作方法是否恰当。

（2）考察被检工件表面各处的磁场分布规律。

（3）大致确定理想的磁化电流值。

2. 人工试片分类

人工试片在日本使用 A 型和 C 型，在美国使用的为 QQI 质量定量指示器，我国使用的有 A1 型、C 型、D 型和 M1 型四种，最常用的是 A1 型试片。A1 型试片和 D 型试片如图 2-3-13 所示。试片由符合 GB/T 6983—2008《电磁纯铁》规定的 DT4 A 超高纯低碳纯铁材料经轧制而成的薄片。用于试片的材料有退火处理和未经退火处理两种。试片分类用大写英文字母表示，热处理状态用阿拉伯数字表示，经退火处理的为 1 或者空缺，未经退火处理的为 2。型号名称中的分数，分子表示试片人工缺陷槽的深度，分母表示试片的厚度，单位为μm。试片类型、名称和图形见表 2-3-3。7/50 中的 7 表示圆形槽深，50 表示片厚。一般采用连续法试片操作时，刻痕朝工件表面，用透明胶粘贴且勿盖住刻痕。

DT4A

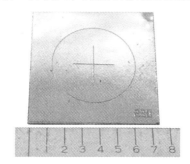

图 2-3-13　A 型试片

表 2-3-3　标准试片类型、规格和图形

类　型	规格；缺陷槽深/试片厚度/μm		图形和尺寸/mm
A1 型	A1-7/50		
	A1-15/50		
	A1-30/50		
	A1-15/100		
	A1-30/100		
	A-60/100		
C 型	C-8/50		
	C-15/50		
D 型	D-7/50		
	D-15/50		
M1 型	φ12	7/50	
	φ9	15/50	
	φ16	30/50	

注：C 型标准试片可剪成 5 个小试片分别使用。

3. 人工标准试片使用时的注意事项

（1）试片只适用于连续法检测，不适用于剩磁法检测。用连续法检测时，检测灵敏度几乎不受被检工件材质的影响，仅与被检工件表面磁场强度有关。特种设备检测时，一般应选用 A1-30/100 试片，检测灵敏度要求高时，可选用 A1-15/100 试片。

（2）根据工件检测面的大小和形状，选用合适的试片类型。检测面大时，可选用 A1型，检测面狭小或表面曲率半径小时，可选用 C 型或 D 型，C 型试片可以剪成 5 个小试片单独使用。

（3）根据工件检测所需的有效磁场强度，选用不同灵敏度的试片。需要有效磁场强度较小时，选用分数值较大的低灵敏度试片，需要有效磁场强度较大时，选用分数值较小的高灵敏度试片。

（4）试片表面锈蚀或有褶纹时，不得继续使用。

（5）使用前，应用洛剂清洗掉锈油。如果工件表面贴试片处凹凸不平，应打磨平，并除

去油污。

（6）将试片有槽的一面与工件受检面接触，用透明胶带靠试片边缘将试片贴紧（间隙应小于 0.1 mm），但透明胶带不能盖住有槽的部位。

（7）可选用多个试片，同时分别贴在工件的不同部位，可看出工件磁化后，被检表面不同部位的磁化状态或灵敏度的差异。

（8）M1 型多功能试片，是将三个槽深各异而间隙相等的人工刻槽，以同心圆方式做在同一试片上，其三种槽深分别与 A1 型三种型号的槽深相同，这种试片可一片多用，观察磁痕显示差异直观，能更准确地推断出被检工件表面的磁化状态。

（9）试片用完后，可用溶剂清洗并擦干。干燥后涂上防锈油，放回原装片袋保存。

（二）人工标准试块

标准试块也是磁粉检测必备的器材之一，种类有 B 型、E 型、1 型、2 型。

B 型试块用于直流电磁化，与美国的 Betz 环等效。E 型试块用于交流电磁化，与日本和英国的同类试块接近。另外，还有磁场指示器、自然缺陷标准样件。

标准试块主要适用于检验磁粉检测设备、磁粉和磁悬液的综合性能（系统灵敏度），也用于考察磁粉检测的试验条件和操作方法是否恰当，还可以检验各种磁化电流在大小不同时，产生的磁场在标准试块上大致的渗入深度。

标准试块不适用于确定被检工件的磁化规范，也不能用于考察被检工件表面的磁场方向和有效磁化区。

1. B 型标准试块

国家标准试块 B 型试块的形状和尺寸如图 2-3-14 所示。材料为经退火处理的 9CrWMn 钢锻件，其硬度为 90 ~ 95 HBR。

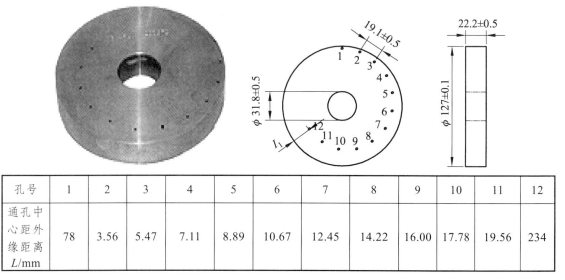

孔号	1	2	3	4	5	6	7	8	9	10	11	12
通孔中心距外缘距离 *L*/mm	78	3.56	5.47	7.11	8.89	10.67	12.45	14.22	16.00	17.78	19.56	234

图 2-3-14　B 型试块

2. E 型标准试块

国家标准试块 E 型试块的形状和尺寸如图 2-3-15 所示。材料为经退火处理的 10 钢锻件。

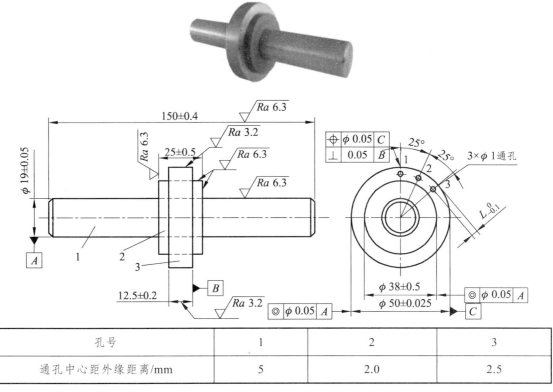

孔号	1	2	3
通孔中心距外缘距离/mm	5	2.0	2.5

图 2-3-15　E 型试块

3. 磁场指示器

磁场指示器是用铜焊条将 8 块低碳钢与铜片焊在一起构成的，它有一个非磁性手柄，通常称为八角试块，如图 2-3-16 所示。用来粗略地反映被检工件表面或局部的磁场强度和方向。使用时，置于被磁化的工件表面，在施加磁场的同时施加磁粉。当指示器焊缝呈现交叉、清晰的磁痕时，则表明此时具有合适的磁通或磁场强度。

图 2-3-16　磁场指示器

4. 提升力试块

磁轭法的提升力是指通电电磁轭在相应磁极间距时，对铁磁性材料的吸引强度。

提升力试块按质量划分有 3.5 kg 圆柱形提升力试块、4.5 kg 和 18.1 kg 平板提升力试块。如图 2-3-17 所示为常用 4.5 kg 平板提升力试块的参考尺寸和结构。

图 2-3-17 平板提升力试块示意

注：有效面积不小于 300 mm × 100 mm，材质为 Q235 A，质量为（4.5+0.05）kg。

【任务实施】

磁悬液浓度大小的选用与磁粉的种类、粒度、施加方式和工件表面状态等因素有关。

轨道交通行业荧光磁粉检测浓度规定多为：0.1～0.6 mL/100 mL；非荧光磁粉检测浓度规定为：2～2.4 mL/100 mL；但也有产品标准的浓度要求略有不同，如摇枕、侧架及车钩、尾框等非荧光磁粉检测浓度规定为：3～2.5 mL/100 mL；荧光磁粉检测浓度规定为：0.2～0.7 mL/100 mL。实际检测过程中，一些检测人员认为浓度越高越好，导致无论锻件、铸件，无论工件表面光洁、粗糙，所用检测磁悬液浓度都非常高，这种观念是错误的。特别是用新配制磁悬液检测表面光洁的锻件时，会造成工件表面本底衬度变坏，影响、干扰磁痕观察及缺陷判定，严重时还会导致漏检。

【知识拓展】

【心灵驿站】

【头脑风暴】

项目四　磁粉检测工艺及其应用

 知识目标

1. 能够区分磁粉检测检验的各种方法。
2. 熟知磁粉检测检验工艺流程。
3. 明确连续法和剩磁法、干法和湿法的适用范围。
4. 掌握磁粉检测检验作业指导书的编制。

 技能目标

1. 正确使用磁粉检测工艺方法。
2. 能编制磁粉检测检验作业指导书。
3. 掌握退磁的注意事项。

 素质目标

1. 具有理论联系实际、严谨求实的劳动精神和爱国情怀；规范作业、团结协作。
2. 具有质量意识、环保意识、安全意识、信息素养、工匠精神、创新思维。
3. 有较强的集体意识和团队合作精神。

任务一　磁粉检测工艺简介

【任务提出】

严格工艺纪律是加强工艺管理的重要内容，是建立企业正常生产秩序、确保产品质量、安全生产、降低消耗、提高效益的保证。本任务需要学习对磁粉检测工艺流程、磁粉检测方法以及磁痕的评价等技术能力。

【任务目标】

1. 熟知磁粉检测工艺方法及检测程序。
2. 掌握连续法和剩磁法、干法和湿法的操作方法。
3. 能正确对磁痕做出判定，并编写报告。
4. 能熟练做好磁粉检测后处理工作。

【相关知识】

一、磁粉检测工艺

磁粉检测工艺，是指从磁粉检测的预处理、磁化工件（选择磁化方法和磁化规范）、施加磁粉或磁悬液、磁分析评定、退磁和后处理的七个程序的全过程。

根据不同分类，磁粉检测方法的分类见表 2-4-1。

表 2-4-1　磁粉检测方法分类

分类方式	磁粉检测方法
施加磁粉的载体	湿法（荧光磁粉、非荧光磁粉）、干法（非荧光磁粉）
施加磁粉的时机	连续法检测、剩磁法检测
磁化方法	轴向通电法、触头法、线圈法、磁轭法、中心导体法、交叉磁轭法等

（一）连续法与剩磁法

1. 连续法

（1）定义：连续法是在外加磁场磁化的同时，将磁粉或磁悬液施加到工件上进行磁粉检测的方法。

（2）应用范围：① 适用于所有铁磁性材料和工件的磁粉检测；② 工件形状复杂不易得到所需剩磁时；③ 表面覆盖层较厚的工件；④ 使用剩磁法检验时，设备功率达不到时。

（3）操作程序：

① 在外加磁场作用下进行检验（用于粗糙度低的工件）。

预处理→磁化、施加磁粉或磁悬液、磁痕观察与记录→磁痕评定→退磁→后处理。

② 在外加磁场中断后进行检验（用于表面粗糙的工件）。

预处理→磁化、浇磁悬液→磁痕观察与记录→磁痕评定→退磁→后处理。

（4）操作要点：

① 湿连续法先用磁悬液润湿工件表面，在通电磁化的同时浇磁悬液，停止浇磁悬液后再通电数次，待磁痕形成并滞留下来时停止通电，再进行检验。

② 干连续法对工件通电磁化后开始喷撒磁粉，并在通电的同时吹去多余的磁粉，待磁痕形成和检验完后再停止通电。

（5）优点：① 适用于任何铁磁性材料；② 最高的检测灵敏度；③ 可用于多向磁化；④ 交流磁化不受断电相位的影响；⑤ 能发现近表面缺陷；⑥ 适用于湿法和干法检验。

（6）局限性：① 效率低；② 易产生非相关显示；③ 目视可达性差。

2. 剩磁法

（1）定义：剩磁法是在停止磁化后，再将磁悬液施加到工件上进行磁粉检测的方法。

（2）应用范围：① 凡经过热处理（淬火、回火、渗碳、渗氮及局部正火等）的高碳钢和合金结构钢，矫顽力在 1 000 A/m，剩磁在 0.8T 以上者，才可进行剩磁法检验；② 用于因工件几何形状限制连续法难以检验的部位，如螺纹根部和筒形件内表面；③ 用于评价连续法检验出的磁痕显示属于表面还是近表面缺陷显示。

（3）操作程序：预处理→磁化→施加磁悬液→磁痕观察与记录→磁痕评定→退磁→后处理。

（4）操作要点：① 通电时间：0.25 1 s；② 浇磁悬液 2 3 遍，保证工件各个部位充分润湿；③ 若浸入搅拌均匀的磁悬液中，在 10 20 s 后取出检验；④ 磁化后的工件在检验完毕前，不要与任何铁磁性材料接触，以免产生磁漏。

（5）优点：① 效率高；② 足够的检测灵敏度；③ 缺陷显示重复性好，可靠性高；④ 目视可达性好，可用湿连续法检测管子内表面；⑤ 易实现自动化检测；⑥ 能评价连续法检测出的磁痕显示属于表面还是近表面缺陷显示；⑦ 可避免螺纹根部、凹槽和尖角处磁粉过度堆积。

（6）局限性：① 只适用于剩磁和矫顽力达到要求的材料；② 不能用于多向磁化；③ 交流磁化受断电相位的影响；④检测缺陷的深度小，发现近表面缺陷灵敏度低；⑤不适用于干法检验。

（二）干法和湿法

1．干 法

（1）定义：干法是以空气为载体用干磁粉进行磁粉检测的方法。

（2）应用范围：① 适用于表面粗糙的大型锻件、铸件、毛坯、结构件和大型焊接件焊缝的局部检查及灵敏度要求不高的工件；② 常与便携式设备配合使用，磁粉不回收；③ 适用于检测大缺陷和近表面缺陷。

（3）操作要点：① 工件表面要干净和干燥，磁粉也要干燥；② 工件磁化时施加磁粉，并在观察和分析磁痕后再撤去磁场；③ 将磁粉吹成云雾状，轻轻地飘落在被磁化工件表面上，形成薄而均匀的一层；④ 在磁化时用干燥的压缩空气吹去多余的磁粉，风压、风量和风口距离都要掌握适当，并应有顺序地从一个方向吹向另一个方向，注意不要吹掉磁痕显示。

（4）优点：① 检验大裂纹时灵敏度高；② 用干法+单相半波整流电流检验工件近表面缺陷灵敏度高；③ 适用于现场检验。

（5）局限性：① 检验微小缺陷的灵敏度不如湿法；② 磁粉不易回收；③ 不适用于剩磁法检验。

2．湿 法

（1）定义：湿法是将磁粉悬浮在载液中进行磁粉检测的方法。

（2）应用范围：① 适用于锅炉压力容器上的焊缝、宇航工件及灵敏度要求高的工件；② 适用于大批量工件的检查，常与固定式设备配合使用，磁悬液可回收；③ 适用于检测表面微小缺陷，如疲劳裂纹、磨削裂纹、焊接裂纹和发纹等。

（3）操作要点：

① 连续法宜用浇法，液流要微弱，以免冲刷掉缺陷的磁痕显示。② 剩磁法用浇法、浸法皆宜。浇法灵敏度低于浸法；浸法的浸放时间要控制，时间长了会产生过度背景；③ 用水磁悬液时，应进行水断试验；④ 可根据各种工件的要求，选择不同的磁悬液浓度；⑤ 仰视

检验和水中检验宜用磁膏。

（4）优点：① 用湿法+交流电，检验工件表面微小缺陷灵敏度高；② 可用于剩磁法检验；③ 与固定式设备配合使用，操作方便，检测效率高，磁悬液可回收。

（5）局限性：检测大裂纹和近表面缺陷的灵敏度不如干法。

二、荧光磁粉检测与非荧光磁粉检测

（一）荧光磁粉检测

荧光磁粉检测是采用荧光磁粉对工件进行检测，操作过程中，在紫外灯的照射下，荧光磁粉形成的磁痕能发出人眼敏感的黄绿色荧光。如果在暗室条件下进行，其对比度和识别度均好于非荧光磁粉，因而其检测灵敏度和检测效率高。

荧光磁粉一般只适用于湿法检测。另外，荧光磁粉检测需要配备紫外灯，且一般要求在暗室环境中进行。

（二）非荧光磁粉检测

非荧光磁粉检测既可用于干法，也可用于湿法。与荧光磁粉法相比，对比度较差，必要时需喷涂反差增强剂以提高对比度，检测灵敏度和检测效率均低于荧光磁粉检测。

任务二　磁粉检测技术工艺准备

【任务提出】

把握好磁粉检测的时机决定探测裂纹的质量，合理施加磁悬液也是缺陷显示的重要途径。本任务学习磁粉检测的时机以及磁悬液配置方法。

【任务目标】

1. 正确理解磁粉检测的时机条件。
2. 熟知磁悬液的施加方法与配置。

【相关知识】

磁粉检测应安排在容易产生缺陷的各道工序（如焊接、热处理、机加工、磨削、矫正和加载试验）之后进行。对于有产生延迟裂纹倾向的材料，磁粉检测应安排在焊接完 24 h 后进行。磁粉检测工序应安排在喷漆、发蓝、磷化、氧化、阳极化、电镀或其他表面之前进行。磁粉检测可以在电镀工序之后进行。对于镀铬、镀镍层厚度大于 50 μm 的超高强度钢（抗拉强度等于或超过 1 240 MPa）工件，在电镀前后均应进行磁粉检测。焊接接头的磁粉检测应安排在焊接工序完成之后进行。对于有延迟裂纹倾向的材料，磁粉检测应根据要求至少在焊接完成 24 h 后进行。有再热裂纹倾向的材料应在热处理后再增加一次磁粉检测。除另有要求，对于紧固件和锻件的磁粉检测应安排在最终热处理之后进行。

一、预处理

因为磁粉检测是用于检测工件的表面缺陷，工件的表面状态对于磁粉检测的操作和灵敏度都有很大的影响，所以磁粉检测前，对工件应做好以下预处理工作：

（一）清　除

清除工件表面的油污、铁锈、毛刻、氧化皮、焊接飞溅物、油漆等保护涂层、金属屑和砂粒等。使用水磁悬液时，工件表面要认真除油；使用油磁悬液时，工件表面不应有水分。干法检验时，工件表面应干净和干燥。清除工件表面的油污和润滑脂，可采用蒸汽除油或溶剂清洗，但不允许用硬金属丝刷清除。

（二）打　磨

有非导电覆盖层的工件必须通电磁化时，必须将与电极接触部位的非导电覆盖层打磨掉。另外，实际检测过程中被检工件表面的不规则状态不得影响检测结果的正确性和完整性，否则应做适当的修理，且打磨后被检工件的表面粗糙度 Ra 应小于等于 25 μm。如果被检工件表面残留有涂层，当涂层厚度均匀且不超过 0.05 mm，不影响检测结果时，经各方同意，可以带涂层进行磁粉检测。

（三）分　解

装配件一般应分解后探伤。这是因为①装配件一般形状和结构复杂，磁化和退磁都困难；②分解后探伤容易操作；③装配件动作面（如滚珠轴承）流进磁悬液难以清洗，会造成磨损；④分解后能观察到所有探伤面；⑤交界处可能产生漏磁场形成磁痕显示，容易与缺陷的磁痕显示混淆。

（四）封　堵

若工件有盲孔和内腔，磁悬液流进后难以清洗者，探伤前应将孔洞用非研磨性材料封堵。应注意，检验使用过的工件时，小心封堵物掩盖住疲劳裂纹。

（五）涂　敷

如果磁痕与工件表面颜色对比度小，或工件表面粗糙影响磁痕显示时，可在探伤前先给工件表面涂敷一层反差增强剂。

二、磁化、施加磁粉或磁悬液

磁化工件是磁粉检测中较为关键的工序，对检测灵敏度影响很大，磁化不足会导致缺陷的漏检，磁化过度会产生非相关显示而影响缺陷的正确判别。

磁化工件时，要根据工件的材质、结构尺寸、表面状态和需要发现的不连续性的性质、位置和方向来选择磁粉检测方法和磁化方法，确定磁化电流、磁化时间等工艺参数，使工件在缺陷处产生足够强度的漏磁场，以便吸附磁粉形成磁痕显示。

　　施加磁粉或磁悬液要注意掌握施加的方法和施加的时机。连续法和剩磁法、干法和湿法对施加磁粉或磁悬液的要求各不相同。

　　采用固定式磁粉探伤机进行连续湿法磁化、喷淋磁悬液时，要严格控制磁悬液的喷洒压力和覆盖面，应做到缓流、均匀、全面覆盖。若有磁化区域喷淋不到时，应使用手工喷头进行补充。为避免破坏已形成的磁痕，喷洒磁悬液应比磁化提前结束或在喷液结束后，再磁化 1～2 次。

　　采用便携式电磁轭进行干法磁化，磁化时磁轭做连续移动，边磁化边喷洒磁粉、磁粉线保持稳定，对每一个部位均需对工件进行两个相互垂直的方向磁化、检测范围要相互覆盖，观察磁痕时不要去掉磁场；采用便携式电磁轭进行湿法磁化、磁轭不能像干法那样做连续移动，充磁的同时喷洒磁悬液，然后再充磁 2～3 次，也可不断电停顿一段时间，以利于形成磁痕，分块检测，每个检测区域需进行两次相互垂直的磁化，且检测区域要相互覆盖。

三、退　磁

（一）退磁的原理

　　退磁是将工件置于交变磁场中，产生磁滞回线，当交变磁场的幅值逐渐递减时，磁滞回线的轨迹也越来越小，当磁场强度降为零时，使工件中残留的剩磁 **B**，接近于零，如图 2-4-1 所示。由此看出，退磁时电流与磁场的方向和大小的变化必须"换向衰减、同时进行"。退磁的基本原则是，退磁所用的磁场强度至少应等于或大于磁化时所用的磁场强度，以克服矫顽力，且足以使工件上原来的剩余磁场方向颠倒过来。

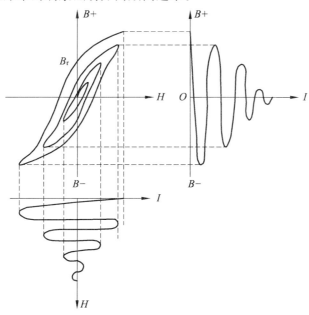

图 2-4-1　退磁原理

（二）退磁应注意的问题

（1）退磁用的磁场强度，应大于（至少要等于）磁化时用的最大磁场强度。

（2）对周向磁化过的工件退磁时，应先工件纵向磁化后再退磁，以便能检出退磁后的剩磁大小。

（3）交流电磁化，用交流电退磁；直流电磁化，用直流电退磁。直流退磁后若再用交流电退一次，可获得最佳效果。

（4）线圈通过法退磁时应注意：

① 工件与线圈轴应平行，并靠内壁放置。

② 工件 $L/D \le 2$ 时，应接长后退磁。

③ 小工件不应以捆扎或堆叠的方式放在筐里退磁。

④ 不能采用铁磁性的筐或盘摆放工件退磁。

⑤ 环形工件或复杂工件应旋转着通过线圈退磁。

⑥ 工件应缓慢通过并远离线圈 1 m 后断电。

（5）退磁机应东西放置，退磁的工件也东西放置，与地磁场垂直可有效退磁。

（6）已退磁的工件不要放在退磁机或磁化装置附近。

（三）剩磁测量

即使使用同样的退磁设备，不同材料、形状和尺寸的工件，其退磁效果仍不相同。因此应对工件退磁后的剩磁进行测量（尤其对剩磁有严格要求和外形复杂的工件）。

剩磁测量可采用剩磁测量仪，也可采用 XCJ 型或 JCZ 型袖珍式磁强计测量，一般要求剩磁不大于 0.3 mT（相当于 240 A/m），或按照产品技术条件规定。

四、后处理与工件标记

（一）后处理

对退磁工件的清洗和分类标记，对有必要保留的磁痕还应用。后处理应包括以下内容：

① 清洗工件表面包括孔中、裂纹和通路中的磁粉；② 使用水磁悬液检验，为防止工件生锈，可用脱水防锈油处理；③ 如果使用过封堵，应去除；④ 如果涂覆了反差增强剂，应清洗掉；⑤ 被拒收的工件应隔离。

（二）工件的标记

1. 标记注意事项

（1）检测内容作为产品验收项目者，应在合格工件或材料上做永久性或半永久性的醒目标记。

（2）标记方法和部位应经委托或设计单位同意。

（3）标记方法应不影响工件的使用和后面的检验工作。

（4）标记应防止被擦掉或污染。

（5）标记应经得起运输和装卸的影响。

2. 合格工件标志方法

（1）钢印应打在产品的工件号附近。

（2）用电笔或风动笔刻上标记。

（3）不允许打印记的工件可用电化学腐蚀标记，标记所用的腐蚀介质应对产品无害。

（4）不允许用上述方法标记时，可以挂标签或装纸袋，用文字说明，表明该批工件合格。

3. 超标缺陷磁痕显示的处理

当发现超标缺陷磁痕显示时，如果允许打磨清除，应打磨清除至肉眼不可见。打磨圆滑过渡后再采用磁粉检测进行复查，直至确认缺陷完全清除为止。若打磨深度超过规定的要求，应采用其他方法进行处理，包括补焊法修补、力学法计算等方式。出现以下情况时，应对工件进行复验：

（1）检测结束后，用标准试片验证检测灵敏度不符合要求或采用参考试块验证磁悬液显示能力不符合要求时。

（2）发现检测过程中操作方法有误或技术条件改变时。

（3）合同各方有争议或认为有必要时。

复验应按照规定的步骤进行。

五、磁痕观察、记录与缺陷评定

（一）磁痕观察

磁痕的观察和评定一般应在磁痕形成后立即进行。磁粉检测的结果，完全依赖检测人员目视观察和评定磁痕显示，所以目视检查时的照明极为重要。当现场采用便携式手提灯照明，由于条件所限无法满足时，可见光照度可以适当降低，但不低于 $500lx$

非荧光磁粉检测时，被检工件表面应有充足的自然光或日光灯照明，可见光照度应不小于 $1\,000lx$，并应避免强光和阴影。

荧光磁粉检测时使用黑光灯照明，并应在暗区内进行，暗区的环境可见光应不低于 $20lx$，被检工件表面的黑光辐照度应不小于 $1\,000\,\mu W/cm^2$。检验人员进入暗室后，在检验前应至少等候 5 min，才能进行荧光磁粉检测操作，以使眼睛适应在暗光下工作。检测时检验人员不准戴墨镜或是光敏镜片的眼镜，但可以戴防护紫外光的眼镜。

（二）缺陷磁痕记录

工件上的磁痕有时需要保存下来，作为永久性记录。缺陷磁痕记录的内容为磁痕显示的位置、形状、尺寸和数量。

1. 记录磁痕的方法

（1）照相：用照相摄影记录缺陷磁痕时，要尽可能拍摄工件的全貌和实际尺寸，也可以拍摄工件的某一特征部位，同时把刻度尺拍摄进去。

如果使用黑色磁粉，最好先在工件表面喷一层很薄的反差增强剂，就能拍摄出清晰的缺陷磁痕照片。

如果使用荧光磁粉，不能采用一般照相法，因为观察磁痕要放在暗区黑光下进行，所以还应：

① 在照相机镜头上加装 520 号淡黄色滤光片，以滤去散射的黑光，而使其他可见光进入镜头

② 在工件下面放块荧光板（或荧光增感屏），在黑光照射下，工件背衬发光，轮廓清晰可见

③ 最好用两台黑光灯同时照射工件和缺陷磁痕。

④ 曝光时间用 1～3 min，光圈放在 8～11，具体可根据缺陷大小和磁痕荧光亮度来调节，就可拍出理想的荧光磁粉磁痕显示的照片。

（2）贴印：贴印是利用透明胶纸粘贴复印磁痕的方法。将工件表面有缺陷部位清洗干净，施加用乙醇配制的低浓度黑磁粉磁悬液，在磁痕形成后，轻轻漂洗掉多余的磁粉，待磁痕干后用透明胶纸粘贴复印磁痕显示，并贴在记录表格上，连同表明磁痕在工件上位置的资料一起保存。

（3）橡胶铸型：用磁粉探伤-橡胶铸型法镶嵌缺陷磁痕显示，直观、擦不掉并可长期保存。

（4）录像：用录像记录缺陷磁痕显示的形状、大小和位置、同时把刻度尺拍摄进去。

（5）可剥性涂层：在工件表面有缺陷磁痕处喷上一层快干可剥性涂层，待干后揭下保存。

（6）临摹：在草图上或表格上摹绘缺陷磁痕显示的位置、形状、尺寸和数量。

2. 记录内容和报告

由于磁粉检测所用的方法、设备和材料不同，会使检测结果不同。验收级别不同，会影响验收/拒收的结论。全部检验结果均需记录，记录应能追踪到被检验的具体工件和批次。因而检测记录至少应包括以下内容：

（1）工件名称、编号、材料和热处理状态。

（2）磁化设备（型号、名称）。

（3）磁化方法（通电法、线圈法、触头法、磁轭法、中心导体法和旋转磁场法等）。

（4）检验方法（连续法、剩磁法、湿法和干法）。

（5）磁粉名称（黑磁粉、红磁粉和荧光磁粉）。

（6）试片名称、型号（如 A 型、15/50；C 型；D 型、7/50 等）。

（7）验收标准。

（8）检测结果（缺陷名称、尺寸和结论、验收/拒收数量）。

（9）检测日期。

（10）工件和缺陷示意图（工件草图、缺陷磁痕的位置、大小和方向）。

（11）检测者和审核的姓名及技术资格。

（12）委托单位和检验单位。

磁粉检测报告表格推荐的格式见表 2-4-2。

表 2-4-2 磁粉检测报告

试件名称/编号			试件尺寸			
表面状态			检测程度/区域			
检测标准/规范			检测设备/型号			
磁化电流			磁极/电极间距			
电流形式			□直流电□交流电			
检测介质			载液油水	批号		
反差增强剂			批号			
对检测介质的验证			对比物			
磁场方向			提升力	N		
切向磁场强度	kA/m		检测仪器编号			
白光照度	lx		检测仪器编号			
紫外辐照度	μw/cm²		检测仪器编号			

序号	显示类型	坐标/mm			尺寸/mm	允许的		
		X1	X2	Y		极限值	是	否

评价/其他措施	□满足要求□不满足要求

示意图

检验地点		检验日期		检验人员签章	

（三）磁痕评价

磁粉检测出来的磁痕显示，首先要鉴别出是相关显示、非相关显示还是伪显示，只有相关显示是由缺陷引起的，影响工件的使用性能。如果是相关显示还要区分磁痕属于线状磁痕还是非线状磁痕，按磁痕方向确定属于纵向缺陷还是横向缺陷。在缺陷评价过程中首先要对缺陷进行定性，之后再确定缺陷是否达到了可记录的尺寸，标准中常规定"长度小于××mm的磁痕不计"，最后再根据标准的内容进行磁粉检测质量的分级或按某具体产品的磁粉检测质量进行缺陷的评定，以决定产品的合格与否。

【任务实施】

一、焊缝试板磁粉检测实际操作

（1）用黑磁膏配置磁悬液：先挤进一定数量的磁膏，再放入适量的水，然后充分搅拌均匀。

（2）预处理可采用砂轮打磨和有机溶剂清洗方法去除试件表面油污、铁锈和氧化皮。将试件焊缝及热影响区等受检区域均清理干净，不能存在影响检测的污染。

（3）磁化采用磁轭法或其他检测方法对试件进行磁化，使用灵敏度试片放在磁化区域的边缘进行磁化，检查灵敏度试片的显示情况，来确定磁粉检测的综合性能指标。

（4）施加磁粉或磁悬液：采用喷洒的方法施加磁悬液，保证磁悬液有一定的流动性，注意喷洒操作不能掩盖缺陷显示。

（5）色痕的观察与记录：在日光下观察，要保证试件表面的辐照度达到标准要求，采用规定的方法对缺陷进行记录。按标准要求对试件进行评定和分级。

（6）退磁和后处理如有要求必须退磁。压力容器和锅炉的磁粉检测可不用退磁。对磁粉检测后，残留磁粉要去除，保证检测面对以后的使用没有影响。

二、缺陷记录

缺陷记录如图 2-4-2 所示。

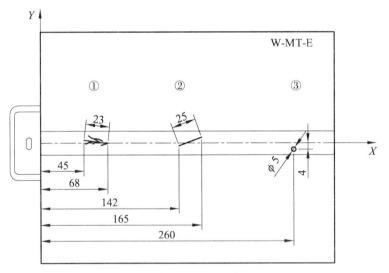

①—1 号缺陷；②—2 号缺陷；③—3 号缺陷。

图 2-4-2 缺陷记录

【知识拓展】

【心灵驿站】

【头脑风暴】

项目五 磁痕分析与评定

知识目标

1. 熟知磁痕分析的方法与意义。
2. 正确理解相关磁痕和非相关磁痕的特征。
3. 明确表面缺陷与近表面缺陷的区别。
4. 掌握磁痕特征的鉴别方法。

技能目标

1. 掌握磁痕鉴别方法及意义。
2. 能分析磁痕产生的原因及特征。

素质目标

1. 具有理论联系实际、严谨求实的劳动精神。
2. 具有规范作业、团结协作、爱国情怀质量意识、环保意识、安全意识、信息素养、工匠精神、创新思维。
3. 有较强的集体意识和团队合作精神。

【任务提出】

磁粉探伤是通过磁痕来显示缺陷的，但是，当我们在探伤零件上看到磁痕时，却不能不加分析就判断为缺陷。因为漏磁场不是缺陷的唯一依据，否则会引起误判。如何才能正确地分析磁痕?除了应具有丰富的探伤经验，还要充分了解零件的制造过程（冶炼、热加工、冷加工、浇铸、锻轧、热处理等）以及零件材料的化学成分和机械性能；其次还要了解零件在使用中会产生哪些缺陷，掌握缺陷产生的原因与分布规律以及探伤的重点部位。这样才能做出正确的判断，以决定零件的弃用。由于零件上缺陷的性质、大小和深浅不一样，故探伤时所形成的磁痕也不一样，所以说，判别磁痕的性质是电磁探伤工作中非常重要的环节之一。通常在钢铁材料的零件上产生的缺陷可分为两大类，即制造过程中产生的缺陷和使用过程中产生的缺陷。

【任务目标】

1. 熟知磁痕分析的目的与意义。
2. 掌握各种材料和加工工艺磁痕特征。
3. 懂得磁痕分析的方法。

4. 能熟练对在役缺陷磁痕显示特征进行分析。

【相关知识】

通常把磁粉检测时磁粉聚集形成的图像称为磁痕，磁痕的宽度为不连续性（缺陷）宽度的数倍，说明磁痕对缺陷的宽度具有放大作用。能够形成磁痕显示的原因有很多，主要分为三类：磁粉检测时由于缺陷产生的漏磁场吸附磁粉形成的磁痕显示称为相关显示，又叫缺陷显示；由于磁路截面突变以及材料磁导率差异等原因产生的漏磁场吸附磁粉形成的磁痕显示称为非相关显示；不是由漏磁场吸附磁粉形成的磁痕显示称为伪显示。这三种磁痕显示的区别：相关显示与非相关显示是由漏磁场吸附磁粉形成的，而伪显示不是由漏磁场吸附磁粉形成的；而且只有相关显示影响工件的使用性能，而非相关显示和伪显示都不影响工件的使用性能。磁痕分析的意义主要有以下几方面：

（1）正确的磁痕分析可以避免误判。如果把相关显示误判为非相关显示或伪显示，则会产生漏检，造成重大的质量隐患；相反，如果把非相关显示和伪显示误判为相关显示，则会把合格的设备和工件拒收或报废，造成不必要的经济损失。

（2）由于磁痕显示能反映出不连续性和缺陷的位置、大小、形状和严重程度，并可大致确定缺陷的性质，所以做磁痕分析可为产品设计和工艺改进提供较可靠的信息。

（3）在工件使用后进行磁粉检测，用于发现疲劳裂纹和应力腐蚀裂纹，使用磁粉检测-橡胶铸型法，还可间断检测和监视疲劳裂纹的扩展速率，可以做到及早预防，避免设备和人身事故发生。

【任务实施】

一、相关磁痕

（一）相关显示

相关显示是由缺陷产生的漏磁场吸附磁粉形成的磁痕显示。按缺陷的形成时期，分为原材料缺陷，热加工、冷加工和使用后产生的缺陷以及电镀产生的缺陷。以下介绍磁粉检测常见缺陷主要的产生原因和磁痕特征。

（二）原材料缺陷

原材料缺陷指钢材在铸锭结晶时产生的缩孔、气孔、金属和非金属夹杂物及钢锭上的裂纹等。在热加工处理和冷加工处理时，以及在使用后，这些原材料缺陷有可能被扩展或成为疲劳源，并产生新的缺陷，如夹杂物被轧制拉长成为发纹，在钢板中被轧制成为分层等。这些缺陷存在于工件内部，在机械加工后暴露在工件的表面和近表面时，才能被磁粉检测发现。

表 2-5-1 列出了典型缺陷的磁痕特征。

表 2-5-1　典型缺陷的磁痕特征

缺陷名称		缺陷磁痕特征
锻钢件	裂纹	锻造裂纹一般都比较严重,具有尖锐的根部或边缘。磁痕浓密清晰,呈直线或弯曲线状
	折叠	可发生在工件表面的任何部位,并与工件表面呈一定的角度。磁痕特征多与表面成一定角度的线状、沟状、鱼鳞片状。常出现于尺寸突变转接处、易过热部位或者在材料拔长过程中
	白点	隐藏于钢材内部的开裂型缺陷,多分布于钢材近中心处,在纵断面上呈椭圆形的银白色斑点。磁痕沿轴向分布,呈弯曲状或分叉,磁痕浓密清晰。在横断面上为短小断续的辐射状或不规则分布的小裂纹,磁痕呈锯齿状或短的曲线状,中部粗,两头尖,呈辐射状分布
轧钢件	发纹	发纹分布在工件截面的不同深度处,呈连续或断续的直线。磁痕清晰而不浓密,两头是圆角,擦掉磁粉,目视发纹不可见
	分层和夹层	钢锭中的气泡和大块夹杂物,经轧制成板材或带材时,被压扁而又不能焊合,前者形成分层,后者形成夹层。磁粉沉积浓密,呈直线状,磁痕边缘轮廓清晰。擦去磁粉后,磁痕处有肉眼可见的条状纹痕。分层的特点是与轧制面平行,磁痕清晰,呈连续或断续的线状
	拉痕	拉痕在棒材上呈连续或断续直线,管材上表现为略带螺旋的线。磁粉聚集较浓,清晰可见。鉴别时,应转动工件观察磁痕,若沟底明亮不吸附磁粉,即为划痕
铸钢件	裂纹	有热撕裂(龟裂)和冷裂纹。热撕裂呈很浅的网状裂纹,其磁痕细密清晰;冷裂纹一般为断续或连续的线条,两端有尖角,磁痕浓密清晰
	疏松	极细微的、不规则的分散或密集的孔穴。呈各种形状的短线条或点状,散乱分布。磁粉聚集分散,显示方向随磁化方向的改变而变化。磁痕一般涉及范围较大,呈点状或线状分布,两端不出现尖角,有一定深度,磁粉堆集比裂纹稀疏
	冷隔	对接或搭接面上带圆角的缝院。该缝隙呈圆角或凹陷状,与裂纹完全不同。磁粉呈长条状,两端圆秀,磁粉聚集较少,浅淡面较松软且显示得淡而不清晰
	夹渣	夹渣在铸件上的位置不定,易出现在浇注位置的上方,弯曲的短线状
	气孔	气孔有关磁痕呈圆形或椭圆形.宽而模糊,显示不太清晰,其浓密程度与气孔有关
	冷豆	磁痕显示为比较规则的圆形,磁痕比较清晰完整。其表面有氧化现象,通常出现在内浇道下方或前方
焊接件	裂纹	热裂纹浅而细小,磁痕清晰而不浓密。冷裂纹深而粗大,磁痕浓密清晰
	未焊透	在焊接过程中,母材金属未熔化,焊缝金属没有进入接头根部的现象。磁粉检测只能发现埋藏浅的未焊透,磁痕松散、较宽
	气孔	多呈圆形或椭圆形。磁痕与铸钢件的气孔相同
	夹渣	多呈点状(椭圆形)或粗短的条状,磁痕宽而不浓密
淬火裂纹		裂纹呈线状、树枝状或网状,起始部位较宽,随延伸方向逐渐变细,显示强烈,磁粉聚集浓密,轮廓清晰,形态刚健有力,重现性好,抹去磁粉后一般肉眼可见
渗碳裂纹		结构钢工件渗碳后冷却过快,在热应力和组织应力的作用下形成渗碳裂纹,其深度不超过渗碳层。磁痕呈线状、弧形或龟裂状,严重时造成块状剥落
表面淬火裂纹		在表面淬火过程中,由于加热冷却不均匀而产生喷水应力裂纹,磁痕呈网状成平行分布,面积一般较大,也有单个分布的。感应加热还容易在工件的油孔键槽凸轮桃尖等部位产生热应力裂纹,裂纹多呈辐射状或弧形,磁痕浓密清晰

缺陷名称	缺陷磁痕特征
磨削裂纹	磨削不当产生的磨削裂纹方向一般与磨削方向垂直，磁痕呈网状、鱼鳞状、辐射状或平行线状分布。热处理不当产生的磨削裂纹有的与磨削方向平行，磁痕轮廓较清晰，均匀而不密
矫正裂纹	应力集中处产生与受力方向垂直的矫正裂纹。两端尖细，中间粗大，呈直线状或微弯曲，不分支、不开又，一般单个出现。磁痕浓密清晰
疲劳裂纹	工件使用过程中的疲劳裂纹一般都出现在应力集中部位.其方向与受力方向垂直、中间粗两头尖，磁痕浓密清晰
应力腐蚀裂纹	应力腐蚀裂纹与应力方向垂直，磁痕显示浓密清晰
脆性裂纹	电镀时由于氢脆产生的裂纹称为脆性裂纹。脆性裂纹的磁痕特征是一般不单个出现，都是大面积出现，呈曲折线状，纵横交错，磁痕浓密清晰

（三）常见缺陷磁痕显示比较

典型缺陷

1. 发纹和裂纹缺陷磁痕显示比较

发纹和裂纹缺陷虽然都是磁粉检测中最常见的线性缺陷，但对工件使用性能的影响却完全不同。发纹缺陷对工件使用性能影响较小，而裂纹的危害极大，一般都不允许存在。发纹和裂纹缺陷的对比分析见表 2-5-2。

表 2-5-2　发纹和裂纹缺陷的对比分析

	发纹缺陷	裂纹缺陷
产生原因	发纹是由于钢锭中的非金属夹杂物和气孔在轧制拉长时，随着金属变形伸长而形成的类似头发丝的细小缺陷	裂纹是由于工件淬火、锻造或焊接等原因，在工件表面产生深 V 字形破裂或撕裂的缺陷
形状、大小和分布	发纹缺陷都是沿着金属纤维方向，分布在工件纵向截面的不同深度处，呈连续或断续的细直线，很浅，长短不一，长者可达到数十毫米	裂纹缺陷一般都产生在工件的耳、孔边缘和截面突变等应力集中部位的工件表面上，呈窄而深的 V 字形裂，长短不一，边缘参差不齐，弯弯曲曲或有分岔
磁痕特征	均匀清晰而不浓密，直线形，两头呈圆角	浓密清晰，弯弯曲曲或有分岔，两头呈尖角
鉴别方法	1. 擦掉磁粉，发纹缺陷目视不可见； 2. 在 2～10 倍放大镜下观察，目视仍不可见； 3. 用刀刃在工件表面沿垂直磁痕方向来回刮，发纹缺陷不阻挡刀刃	1. 擦掉磁粉，裂纹缺陷目视可见，或不太清晰； 2. 在 2～10 倍放大镜下观察，裂纹缺陷呈 V 字形开口，清晰可见； 3. 用刀刃在工件表面沿垂直磁痕方向来回刮，裂纹缺陷阻断刀刃

2. 表面缺陷和近表面缺陷磁痕显示比较

表面缺陷是指由热加工、冷加工和工件使用后产生的表面缺陷或经过机械加工才暴露在工件表面的缺陷，如裂纹等。表面缺陷有一定的深宽比，磁痕显示浓密清晰、瘦直、轮廓清晰，呈直线状、弯曲线状或网状，磁痕显示重复性好。

近表面缺陷是指工件表面下（如气孔、夹杂物等）缺陷，因缺陷处于工件近表面，未露出表面，所以磁痕显示宽而模糊，轮廓不清晰。磁痕显示与缺陷性质和埋藏深度有关。

二、非相关磁痕

（一）非相关显示

非相关显示不是来源于缺陷，是由漏磁场吸附磁粉产生的。其形成原因很复杂，一般与工件本身的材料、工件的外形结构、采用的磁化规范和工件的制造工艺等因素有关。有非相关显示的工件，其强度和使用性能并不受影响，对工件不构成危害，但是它与相关显示容易混淆，也不像伪显示那样容易识别。

（二）非相关显示的产生原因

表 2-5-3 为非相关显示的产生原因、磁痕特征和鉴别方法。

表 2-5-3　非相关显示的产生原因、磁痕特征和鉴别方法

相关显示	产生原因	磁痕特征	鉴别方法
磁极和电极附近	采用电磁轭检测时，磁极与工件接触处磁感应线离开工件表面和进入工件表面都产生漏磁场，而且磁极附近磁通密度大；同样采用触头法检测时，由于电极附近电流密度大，产生的磁通密度也大，所以在磁极和电极附近的工件表面上会产生一些磁痕显示	磁极和电极附近的磁痕多而松散，极和电与缺陷产生的相关显示磁痕特征不同，但在该处容易形成过渡背景，掩盖相关显示	退磁后改变磁极和电极的位置，重新进行检测，该处磁痕显示重复出现者可能是相关显示，不再出现者为非相关显示
工件截面突变	工件内键槽等部位的截面缩小，在这一部分金属截面内所能容纳的磁感应线有限，由于磁饱和，迫使一部分磁感应线离开和进入工件表面，形成漏磁场，吸附磁粉，形成非相关显示	磁痕松散，有一定的宽度	这类磁痕显示是有规律地出现在同类工件的同一部位。根据工件的几何形状，容易找到磁痕显示形成的原因
磁泻	当两个已磁化的工件互相接触或用一钢块在一个已磁化的工件上划过时，在接触部位便会产生磁性变化，产生的磁痕显示称为磁泻	磁痕松散，线条不清晰，像乱画的样子	退磁后，重新进行磁化和检测，如果磁痕显示不重复出现，则原显示为磁泻磁痕显示。严重者在进行多方向退磁后，磁痕才不再出现

相关显示	产生原因	磁痕特征	鉴别方法
两种材料交界处	在焊接过程中，将两种磁导率不同的材料焊接在一起，或者母材与焊条的磁导率相差很大，在焊缝与母材交界处就会产生磁痕显示	磁痕有的松散，有的浓密清晰，类似裂纹磁痕显示，在整条焊缝都出现同样的磁痕显示	结合焊接工艺，母材与焊条材料进行分析
局部冷作硬化	工件的冷加工硬化（如局部锤击和矫正等），会使工件局部硬化，导致磁导率变化，形成漏磁场。如弯曲再拉直的一根铁钉，其弯曲处金属变硬，磁导率发生变化，在原弯曲处就会产生漏磁场，吸附磁粉，形成非相关磁痕	磁痕显示宽而松散，呈带状	① 根据磁痕特征分析；② 将该工件退火消除应力后重新进行磁粉检测，这种磁痕显示不再出现
金相组织不均匀	由于金相组织不均匀而使工件内部的磁导率存在差异，形成磁痕显示	磁痕松散，沿工件棱角处分布，或沿金属流线分布，形成过度背景	退磁后，用合适规范磁化，磁痕不再出现

三、伪磁痕显示

伪显示不是由漏磁场吸附磁粉形成的磁痕显示，也叫假显示。其产生原因、磁痕特征和鉴别方法如下：

（1）工件表面粗糙（如焊缝两侧的凹陷，粗糙的工件表面）使磁粉滞留形成磁痕显示，磁粉堆集松散，磁痕轮廓不清晰，在载液中漂洗磁痕可去掉。

（2）工件表面有油污或不清洁，黏附磁粉形成的磁痕显示，尤其在干法中最常见，磁粉堆集松散，当清洗并干燥工件后重新检测时，该显示不再出现。

（3）湿法检测中，磁悬液中的纤维物线头黏附磁粉滞留在工件表面，容易误认为磁痕显示，仔细观察即可辨认。

（4）工件表面的氧化皮、油漆斑点的边缘上滞留磁粉形成的磁痕显示，通过仔细观察或漂洗工件即可鉴别。

（5）工件上形成的排液沟外形滞留磁粉形成的磁痕显示，尤其是沟槽底部的磁痕显示，有的类似缺陷显示，但漂洗后磁痕不再出现。

（6）磁悬液浓度过大，或施加不当会形成过度背景。磁粉松散，磁痕轮廓不清晰，漂洗后磁痕不再出现。

所谓过度背景，是指妨碍磁痕分析和评定的磁痕背景。过度背景的产生有很多原因，如工件表面太粗糙、工件表面被污染、磁场强度过大或磁悬液浓度过大等。磁粉堆集多而松散，容易掩盖相关显示。

四、磁粉检测质量等级标准

根据 JB/T 4730.4—2005 标准简单介绍磁粉检测质量分级。

（一）磁痕分类

长度与宽度之比大于 3 的磁痕，按条状磁痕处理；长度与宽度之比不大于 3 的磁痕，按圆形磁痕处理；长度小于 0.5 mm 的磁痕不计。两条或两条以上缺陷磁痕在同一直线上且间距不大于 2 mm 时，按一条磁痕处理，其长度为两条磁痕之和。缺陷磁痕长轴方向与工件（轴类或管类）轴线或母线的夹角大于或等于 3°时，按横向缺陷处理，其他按纵向缺陷处理。

（二）磁粉检测质量分级

磁粉检测质量分为 4 级，其中 I 为最高级，IV 为最低级。

（1）不允许存在的缺陷。不允许存在任何裂纹和白点。紧固件和轴类零件不许存在任何横向缺陷。

（2）焊接接头的磁粉检测质量分级。焊接接头的磁粉检测质量分级见表 2-5-4。

（3）受压加工件和材料磁粉检测质量分级。受压加工部件和村丹磁粉检测质量分级见表 2-5-5。

表 2-5-4　焊头接头的磁粉检测质量分级

等级	线性缺陷磁痕	圆形缺陷磁痕（评定框尺为 35 mm × 100 mm）
I	不允许	$d \leqslant 5$，且在评定框内不大于 1 个
II	不允许	$d \leqslant 3.0$，且在评定框内不大于 2 个
III	$l \leqslant 3.0$	$d \leqslant 4.5$，且在评定框内不大于 4 个
IV	大于 III 级	

注：l 表示线性缺陷磁痕长度（mm）；d 表示圆形缺陷磁痕长度（mm）。

表 2-5-5　受压加工部件和材料磁粉检测质量分级

等级	线性缺陷磁痕	圆形缺陷磁痕（评定框尺为 2 500 mm²，其中一个矩形边长最大为 150 mm）
I	不允许	$d \leqslant 2.0$，且在评定框内不大于 1 个
II	$l \leqslant 4.0$	$d \leqslant 4.0$，且在评定框内不大于 2 个
III	$l \leqslant 5.0$	$d \leqslant 6.0$，且在评定框内不大于 4 个
IV	大于 III 级	

五、磁痕分析与工件验收

磁痕分析是指确认磁粉检测所发现的磁痕显示属于伪显示、非相关显示或相关显示。磁痕评定是对缺陷的性质，如裂纹、发纹和白点等进行评定，必要时还应结合金相分析和其他无损检测方法综合评定。工件验收是指根据工件磁粉检测的质量验收标准和所发现的磁痕显示，判定工件是验收还是拒收。

磁粉检测的目的，既要发现缺陷，又要依据质量验收标准评价工件质量，所以正确的磁粉检测工艺与合理的质量验收标准对产品都同等重要。

当出现下列情况之一时，应进行复验：

（1）检测结束时，用标准试片验证检测灵敏度不符合要求时。

（2）发现检测过程中操作方法有误或技术条件改变时。

（3）磁痕显示难以定性时。

（4）供需双方有争议或认为有其他需要时。

若产品技术条件允许，可通过局部打磨减小或排除被拒收的缺陷。进行复验时和打磨排除缺陷后，仍应按原检测工艺要求重新进行磁粉检测和磁痕评定。

【知识拓展】　　　【心灵驿站】　　　【头脑风暴】

【思考题】

1. 磁痕分析有什么意义？

2. 什么是相关显示、非相关显示和伪显示？它们间的相同点与不同点是什么？

3. 举两例说明非相关显示的产生原因，磁痕特征和鉴别方法。

4. 锻钢件和铸钢件的常见缺陷有哪些？

5. 焊接热裂纹和冷裂纹的产生原因，磁痕特征是什么？

6. 磨削裂纹、矫正裂纹和疲劳裂纹磁痕显示有什么不同？

7. 对比发纹与裂纹缺陷的产生原因和磁痕特征。

8. 表面缺陷与近表面缺陷磁痕显示有什么区别？

9. 过度背景是由什么原因产生的？磁痕特征是什么？

项目六　轨道交通装备典型零部件磁粉检测应用

知识目标

1. 熟知焊接件、锻钢件常用的磁化方法。
2. 正确理解在役与维修件磁粉探伤的特点。
3. 掌握交叉磁轭磁化焊缝时，喷洒磁悬液的要求。

技能目标

1. 掌握焊缝常用的磁化方法。
2. 熟知锻件检测的特点。

素质目标

1. 培养学生遵章守纪的良好习惯，贯彻安全第一、质量就是生命的原则。
2. 具有质量意识、环保意识、安全意识、信息素养、工匠精神、创新思维。
3. 培养吃苦耐劳的精神。

【任务提出】

　　铁道车辆是完成铁路运输任务的重要运输工具，轮对、齿轮和滚动轴承等车辆配件是铁道车辆上极为重要的零部件，为保证车辆检修质量和行车安全，必须施行探伤检查，消除危及行车安全的一切隐患。从前面的学习我们知道，要确保机车在规定的运行条件下，具备足够的安全可靠性和更长的使用寿命，就对机车配件制造材料和相关技术发展提出了越来越高的要求。试根据机车运行齿轮传动以及齿轮制造工艺对铁道机车齿轮检测。

【任务目标】

　　1. 熟知磁粉检测规范。
　　2. 掌握机车配件磁粉检测的工艺流程及方法。

【相关知识】

一、干法磁粉探伤

（一）探伤前的准备

（1）每日开工前应对探伤设备、用具等进行检查、试验，确认其作用良好并填写记录。
（2）检查被探测工件的外观，清除油污、锈皮及附物，露出基本金属面。
（3）磁粉。

① 用于车辆配件探伤的磁粉粒度为 100~200 目。

② 新购置的磁粉验收时，经 100 目和 200 目标筛称样检查，大于 100 目和小于 200 目的磁粉质量不得超过称样磁粉质量的 8%。

③ 磁吸附：干法探伤用磁粉购入时，必须检验磁粉的吸附性，磁粉中的非导磁磁粉不得超过称样质量的 2%，检验方法参见铁辆〔1994〕114 号文件。

④ 磁粉颜色应与被探测工件的颜色具有较大的对比度。

⑤ 干法探伤用过的磁粉不得回收重复再用。

（4）探伤器的规定应符合如下要求：

① 环形探伤器的磁化强度：制动梁不小于 800 A，尾框不小于 1 500 A。

② 灵敏度试验：使用 15/50 A 型试片校验，显示清晰。

（二）探伤作业

在探伤部位均匀敷撒一层磁粉，然后进行探伤。

（1）按被探测工件的形、尺寸有缺陷的种类和位置进行连续探伤检查。

（2）环形探伤器用于检查工件横向裂纹时：

① 应分段探伤，每段长度不大于 300 mm，并往复施探 1~2 次。

② 工件直径在 100 mm 及以下施行三面探伤，每次探伤角度为 120°，并注意防止漏探；工件直径在 100 mm 以上施行四面探伤。

③ 探伤器内径距被探测工件表面的高度应小于 50 mm。

（3）用马普形探伤器检查配件的局郁裂纹时：

① 磁力线应垂直于裂纹方向行探伤。

② 应利用磁场中心检查裂纹部位。

③ 施探时，应从一端向另一端连续进行。

④ 工件直径在 10 mm 及以下者施行四面探伤，工件直径在 10 mm 以上者施行六面探伤。

（4）长工件探伤时，探伤器移动速度应不大于 0.15 m/s。

（5）多面体工件的探伤应逐面进行，并须注意棱角处的检查。

（6）形状较复杂的配件探伤时，先探测突出部，再探测凹入部，最后探测平面部。

（7）工件各圆柱、棱角、断面变化处或被孔、槽削处，以及其他应力集中的部位，应进行重点探伤，操作时探伤器的移动速度要较其他部位慢些。

（8）探伤过程中，电磁探伤器的线圈温度不得超过 70°C。

（三）判　定

（1）从外观上看有裂纹时，磁粉呈现密集清晰的锯齿状细纹；若有局部裂纹时，磁粉呈现中间较宽、两端逐渐狭窄的线状纹，如将探伤器的角度略加改变，则显示更加清晰，当移动探伤器时磁粉不易消散。

（2）与施探件纵向中心线呈 45°以下的裂纹为纵裂纹。

（3）与施探纵向中心线呈 45°以上的裂纹为横裂纹。

（4）经探伤确认为有裂纹的配件，应立即用白漆在配件上"×"标记。

二、湿法磁粉探伤

（一）探伤前的准备

（1）每日开工前应对探伤设备、用具等进行检查、试验，确认其作用良好，方可使用并填写记录。

（2）清除被探工件表面的灰尘、油污和氧化皮，露出基本金属。

（3）磁粉。

① 用于车辆配件探伤的磁粉粒度应小于 320 目。

② 新购置的磁粉验收时，用 320 目标准筛称样检验，按重量计算必须有 98%的磁粉通过 320 目标准筛。

③ 磁粉成分：化合物含量小于 0.20%，可熔铁含量为 68.0% ~ 73.0%。

④ 磁粉颜色与被探测工件的对比度应明显，要有利于观察磁痕，应能清晰显示 15/50 A 型标准试片。

（4）磁悬液。

① 磁悬液是由磁粉和液体介质配制而成的，用于车辆配件探伤的磁悬液采用油磁悬液或水磁悬液。

② 磁悬液浓度为 2 ~ 2.4 mL/100 mL 或 15 ~ 35 g/L。

（5）探伤器。

① 探伤器上必须有工作照明灯。

② 探伤器必须有磁悬液自动循环搅拌装置，喷淋压力的大小可调。

焊接、铸钢件磁粉
检测实例分析

（二）探伤作业

① 接通探伤器电器。

② 调整好磁悬液流量，以满足探伤时的喷液要求。

③ 对工件的被探测部位浇注磁悬液，同时打开磁化开关。

④ 充磁 2 ~ 3 s，并继续浇磁悬液，不断地改变工作的磁化位置，让被探测部位完全磁化。

⑤ 在充磁结束前 1 s 左右停止喷淋并移开磁悬液喷头。

⑥ 对需要检查的部位进行缺陷检查（在磁化中和磁化后均可检查工件是否有裂纹）。

⑦ 经探伤检查确认为有裂纹的配件，应立即在配件上划"×"标记。

【任务实施】

一、车辆制动盘的磁粉检测工艺案例

（一）机车车辆制动盘的磁粉检测

1.机车车辆用制动盘概述

制动盘是机车车辆制动系统中用以产生阻碍车辆运动或运动趋势制动力的部件。除各种

缓速装置以外，机车车辆制动盘是利用固定元件与旋转元件工作表面的摩擦产生制动力矩来进行制动的。制动盘实质上是一种能量转换装置，将列车高速运动的动能转变为热能，并消散到大气中去。

从结构上区分，机车车辆用制动盘可以分为分体式制动盘和整体式制动盘（图 2-6-1）。

（a）分体制动盘　　　　　　　　（b）整体制动盘

图 2-6-1　制动盘结构

从材料上区分，机车车辆用制动盘可以分为铸铁盘、钢制盘和其他材料制动盘。

（1）铸铁盘：铸铁作为摩擦制动的材料应用在列车制动装置中已经有一百多年了。在 1935 年法国列车以盘形制动代替踏面制动后，铸铁制动盘由于综合性能良好且制造方便得到广泛的应用。从普通的片状石墨铸铁，到低合金铸铁以及现在广泛使用的蠕墨铸铁材料，铸铁盘适用于 200 km/h 以下的列车制动。

（2）钢制盘：分为锻钢盘和铸钢盘。

（3）其他材料：随着技术的不断完善，具有更高效能的材料相继被用于制作制动盘，如铝合金基复合材料、陶瓷基复合材料和碳纤维加强碳基复合材料（CIC 复合材料）等。

2. 制动盘在运用中的受力分析及主要失效原因

列车在制动时，通过制动盘与闸片的摩擦，将列车巨大的动能转化为热能，并将热量逸散到周围的环境。此时，作用于盘体两侧的制动力矩，通过周向均布的弹性销来传递到制动盘直到车轴，而同时，制动盘摩擦盘体在周期性热负荷作用下膨胀或者收缩。

制动盘盘体的失效方式主要有热裂纹和磨耗两种。制动盘盘面裂纹又分为热裂纹和抗冲击疲劳裂纹。因此，制动盘盘面近表面的气孔、缩孔和盘面的其他不连续都有可能成为裂纹源。

3. 制动盘成品表面常见的缺陷

（1）显微疏松在加工后的盘面上可以通过磁粉检测发现，出现的位置不固定。

（2）加工后的盘面上若存在夹砂、夹渣，目视检查能够发现。

（3）组织偏析和偏析带的尖端开裂容易出现在盘体散热筋与凸台转角处，磁粉检测能够发现。

（二）制动盘磁粉检测

1. 磁化方法

制动盘的磁粉检测多采用湿法连续法。

2. 磁化方式

（1）分体盘的磁化方式：由于分体盘为半环形结构，因此多采用便携式磁轭进行磁化，在磁化时需注意相邻有效磁化区的重叠和分体盘边缘位置的有效磁化。

（2）整体盘的磁化方式：整体盘可以算是环形结构，因此可采用复合磁化法进行磁化。目前，国内整体盘磁粉检测主要采用专用床式磁粉探伤机，进行整体复合磁化并对工件整体喷淋磁悬液。

制动盘一般采用立姿，可以采用中心导磁穿棒形成内孔表面及盘面周向磁场，次级线圈感应法在盘体上形成涡流产生径向磁场，在制动盘表面形成复合磁场检测各个方向的缺陷。

然而，由于制动盘盘面内、外直径差别较大，直接采用中心导体进行周向磁化时，盘面上内外边缘的磁场强度差别较大，容易引起局部区域的过度磁化，可以将中心导体分为多股闭合电路，使得磁场分布更加均匀，如图 2-6-2 所示。

图 2-6-2 制动盘轴向磁化方式实例

3. 质量标准

质量标准按 TB/T 2980—2014《机车车辆用制动盘》执行。

二、机车车辆车钩缓冲器的磁粉检测工艺实例

（一）车钩缓冲装置磁粉检测

1. 车钩缓冲装置概述

车钩缓冲装置由车钩、缓冲器、钩尾框、从板等零件组成。图 2-6-3 所示为车钩缓冲装置的一般结构形式，在钩尾框内依次装有从板、缓冲器，借助钩尾销把车钩和钩尾框连接成一个整体，从而使车辆具有连挂、牵引和缓冲三种功能。

车钩缓冲装置一般组成一个整体安装于车底架两端的牵引梁内。在车钩缓冲装置中，车钩的作用是用来实现机车和车辆或车辆与车辆之间的连挂和传递牵引力及冲击力，并使车辆之间保持一定的距离。缓冲器是用来缓和列车运行及调车作业时车辆之间的冲撞，吸收冲击动能，减少车辆相互冲击时所产生的动力作用。从板和钩尾框则起着传递纵向力（牵引力或冲击力）的作用。车钩缓冲装置无论是承受牵引力还是冲击力，都要经过缓冲器将力传递给牵引梁，这样就有可能使车辆间的纵向冲击振动得到缓解和消减，从而改善了运行条件，保护车辆及货物不受损害。

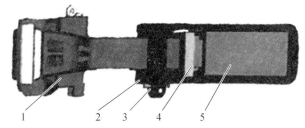

1—车钩组成；2—钩尾框；3—钩尾销；4—从板；5—缓冲器。

图 2-6-3　车钩缓冲装置示意

目前，我国铁路货车车钩主要有下列 4 种：13 型、13 A 型、16 型和 17 型，车钩的组成如图 2-6-4 所示。车钩钩体可分为钩头、钩身、钩尾三部分钩头与钩舌通过钩舌销相连接，钩舌可绕钩舌销转动，钩头内装有钩锁铁、钩舌推铁等零件，钩尾部带有尾销孔，借助于钩尾销与钩尾相连接。钩尾框的组成如图 2-6-5 所示。

我国铁路货车专用的缓冲器主要有 5 种，分别为 2 号、ST 型、MT-2 型、MT-3 型和 HM-1 型。其中 MT-2 型和 MT-3 型缓冲器是为满足重载列车和单元列车要求，于 20 世纪 90 年代研制开发的新一代缓冲器，具有性能稳定、容量大、使用寿命长、检修方便等特点。MT—2 型和 MT-3 型缓冲器主要由箱体、角弹簧座、角弹簧、外圆弹簧、内圆弹簧、复原弹簧及弹簧座等部件组成。

钩体、钩舌、铸造钩尾、缓冲器箱体的表面及近表面缺陷有裂纹、冷隔、气孔、硫松、夹杂、割疤及撑疤等，裂纹又分为铸造热裂纹和冷裂纹、热处理裂纹，当后续工序的缺陷焊补不当，也可产生焊接裂纹。

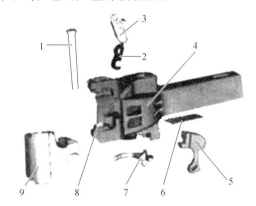

1—钩舌销；2—锁销杆；3—上锁销；4—钩体；5—钩锁；
6—磨耗板；7—钩舌推铁；8—衬套；9—钩舌。

图 2-6-4　车钩的组成图

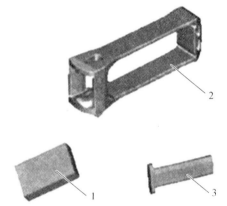

1—从板；2—钩尾框；3—钩尾销。

图 2-6-5　钩尾框的组成

锻造钩尾框的表面及近表面缺陷主要有折叠、裂纹和发纹。

车钩缓冲装置在役检修时的缺陷主要是疲劳裂纹。疲劳裂纹是工件在交变应力的长期作用下，工件表面的已有裂纹源（成分组织不均匀、冶金缺陷、缺口、划伤等）或后期萌生的裂纹源逐步扩展形成的。疲劳裂纹一般出现在应力集中处，其方向与受力方向垂直。

2. 制造工艺流程

钩体、钩舌、铸造钩尾框、缓冲器箱体制造工艺流程主要包括造型、制芯、熔炼、浇注、一次表面清理、热处理、二次表面清理、磁粉检测。

3. 钩体、钩舌、钩尾框磁粉检测

1）检测方法

钩体、钩舌、钩尾框磁粉检测采用整体复合磁化湿连续法进行磁粉检测，即在磁化的同时，用喷淋的方式施加磁悬液，磁悬液应在检测区缓缓流过，施加磁悬液结束后应再进行 1～2 次磁化，或使喷液较磁化提前 1 s 结束。复检时，可采用便携式交流磁悬探伤仪局部干法或湿法检测。

2）检测装备

钩体、钩舌、钩尾框磁粉检测必须采用专用的磁粉探伤机。其主要技术要求如下：应具有对工件进行整体复合磁化的功能，整体喷淋磁悬液的功能及整体转动观察的功能。应能使粘贴于检测部位表面的 A1-15/50 型试片上的人工缺陷磁痕清晰，完整显示。工件表面检测区域内的磁场强度至少为 2 400 A/m。

目前，钩体磁粉探伤机主要有两种：一种是采用通电法加线圈法对钩体进行整体复合磁化的磁粉探伤机。采用直接通电法对工件进行周向磁化，采用线圈法对工件进行纵向磁化。另外，有时为保证各部位的复合磁化效果，有的探伤机还建立了多路磁化，如钩体磁粉探伤机的磁化系统，除对工件直接通电磁化和线圈法磁化外，还在钩体、钩耳部位采用穿棒法进行磁化。该类探伤机对工件的外形尺寸要求较严，当工件装夹不到位时容易电打火。另一种是采用旋转磁场对车钩零部件进行整体磁化的井式磁粉探伤机。该类设备由三组相互交叉的磁化线圈，分别接入相位不同的交流电，在线圈包容的空间内，各组线圈分别形成幅值相同，相互成一定角度，并具有一定的电流相位差的交流磁场，磁场发生矢量叠加，从而形成了强弱、方向随时间不断改变的周期性旋转磁场。该旋转磁场在平面上的轨迹同样呈圆形或椭圆形，当两交叉线圈的夹角为 90°，且电流相位差也是 90°时，可形成圆形旋转磁场，若电流的相位差为 120°时，则形成椭圆形旋转磁场。该种磁化方法为非接触磁化，适用于多种几何形状复杂的工件检测，钩体、钩舌、钩尾框可以在同一台设备上进行检测。

3）磁　粉

整体复合磁化时采用湿法荧光磁粉，磁粉颗粒直径不大于 0.045 mm（不小于 320 目）。

局部复检时可采用非荧光湿法磁粉。磁粉颗直径不大于 0.045 mm（不小于 320 目）。局部复检时可采用干法黑磁粉，磁粉颗粒直径 0.06 ~ 0.18 mm（80 ~ 250 目）。

磁粉经使用单位入厂复验合格后，方可投入使用。磁粉应放置在带盖容器内保存，受潮结块或超过质保期的不应使用。

4）磁悬液

钩体、钩舌、钩尾框磁粉检测采用水基磁悬液，荧光磁粉磁悬液的体积浓度为 0.2 ~ 0.7 mL/100 mL。非荧光磁粉磁悬液的体积浓度为 2 ~ 3.0 mL/100 mL。

5）磁化规范

在对钩体、钩舌、钩尾框进行磁粉检测时，要求工件检测区域表面的磁场强度至少为 2 000 A/m，且应能使粘贴于工件表面的 A1-15/50 型标准试片上的人工缺陷磁痕清晰、完整显示。

采用通电法和线圈法对钩体进行磁化时，磁化规范的确定方法为周向磁化电流值按式（2-6-1）计算，纵向磁化磁动势按公式（2-6-2）计算：

$$I = HD / 320 \hspace{3cm} （2\text{-}6\text{-}1）$$

式中　I——磁化电流（A）；

　　　H——磁场强度（A/m）；

$$D \text{——工件截面当量直径（m）。}$$

$$NI = 45\ 000\ DL \hfill (2\text{-}6\text{-}2)$$

式中　N——线圈匝数；

　　　I——工件长度（mm）；

　　　D——工件截面有效直径（m）。

采用旋转磁场磁粉探伤机对钩体、钩舌、钩尾框进行磁化时，其磁化电流应通过粘贴于工件检测区域的 A1-15/50 型标准试片上人工缺陷磁痕的显示情况，以及工件表面检测区域的磁场强度的测试情况来确定。

6）检测操作要点

（1）检测前准备：同摇枕、侧架磁粉检测。

（2）检测操作：同摇枕、侧架磁粉检测。

（3）磁痕评定：同摇枕、侧架磁粉检测。

7）钩体、钩舌、钩尾框的检测部位

现阶段铁路货车用钩体的主型产品为 17 型车钩钩体，钩舌的主型产品为 16 H 型车钩钩舌，钩尾框的主型产品为 17 型车钩钩尾框。新造和厂修 16 H 型车钩钩舌的检测部位如图 2-6-6 所示。新造 17 型车钩钩尾框检测部位如图 2-6-7 所示。新造和厂修 17 型车钩钩体的检测部位如图 2-6-8 所示。厂修 17 型车钩钩尾框检测部位如图 2-6-9 所示。

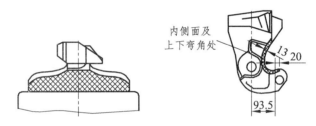

图 2-6-6　新造和厂修 16 H 型车钩钩舌检测部位

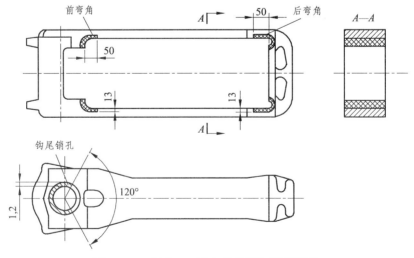

图 2-6-7　新造 17 型车钩钩尾框检测部位

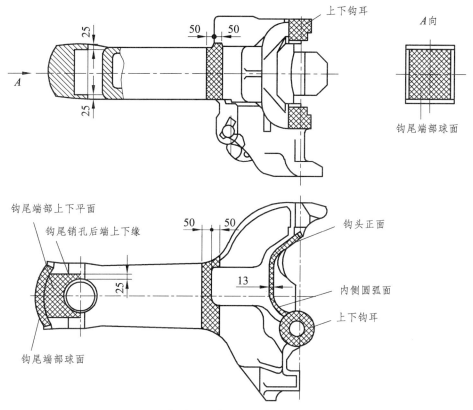

图 2-6-8　新造和厂修 17 型车钩钩体检测部位

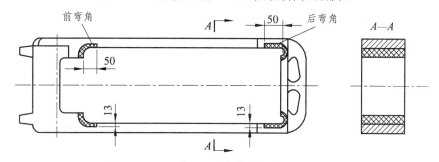

图 2-6-9　厂修 17 型车钩钩尾框检测部位

8）质量验收标准

按照相关技术标准执行。

（二）缓冲器箱体磁粉检测

1. 检测方法

缓冲器箱体磁粉检测采用整体复合磁化，湿连续法进行磁粉检测，即在磁化的同时，用喷淋的方式施加磁悬液，磁悬液应在检测区缓缓流过，施加磁悬液结束后应再进行 1~2 次磁化，或使喷液较磁化提前 1 s 结束。复检时，采用便携式交流磁轭探伤仪局部干法或湿法检测。

2. 检测装备

缓冲器箱体磁粉检测必须采用专用的磁粉探伤机，其主要技术要求如下：应具有对工件进行整体复合磁化的功能、整体喷淋磁悬液的功能及整体转动观察的功能。应能使粘贴于检测部位表面的 A1-15/50 型试片的人工缺陷磁痕清晰，完整显示。工件表面检测区域内的磁场强度至少为 2 400 A/m。

目前，缓冲器箱体磁粉探伤机主要有两种：一种是采用穿棒法加线圈法对缓冲器箱体进行整体复合磁化的磁粉探伤机。采用穿棒法对缓冲器箱体进行周向磁化，采用线圈法对箱体进行纵向磁化。另一种是采用主磁化装置和辅助磁化装置相结合的方式，对缓冲器箱体进行整体复合磁化的磁粉探伤机。其中，主磁化装置采用穿棒法加线圈法对缓冲器箱体进行整体复合磁化，辅助磁化装置采用直接通电法和线圈法对缓冲器箱体进行整体复合磁化，目的是确保缓冲器箱体底平面的磁化效果。

3. 磁　粉

整体复合磁化时采用湿法荧光磁粉，磁粉颗粒直径不大于 0.045 mm（不小于 320 目），局部复检时可采用非荧光湿法磁粉，磁粉颗粒直径不大于 0.045 mm（不小于 320 目）。局部复检时可采用干法黑磁粉，磁粉颗粒直径 0.06 ~ 0.18 mm（80 ~ 250 目）。

磁粉经使用单位入厂复验合格后。方可投入使用。磁粉应放置在带盖容器内保存，受潮结块或超过质保期的不应使用。

4. 磁悬液

缓冲器箱体磁粉检测采用水基磁悬液，荧光磁粉磁悬液的体积浓度为 0.2 ~ 0.7 mL/100 mL，非荧光磁粉磁悬液的体积浓度为 2 ~ 3.0 mL/100 mL。

5. 磁化规范

在对缓冲器箱体进行磁粉检测时，要求工件表面检测区域内的磁场强度至少 2 400 A/m，且应能使粘贴于工件表面的 A1-15/50 型标准试片人工缺陷磁痕清晰、完整显示。

经测试，采用穿棒法和线圈法对缓神器箱体进行磁化，推荐的周向磁化电流值为 2 000 ~ 2 300 A，纵向磁化磁动势为 4 500 ~ 6 500 A（安匝）。

6. 检测操作要点

（1）检测前准备：同摇枕、侧架磁粉检测。

（2）检测操作：同摇枕、侧架磁粉检测。

（3）磁痕评定：同摇枕、侧架磁粉检测。

7. 缓冲器箱体的检测部位

新造和厂修时需检测的缓冲器箱体型号主要有 MT-2、MT-3 型。新造 MT-2、MT-3 型缓冲器箱体的检测部位如图 2-6-10 例示。厂修 MT-2 N、MT-3 型缓冲器箱体的检测部位如图 2-6-11 阴影部位。

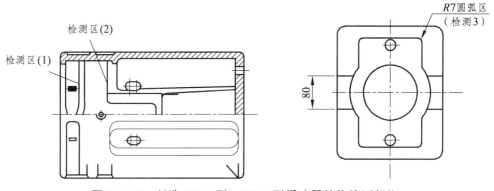

图 2-6-10　新造 MT-2 型、MT-3 型缓冲器箱体检测部位

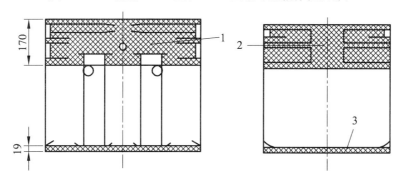

图 2-6-11　厂修 MT-2 型、MT-3 型缓冲器箱体的检测部位

注：1～3 为检测部位。

8. 质量验收标准

按照相关技术标准实行。

【心灵驿站】

【头脑风暴】

【思考题】

1. 用交叉磁轭磁化球罐焊缝时，喷洒磁悬液有哪些要求？
2. 检验锅炉压力容器焊缝，常用哪些磁化方法？
3. 锻钢件磁化方法如何选择？
4. 在役与维修件磁粉探伤的特点是什么？
5. 用交叉磁轭磁化焊缝时，喷洒磁悬液有哪些要求？
6. 常用检验焊缝磁化有哪些方法？
7. 锻钢件磁化方法如何选择？
8. 在役与维修件磁粉探伤的特点是什么？

单元三 超声波检测技术

超声波检测是目前无损检测领域的主要方法之一，被广泛应用于轨道交通、航空航天、船舶、核工业、石油天然气、建筑、冶金等行业，在轨道交通领域的装备制造、设备维护、检修及运行等方面都起着非常重要的作用，已经成为保障行车安全的重要手段。

超声波检测一般是通过超声波在介质中传播时，材料及其缺陷的声学性能差异会使超声波传播时间及能量产生变化的现象，来检验材料内部缺陷的无损检测方法。

项目一　超声波检测基础知识

知识目标

1. 了解超声波检测的物理基础以及超声波检测的基本原理。
2. 掌握超声波的物理特性和传播特征。
3. 掌握超声波的分类。

能力目标

掌握超声波的使用场景及不同场景下的波形转换与能量变化。

素质目标

1. 具有深厚的爱国情感和民族自豪感。
2. 具有质量意识、环保意识、安全意识、信息素养、工匠精神、创新思维。
3. 有较强的集体意识和团队合作精神。

任务一　超声波检测基本物理基础

【任务提出】

超声波是一种什么样的波？超声波可以分为哪些类型？又有哪些可以表征超声场特性的参数？

【任务目标】

1. 掌握机械波的产生及传播特性。
2. 了解波的分类。
3. 掌握超声场的特征参数。

【相关知识】

一、机械振动与机械波

（一）机械振动

物体沿着直线或曲线在某一平衡位置附近做往复的周期性运动，称为机械振动。当物体

（或质点）受到一定力的作用时，将离开平衡位置产生一个位移。该力消失后，它将回到其平衡位置；并且还要越过平衡位置运动到相反方向的最大位移处，然后再返回平衡位置。这样一个完整运动过程称为一个"循环"或叫一次"全振动"。常见的振动有钟摆的摆动、物理学中质点的简谐振动、分子的热运动和超声波波源的振动等。

振动是周期性的运动，振动的快慢常用振动周期和振动频率两个物理量来描述，振动的强弱则用振幅来描述。

周期：振动物体完成一次全振动所需要的时间，称为振动周期，用 T 表示，常用单位为秒（s）。

频率：振动物体在单位时间内完成全振动的次数，称为振动频率，用 f 表示，常用单位为赫兹（Hz）。

振幅：振动物体离开平衡位置的最大距离，称为振动的振幅，用 A 表示。

由周期和频率的定义可知，二者互为倒数：

$$T = \frac{1}{f} \tag{3-1-1}$$

（二）机械波

1. 机械波的产生及传播

振动的传播过程叫作波动，简称波。如将石子投入水中，水面上就会出现以石子落入点为中心，向四周不断扩散的水波，这一现象称为波的传播。波动是振动状态和振动能量的传播过程。但是这种能量的传播，不是靠物质的迁移来实现的，而是由各质点位移的连续变化来逐渐传递出去的。波可分为机械波和电磁波两大类：机械波是机械振动在弹性介质中的传播过程，如水波、声波、超声波等；电磁波是交变电磁场在空间的传播过程，如无线电波、红外线、可见光、紫外线、X 射线、γ 射线等。

在弹性介质中可以建立一个如图 3-1-1 所示的平面弹性介质模型。

由于各质点之间存在弹性力的作用，任一质点的机械振动都会传递给临近的介质，使之产生振动。然后再将振动传递给下一个质点，以此类推，将振动由近及远传播出去。

振动与波动是互相关联的，振动是产生波动的根源，波动是振动状态的传播。波动中介质各质点并不随波前进，只是在各自的平衡位置附近做往复运动。波在传播过程中伴随着能量的传递但并没有物质的迁移，这是所有波的共性。

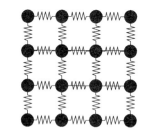

图 3-1-1　平面弹性介质模型

同理，机械波是机械振动在弹性介质中的传播过程，因此产生机械波必须具备以下两个条件：① 要有做机械振动的波源；② 要有能传播机械振动的弹性介质。

2. 波的参数

波长：同一波线上相邻两振动相位相同的质点间的距离，称为波长，用 λ 表示，单位为米（m）。波源或介质中任意一质点完成一次全振动，波正好前进一个波长的距离，如图 3-1-2 所示。

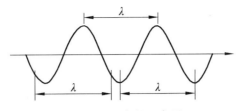

图 3-1-2　波长示意图

频率：波动过程中，任一给定点在 1 s 内所通过的完整波的个数，称为波动频率，用 f 表示，单位为赫兹（Hz）。波动频率在数值上同振动频率。

波速：介质中，波在单位时间内所传播的距离称为波速，用 c 表示，单位为米/秒（m/s）。

由以上波速、波长和频率的定义可得

$$\lambda = \frac{c}{f} \qquad\qquad (3\text{-}1\text{-}2)$$

由上式可知，波长与波速成正比，与频率成反比。当频率一定时，波速越大，波长就越长；当波速一定时，频率越低，波长就越长。

3. 声 波

声波是机械波的一种，根据声波频率的不同，可以分为以下几类（见表 3-1-1）：

表 3-1-1　声波的种类

名　称	频率范围
次声波	低于 20 Hz
可闻声波	20 ~ 20 kHz
超声波	20 kHz ~ 1 GHz
特超声或微波超声	大于 1 GHz

次声波、可闻声波、超声波和微波超声都是在弹性介质中传播的机械波，它们在同一介质当中具有相同的传播速度，主要区别就是具有不同的频率。我们做无损检测所使用的超声波频率一般在 0.5 ~ 15 MHz，对钢等金属材料（如列车的车轮、车轴等）的检验，常用频率为 1 ~ 5 MHz 的超声波。

超声波具有以下特性：

（1）方向性好：超声波的频率较高，波长较短，在无损检测中使用的超声波波长为毫米数量级。具有良好的方向性，可以定向发射。

（2）能量高：超声波检测频率远高于可闻声波，而能量（声强）与频率平方成正比，因此超声波的能量远大于声波的能量。

（3）能在界面上产生反射、折射和波形转换：在超声波检测中，特别是在超声波脉冲反射法检测中，利用了超声波具有几何声学的一些特点。如在介质中直线传播，遇界面产生反射、折射和波形转换等。

（4）穿透能力强：超声波在大多数介质中传播时，传播能量损失小，传播距离大，穿透能力强，在一些金属材料中其穿透能力可达数米。

因此，超声波在检测领域具备的优势是其他检测手段所无法比拟的。超声波除了用于无损检测以外，还可用于机械加工和焊接。此外，在化学工业上可利用超声波作催化剂，在农业上可利用超声波促进种子发芽，在医学上可利用超声波进行诊断、消毒等。

二、波的种类

波的分类方法很多，下面简单介绍几种常见的分类方法。

根据波在传播时介质质点的振动方向与波的传播方向之间的关系，可将波动分为纵波、横波、表面波和板波等。

（一）纵　波

当弹性介质受到交替变化的拉伸、压缩应力作用时，受力质点的间距就会相应产生交替的疏密变化。此时，质点振动方向与波动传播方向相同，这种波形称为纵波，也称"压缩波"或"疏密波"，用"L"表示。图 3-1-3 所示为纵波波形示意图。

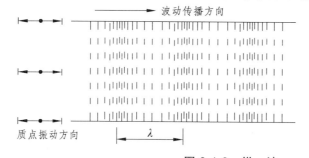

纵波演示

图 3-1-3　纵　波

凡是能发生拉伸或压缩变形的介质都能够传播纵波。固体能够产生拉伸和压缩变形，而液体和气体在压力作用下能产生相应的体积变化，因此，纵波能在固体、液体和气体中传播。

（二）横　波

当固体弹性介质受到交变的剪切应力作用时，介质的质点就会产生相应的横向振动，介质发生剪切变形。此时，质点的振动方向与波动的传播方向垂直，这种波形称为横波，也叫作剪切波，用"S"表示。图 3-1-4 所示为横波波形示意图。

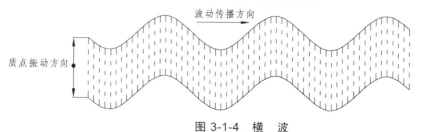

横波演示

图 3-1-4　横　波

在横波传播过程中，介质的层与层之间发生相对位移，即剪切变形，因此，能够传播横波的介质必须是能产生剪切弹性变形的介质。在自然界中，只有固体弹性介质具有剪切弹性力，而液体和气体介质各相邻层间可以自由滑动，不具有剪切弹性（即剪切弹性模量 $G = 0$），所以横波只能在固体中传播，而不能在气体和液体中传播。

（三）表面波

当固体介质表面受到交替变化的表面张力作用时，质点作相应的纵横向复合振动。此时，质点振动所引起的波动传播只在固体介质表面进行，不能在液体或气体介质中传播，故称表面波，又称为瑞利波。

瑞利波是当传播介质的厚度大于波长时，在一定条件下，在半无限大固体介质上与气体介质的交界面上产生的表面波，用符号"R"表示。瑞利波使固体表面质点产生的复合振动轨迹是绕其平衡位置的椭圆，椭圆的长轴垂直于波的传播方向，短轴平行于传播方向，如图 3-1-5 所示。

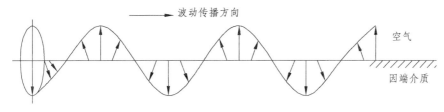

图 3-1-5　表面波（瑞利波）

（四）板　波

板厚与波长相当的弹性薄板状固体中传播的声波，称为板波，又称为兰姆波。

按板中振动波节的形式，兰姆波又分为对称型（S 型）和非对称型（A 型），如图 3-1-6 所示。兰姆波传播时，质点的振动轨迹也是椭圆，其长轴与短轴的比例取决于材料性质。

对称型（S 型）兰姆波的特点是薄板中心质点作纵向振动，上下表面质点做椭圆运动、振动相位相反并对称于中心，如图 3-1-6（a）所示。

非对称型（A 型）兰姆波特点是薄板中心质点作横向振动，上下表面质点做椭圆运动、相位相同，不对称。如图 3-1-6（b）所示。

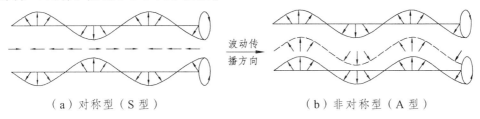

（a）对称型（S 型）　　　　　　　　　（b）非对称型（A 型）

图 3-1-6　兰姆波

三、超声场及其特征参数

充满超声波的空间或超声振动所波及的部分介质，叫超声场。超声场具有一定的空间大小和形状，只有当缺陷位于超声场内时，才有可能被发现。描述超声场的特征值（即物理量）主要有声压、声强和声阻抗。

（一）声　压

超声场中某一点在某一时刻所具有的压强 p_1 与没有超声波存在时的静态压强 p_0 之差，称为该点的声压，用 p 表示。声压的单位为帕斯卡，简称帕（Pa）。

$$p = p_1 - p_0 \tag{3-1-3}$$

超声场中某一点的声压随时间和该点至波源的距离按余弦函数周期性地变化。声压的幅值与介质的密度、波速和频率成正比。固体介质由于密度大、声速高和质点振速高，置于同一超声场中的介质（离声源距离相同），以固体介质中的声压最高，液体中声压其次，气体中声压最小。不同固体介质因材料性质、密度、声速的差异，它们的声压也有所区别。

实际应用时，比较和计算介质中两个反射体的回波声压时，不需要对每个 t（每一瞬间），每个 X 点做比较，只需用它们的声压振幅 p 加以比较和计算。因此，通常把声压振幅简称为"声压"，并使它与 A 型脉冲反射式检测仪示波屏上回波高度建立一定的线性关系。一般认为，超声波检测仪示波屏上的波高与声压成正比。

（二）声阻抗

超声场中任一点的声压与该处质点振动速度之比称为声阻抗，常用 Z 表示。声阻抗的单位为克/（厘米^2·秒）[g/（cm^2·s）]或千克/（米^2·秒）[kg/（m^2·s）]。

$$Z = p/u = \rho c u/u = \rho c \tag{3-1-4}$$

由上式可知，声阻抗的大小等于介质的密度与波速的乘积。由 $u = p/Z$ 可得，在同一声压下，Z 增加，质点的振动速度下降。因此声阻抗 Z 可理解为介质对质点振动的阻碍作用。这类似于电学中的欧姆定律 $I = U/R$，电压一定，电阻增加，电流减少。

声阻抗是表征介质声学性质的重要物理量。超声波在两种介质组成的界面上的反射和透射情况与两种介质的声阻抗密切相关。材料的声阻抗与温度有关，一般材料的声阻抗随温度升高而降低。这是因为声阻抗 $Z = \rho c$，而大多数材料的密度 ρ 和声速 c 随温度增加而减少。

（三）声　强

声强度简称声强，它表示单位时间内在垂直于声波传播方向的单位面积的介质上所通过的声能量，单位为瓦每平方米（W/m^2）。对于简谐波，常将一个周期中能流密度的平均值作为声强，并用符号 I 表示：

$$I = \frac{1}{2}\frac{p^2}{\rho c} = \frac{1}{2} \cdot \frac{p^2}{cZ} \cdot c = \frac{p^2}{2Z} \tag{3-1-5}$$

从式（3-1-5）中可知，同一介质中，声强与声压的平方成正比，即 $I \propto p^2$。超声波检测时示波屏上显示的反射体回波高度只与其反射声压成正比 $\left(\text{即} \dfrac{p_1}{p_2} = \dfrac{H_1}{H_2}\right)$。

（四）分　贝

在生产和科学实验中，声强数量级往往相差悬殊，如引起听觉的声强范围为（$10^{-16} \sim 10^{-4}$）W/cm^2，最大值与最小值相差 12 个数量级。显然采用绝对量来度量是不方便的，但如果对其比值（相对量）取对数来比较计算则可大大简化运算。贝尔就是两个同量纲的量之比取对数后的单位。

定义声强级为两个相比较声强的比值，再取以 10 为底的常用对数，以符号 L_1 表示。

$$L_1 = \lg \frac{I}{I_0} \quad （贝）\tag{3-1-6}$$

式中　$I_0 = 10^{-16} W/cm^2$，或者

$$L_1 = \lg \frac{I_1}{I_2} \quad （贝）\tag{3-1-7}$$

式中　I_1，I_2——两个相比较的声强值。

声强级的单位为贝尔（Bel），因为贝尔的单位比较大，工程上应用时将其缩小 1/10 倍后以分贝为单位，用符号 dB 表示，此时式（3-1-5）和式（3-1-6）可分别写成

$$L_1 = 10\lg \frac{I}{I_0}(dB)\tag{3-1-8}$$

$$L_1 = 10\lg \frac{I_1}{I_2}(dB)\tag{3-1-9}$$

在同一介质中，$Z_1 = Z_2$，所以

$$L_p = 10\lg \left(\frac{p_1}{p_2}\right)^2 = 20\lg \frac{p_1}{p_2}(dB)\tag{3-1-10}$$

式中　L_p——声压级。

当超声波检测仪具有较好的放大线性（垂直线性）时，则有

$$L_p = 20\lg \frac{p_1}{p_2} = 20\lg \frac{H_1}{H_2}(dB)\tag{3-1-11}$$

式中　H_1，H_2——反射声压为 p_1 和 p_2 时回波高度，不同回波高度比值（实数比）所对应的数见表 3-1-2。

这里声压基准 p_1 或波高基准 H_1 可以任意选取。

当 $H_2/H_1 = 1$ 时，$\Delta = 0$ dB，说明两波高相等时，二者的分贝差为零。

当 $H_2/H_1 = 2$ 时，$\Delta = 6$ dB，说明 H_2 为 H_1 的 2 倍时，H_2 比 H_1 高 6 dB。

当 $H_2/H_1 = 1/2$ 时，$\Delta = -6$ dB，说明 H_2 为 H_1 的 1/2 时，H_2 比 H_1 低 6 dB。

表 3-1-2　实数比与分贝（dB）的关系

H_1/H_2	10	5	3.2	2	1	$\frac{1}{2}$	$\frac{1}{3.2}$	$\frac{1}{5}$	$\frac{1}{10}$
dB	20	14	10	6	0	-6	-10	-14	-20

【任务实施】

　　超声波是一种频率一般在 0.5～15 MHz 的声波，它也是机械波的一种，是机械振动在弹性介质中的传播。按照质点的振动方向可分为纵波、横波、表面波和板波等；按波阵面的形状可分为平面波、柱面波、球面波和活塞波；也可按照振动持续时间分为连续波和脉冲波。超声场的特征参数包括声压、声阻抗、声强和分贝等。

任务二　超声波在介质中的传播

【任务提出】

　　通过前一任务的学习我们知道了超声波也是一种机械波，是机械振动在弹性介质中的传播过程。那么超声波在介质中传播时都会表现出哪些特性呢？当超声波在不同的介质内传播时，又会表现出哪些特性上的差异呢？

【任务目标】

　　1. 掌握波的各种传播性质。
　　2. 了解波在复合介质中传播时表现出来的特性。

【相关知识】

一、波的叠加、干涉和衍射

（一）波的叠加

　　当几列波在同一介质中传播时，如果在空间某处相遇，则相遇处质点的振动是各列波引起振动的合成，在任意时刻该质点的位移是各列波引起位移的矢量和。几列波相遇后仍保持自己原有的频率、波长、振动方向等特性并按原来的传播方向继续前进，好像在各自的途中没有遇到其他波一样，这就是波的叠加原理，又称波的独立性原理。

　　波的叠加现象可以从许多事实观察到，如两石子落水，可以看到两个以石子入水处为中心的圆形水波的情况和相遇后的传播情况。又如，乐队合奏或几个人谈话，人们可以分辨出各种乐器和各人的声音，这些都可以说明波传播的独立性。

（二）波的干涉

两列频率相同，振动方向相同，相位相同或相位差恒定的波相遇时，介质中某些地方的振动互相加强，而另一些地方的振动互相减弱或完全抵消的现象叫作波的干涉。

产生干涉现象的波叫相干波，其波源称为相干波源。

波的叠加原理是波的干涉现象的基础，波的干涉是波动的重要特征。在超声波检测中，由于波的干涉，使超声波源附近出现声压极大、极小值。

（三）驻　波

驻波是波的干涉现象的特例。两个振幅相同的相干波在同一直线上沿相反方向传播叠加而成的波，称为驻波。当波的传播方向上的介质厚度恰为 1/2 波长整数倍时，就能产生如图 3-1-7 所示的驻波现象。驻波中振幅最大的点称为波腹，振幅为零处称为波节，波腹和波节出现的位置取决于介质的声阻抗。

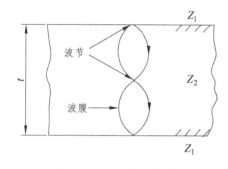 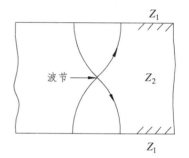

（a）$Z_1 < Z_2$ 有三个波节　　　　　　　　　（b）$Z_1 > Z_2$ 有一个波节

图 3-1-7　驻波现象

驻波现象是共振式超声波测厚原理的基础。当工件厚度为超声波波长的 1/2 或整数倍时，入射波与底面反射波同相，工件内产生驻波，引起共振。若工件厚度 $t = \lambda/2$ 时，产生共振的工件材料的基本共振频率为 f_0（不同材料有不同 f_0），则 $f_0 = c/2t$，或者 $t = c/2f_0$，共振式测厚仪就是利用所测的 f_0 来达到检测各种材料厚度的目的。

（四）惠更斯原理与波的衍射

如前所述，波动是振动状态的传播，如果介质是连续的，那么介质中任何质点的振动都将引起邻近质点的振动，邻近质点的振动又会引起较远质点的振动，因此波动中任何质点都可以看作新的波源。据此，惠更斯于 1690 年提出了著名的惠更斯原理：介质中波动传播到的各点都可以看作发射子波的波源，在其后任意时刻这些子波的包迹就决定了新的波阵面。

利用惠更斯原理可以确定波前的几何形状和波的传播方向。

如图 3-1-8 所示，波源做活塞振动，以波速 c 向周围辐射超声波。先以波源表面各点为中心，以 c_t 为半径画出各球形子波，作切于各子波的轨迹得波阵面 S_1。再以 S_1 表面各点为中心，以 $c\Delta t$ 为半径画出各球形子波，作切于各子波的包迹得波前 S_2，由波线垂直于波阵面便可确定波的传播方向。

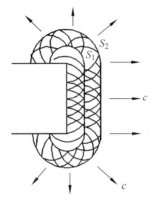

图 3-1-8　惠更斯原理

波在传播过程中遇到与波长相当的障碍物时，能绕过障碍物边缘改变方向继续前进的现象，称为波的衍射或波的绕射。

如图 3-1-9 所示，超声波在介质中传播时，若遇到缺陷 AB，据惠更斯原理，缺陷边缘 A、B 可以看作是发射子波的波源，使波的传播方向改变，从而使缺陷背后的声影缩小，反射波降低。

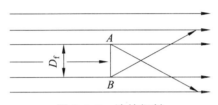

图 3-1-9　波的衍射

波的绕射和障碍物尺寸 D_f 及波长 λ 的相对大小有关。当 $D << \lambda$ 时，波的绕射强，反射弱，缺陷回波很低，容易漏检。超声检测灵敏度约为 $\lambda/2$，这是一个重要原因。当 $D_f >> \lambda$ 时，反射强，绕射弱，声波几乎全反射。

波的绕射对检测既有利又不利。由于波的绕射，使超声波产生晶粒绕射顺利地在介质中传播，这对检测是有利的。但同时由于波的绕射，使一些小缺陷回波显著下降，以致造成漏检．这对检测不利。

二、超声波的传播速度

超声波的波型不同时，介质的弹性变形形式就不相同，因而声速也不相同，即不同的介质有不同的声速。超声波在介质中的传播速度与介质的弹性模量以及介质的密度有关。对特定介质，当弹性模量和密度为常数时，声速也是常数。超声波在介质中的传播速度是表征介质声学特性的重要参数。

（一）固体介质中的声速

固体介质不仅能传播纵波，而且可以传播横波和表面波等，但不同波形的声速是不相同的。此外，介质的尺寸大小对声速也有一定的影响，无限大介质与细长棒中的声速也不一样。

1. 无限大固体介质中的声速

无限大固体介质是相对于波长而言的，当介质的尺寸远大于波长时，就可以视为无限大介质。

在无限大的固体介质中，纵波声速为

$$c_L = \sqrt{\frac{E}{\rho}} \sqrt{\frac{1-\sigma}{(1+\sigma)(1-2\sigma)}} \qquad (3-1-12)$$

在无限大的固体介质中，横波声速为

$$c_S = \sqrt{\frac{G}{\rho}} = \sqrt{\frac{E}{\rho}} \sqrt{\frac{1}{2(1+\sigma)}} \qquad (3-1-13)$$

在无限大的固体介质中，表面波声速为

$$c_R = \frac{0.87+1.12\sigma}{1+\sigma} \sqrt{\frac{G}{\rho}} \qquad (3-1-14)$$

式中　E——介质的杨氏弹性模量；

　　　G——介质的切变弹性模量；

　　　ρ——介质的密度；

　　　σ——介质的泊松比。

由以上三式可知：

（1）固体介质中的声速与介质的密度和弹性模量等有关，不同的介质，声速不同；介质的弹性模量越大，密度越小，声速越大。

（2）声速还与波的类型有关，在同一固体介质中，纵波、横波和表面波的声速各不相同，并且相互之间有以下关系：

$$\frac{c_L}{c_S} = \sqrt{\frac{2(1-\sigma)}{1-2\sigma}} > 1 \text{ 即 } c_L > c_S \qquad (3-1-15)$$

$$\frac{c_R}{c_S} = \frac{0.87+1.12\sigma}{1+\sigma} < 1 \text{ 即 } c_S > c_R \qquad (3-1-16)$$

所以 $c_L > c_S > c_R$，这表明，在同一种固体材料中，纵波声速大于横波声速，横波声速又大于表面波声速。

对于钢材，$\sigma \approx 0.28$，$c_L \approx 1.8c_S$，$c_R \approx 0.9c_S$，即 $c_L : c_S : c_R \approx 1.8 : 1 : 0.9$。

2. 细长棒中的纵波声速

在细长棒中（棒径 $d \leqslant \lambda$）轴向传播的纵波声速与无限大介质中纵波声速不同，细长棒中的纵波声速为

$$c_{Lb} = \sqrt{\frac{E}{\rho}} \qquad (3-1-17)$$

综上所述，对于无限大介质影响超声波声速的主要因素是波形、传播介质的弹性性能、工件的尺寸和温度等，而与频率无关（高分子材料除外）。但是，兰姆波的波速并非常数，是传播模式的函数，且与频率有关。

3. 板波声速

板波声速分为相速度和群速度。相速度是指单一频率的声波在介质中的传播速度，群速度是指多个频率相差不多的波在同一介质中传播时互相合成后的包络线的传播速度。相速度与群速度的关系如图 3-1-10 所示。

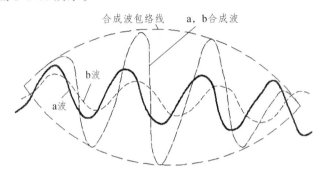

图 3-1-10　相速度与群速度的关系

实际检测中，若是频率单一的连续波，那么板波声速就是相速度；若是脉冲波，那么板波声速就是群速度。由于群速度求解非常困难和繁杂，因此为了方便起见，把脉冲波中振幅最大的频率及其附近频率成分的群速度作为脉冲波的群速度。群速度与相速度一样与 f、d、c_S、c_L 有关。

板波的相速度 c_p 和群速度 c_g 求解计算困难，往往通过查相应速度图来确定。

（二）液体、气体介质中的声速

1. 液体、气体中的声速公式

由于液体和气体只能承受压应力，不能承受剪切应力，因此液体和气体介质中只能传播纵波，不能传播横波和表面波。液体和气体中的纵波波速为

$$c = \sqrt{\frac{B}{\rho}} \qquad\qquad （3-1-18）$$

式中　B——液体、气体介质的容变弹性模量，表示产生单位容积相对变化量所需压强；
　　　ρ——液体、气体介质的密度。

由上式可知，液体、气体介质中的纵波声速与其容变弹性模量和密度有关，介质的容变弹性模量越大、密度越小，声速就越大。

2. 液体介质中的声速与温度的关系

几乎除水以外的所有液体，当温度升高时，容变弹性模量减小，声速降低。唯有水例外，温度在 74℃ 左右时声速达最大值，当温度低于 74℃ 时，声速随温度升高而增加；当温度高于 74℃ 时，声速随温度升高而降低。水中声速与温度的关系如下：

108

$$c_L = 1557 - 0.0245 \times (74 - T_K)^2 \qquad\qquad (3\text{-}1\text{-}19)$$

式中　　T_K——水的温度（℃）。

三、超声波倾斜入射到界面时的反射和折射

超声平面波以一定的倾斜角入射到异质界面上时，就会产生声波的反射和折射，并且遵循反射和折射定律。在一定条件下，界面上还会产生波形转换现象。

（一）斜入射时，界面上的反射、折射和波形转换

1. 超声波在固体界面上的反射

（1）固体中纵波斜入射于固体-气体界面。

图 3-1-11 和图 3-1-12 中，α_L 为纵波入射角，α_{L1} 为纵波反射角，α_{S1} 为横波反射角，其反射定律可用下列数学式表示：

$$\frac{c_L}{\sin\alpha_L} = \frac{c_{L1}}{\sin\alpha_{L1}} = \frac{c_{S1}}{\sin\alpha_{S1}} \qquad\qquad (3\text{-}1\text{-}20)$$

因入射纵波 L 与反射纵波 L_1 在同一介质内传播，故它们的声速相同，即 $c_L = c_{L1}$，所以 $\alpha_L = \alpha_{L1}$。又因同一介质中纵波声速大于横波声速，即 $c_{L1} > c_{S1}$，所以 $\alpha_{L1} > \alpha_{S1}$。

（2）横波斜入射于固体-气体界面。

图 3-1-12 中，α_S 为横波入射角，α_{S1} 为横波反射角，α_{L1} 为纵波反射角。由反射定律可知：

$$\frac{c_S}{\sin\alpha_S} = \frac{c_{S1}}{\sin\alpha_{S1}} = \frac{c_{L1}}{\sin\alpha_{L1}} \qquad\qquad (3\text{-}1\text{-}21)$$

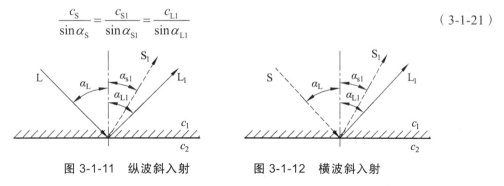

图 3-1-11　纵波斜入射　　　　图 3-1-12　横波斜入射

因入射横波 S 与反射横波 S_1 在同一介质内传播，故它们的声速相同，即 $c_S = c_{S1}$，所以 $\alpha_S = \alpha_{S1}$。又因同一介质中 $c_{L1} > c_{S1}$，所以，$\alpha_{L1} > \alpha_{S1}$。

结论：当超声波在固体中以某角度斜入射于异质面上，同波形的反射角等于入射角，纵波反射角大于横波反射角，或者说横波反射声束总是位于纵波反射声束与法线之间。

2. 超声波的折射

（1）纵波斜入射的折射。

图 3-1-13 中 α_L 为第一介质的纵波入射角，β_L 为第二介质的纵波折射角，β_S 为第二介质

的横波折射角，其折射定律可表示为

$$\frac{c_L}{\sin\alpha_L}=\frac{c_{L2}}{\sin\alpha_L}=\frac{c_{S2}}{\sin\alpha_S}$$ （3-1-22）

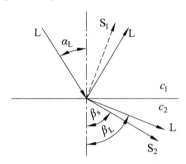

图 3-1-13　纵波斜入射

在第二介质中，因 $c_{L2}>c_{S2}$ ，所以 $\sin\beta_L>\sin\beta_S$ ， $\beta_L>\beta_S$ ，横波折射声束总是位于纵波折射声束与法线之间。

（2）横波斜入射的折射。

横波在固体中斜入射至固/固、固/液界面时（图 3-1-14），其折射规律，可写成：

$$\frac{c_S}{\sin\alpha_S}=\frac{c_{S2}}{\sin\beta_{S2}}=\frac{c_{L2}}{\sin\beta_L}$$ （3-1-23）

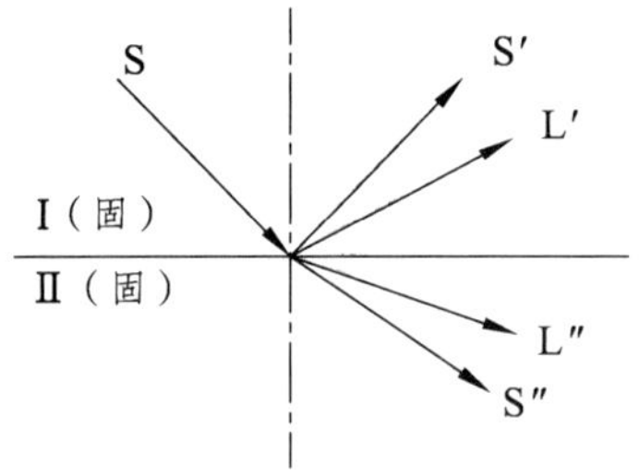

图 3-1-14　横波斜入射

由于气体和液体不能传播横波，所以并不是任何情况下反射波和折射波都有波形的转换。

（二）临界角

1. 纵波第一临界角 α_1

定义如下：纵波斜入射，使固体中 $\beta_L=90°$ 的纵波入射角就是纵波第一临界角，如图 3-1-15 所示，此时

$$\frac{c_L}{\sin\alpha_1}=\frac{c_{L2}}{\sin90°}=c_{L2}\quad \alpha_1=\sin^{-1}\frac{c_L}{c_{L2}}$$ （3-1-24）

入射角大于纵波第一临界角时，第二介质中没有折射纵波。

2. 纵波第二临界角 α_{II}

纵波第二临界角 α_{II} 定义如下：纵波斜入射，使固体中 $\beta_S=90°$ 的纵波入射角就是纵波第二临界角，如图 3-1-16 所示。此时

$$\frac{c_L}{\sin\alpha_{II}} = \frac{c_2}{\sin 90°} = c_{S2} \qquad \alpha_{II} = \sin^{-1}\frac{c_L}{c_{L2}} \tag{3-1-25}$$

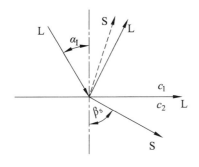

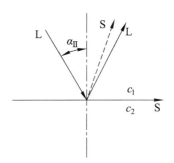

图 3-1-15　纵波第一临界角　　　　图 3-1-16　横波全反射和第二临界角

对于入射角大于纵波第二临界角的所有纵波入射声束，第二介质中没有折射横波。

3. 第三临界角

横波斜入射于固体/空气界面，α_S 为横波入射角；α_{L1} 为纵波反射角，α_{S1} 为横波反射角，此时认为横波在空气中不产生折射现象。因同一介质中，$c_S < c_L$，所以 $\alpha_S < \alpha_{L1}$。当入射角 α_S 达到某一数值时，就可使 $\alpha_{L1} = 90°$，产生横波全反射现象。

定义横波斜入射至固体/空气界面并产生横波全反射的横波入射角为第三临界角，用符号 α_{III} 表示。

$$\frac{c_S}{\sin\alpha_{III}} = \frac{c_{L1}}{\sin 90°} = c_{L1}$$

可得

$$\alpha_{III} = \sin^{-1}\frac{c_S}{c_{L1}} \tag{3-1-26}$$

常用介质的第三临界角见表 3-1-3 所列。

表 3-1-3　常用介质第三临界角

钢/空气	$\alpha_{III} = \sin^{-1}\dfrac{3\,232}{5\,900} = 33.2°$
铝/空气	$\alpha_{III} = \sin^{-1}\dfrac{3\,080}{6\,300} = 29.3°$
有机玻璃/空气	$\alpha_{III} = \sin^{-1}\dfrac{1\,460}{2\,700} = 32.7°$

四、超声波在规则界面上的反射、折射和波型转换规律

超声波检测中所遇到的实际工件界面形状是多种多样的，但比较常见的规则界面有平面、倾斜平面、直角平面、圆柱面等。

（一）倾斜平面上的反射

超声波入射到与主声束不垂直的面（如工件的倾斜底面或与探测面有一倾角的缺陷），相当于超声波斜入射于固体/空气界面，此时不仅可能发生波形转换，而且反射波方向和声压反射系数均会变化，其变化规律与纵波斜入射和横波斜入射于固体/空气、固体/液体界面的情况相同，如图3-1-17图所示。

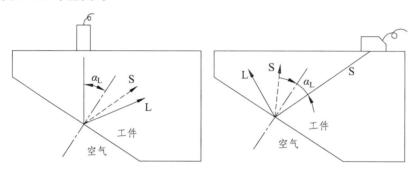

图 3-1-17　超声波在斜平面上的反射

（二）直角平面上的反射

超声波在两个互相垂直平面构成的端面或三个互相垂直平面构成的端角反射时，会产生角反射效应，在实际检测中也较为常见，这些反射有以下规律：

倾斜射到其中一个平面上的入射声束，经两次反射后以平行于入射方向返回，并以过直角顶点且与入射声束平行的直线为轴对称，如图3-1-18所示。

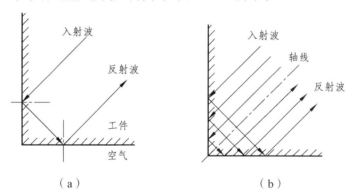

（a）　　　　　　　　　　　　（b）

图 3-1-18　声波在直角平面上的反射

端角反射的声压反射系数取决于入射声波波型和入射角的大小，其变化规律如图3-1-18（a）所示。

由图3-1-18（b）可知，倾斜入射的横波在端角平面内产生的声压反射系数以横波入射角$\alpha_S = 35° \sim 55°$为最高。α_S在$20° \sim 34°$或α_S在$56° \sim 70°$声压反射率为最低。

横波检测时，对垂直于底面的裂缝等缺陷，宜选用与裂缝面夹角$30° \sim 50°$的横波最为有利，而选用$60°$角是很不利的。

五、超声波在单一的平面界面的反射和透射

（一）反射、透射规律的声压、声强表示法

当平面超声波垂直入射于两种声阻抗不同的介质的大平界面上时，反射波以与入射波方向相反的路径返回，且有部分超声波透过界面射入第二介质，如图 3-1-19 所示。平面界面上入射声强为 I，声压为 p；反射声强为 I_a，声压为 p_a；透射声强为 I_t，声压为 p_t。若声束入射一侧介质的声阻抗为 Z_1，透射一侧介质声阻抗为 Z_2，根据界面上声压连续和振速连续的原则，并令 $m = \dfrac{Z_1}{Z_2}$（称声阻抗比），就可得

声压反射系数：

$$\gamma_p = \frac{Z_1 - Z_2}{Z_1 + Z_2} = \frac{I - m}{I + m} \tag{3-1-27}$$

声压透射系数：

$$\tau_p = \frac{2Z_2}{Z_1 + Z_2} = \frac{2}{I + m} \tag{3-1-28}$$

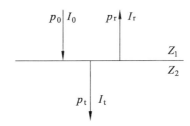

图 3-1-19　超声波在单一平界面上反射和透射

综上可得

$$I + \gamma_p = \tau_p \tag{3-1-29}$$

声强反射率：

$$R = \frac{p_a^2}{p^2} \tag{3-1-30}$$

声强透射率：

$$D = \frac{I_t}{I} \tag{3-1-31}$$

由声强公式（3-1-5）可得

$$D = \frac{I_t}{I} = \frac{p_t^2 / 2Z_2}{p^2 / 2Z_1} = \frac{4Z_1 Z_2}{(Z_1 + Z_2)^2} = \frac{4m}{(1+m)^2} \tag{3-1-32}$$

（二）声压往复透射率

实际检测中的探头常兼作发射和接收声波用，并认为透射至工件底面的声压在钢/空气界面上被完全反射后，再次透过界面后被探头所接收（图 3-1-20），因此，探头接收到的返回声压与入射声压之比，即为声压往复透射率 T_p。

$$T_p = \frac{4Z_1Z_2}{(Z_1+Z_2)^2} = \frac{4m}{(1+m)^2} \qquad （3-1-33）$$

比较式（3-1-32）和式（3-1-33）可以看出，声压往复透射率和声强透射率在数值上相等。

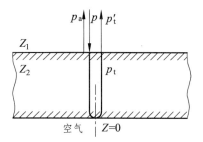

图 3-1-20　声压往复透过率

超声波垂直入射于两种不同声阻抗介质的平面界面，可以有以下 4 种常见的反射和透射情况。

1. $Z_2 > Z_1$

若超声波从水入射到钢中，此时 Z_1（水）$= 1.5 \times 10^6$ kg/（$m^2 \cdot$ s），Z_2（钢）$= 46 \times 10^6$ kg/（$m^2 \cdot$ s）。水/钢界面上声压反射系数为

$$\gamma_p = \frac{Z_2 - Z_1}{Z_1 + Z_2} = \frac{46-1.5}{1.5+46} = 0.937$$

声压透射系数为

$$\tau_p = \frac{2Z_2}{Z_1 + Z_2} = 1 + \gamma_p^2 = 1.937$$

2. $Z_2 < Z_1$

若超声波从钢入射到水中（即钢材水浸检测时工件底面的钢/水界面），此时若 Z_1（钢）$= 46 \times 10^6$ kg/（$m^2 \cdot$ s），Z_2（水）$= 1.5 \times 10^6$ kg/（$m^2 \cdot$ s）。

钢/水界面上声压反射系数为

$$\gamma_p = \frac{Z_2 - Z_1}{Z_1 + Z_2} = \frac{1.5-46}{46+1.5} = -0.937$$

式中　负号表示入射声波与反射声波的相位差 180°。

声压透射系数为

$$\tau_p = \frac{2Z_2}{Z_1 + Z_2} = 1 - \gamma_p = 1 - 0.937 = 0.063$$

3. $Z_2 \gg Z_1$

超声波从固体入射到空气中，如钢工件底面，或如探头直接置于空气中均属具有固体/空气界面的情况。此时若 Z_1（钢）$= 46 \times 10^6$ kg/(m^2·s)，Z_2（空气）$= 0.000\ 4 \times 10^6$ kg/(m^2·s)，钢/空气界面上的声压反射系数为

$$\gamma_p = \frac{Z_2 - Z_1}{Z_1 + Z_2} = \frac{0.000\ 4 - 46}{46 + 0.000\ 4} \approx -1$$

声压透射系数为

$$\tau_p = 1 + \gamma_p = 1 + (-1) = 0$$

这也说明超声波探头与工件硬性接触而无液体耦合剂，若工件表面毛糙，则相当于探头直接置于空气，超声波在晶片/空气界面上将产生100%的反射，而无法透射进入工件。

4. $Z_2 \approx Z_1$

超声波入射至两种声阻抗接近的介质界面上时就是这种情况，如普通碳钢焊缝金属与母材金属两者声阻抗通常仅差1%[即 $Z_2 = (1+0.01)Z_1$]，此时，界面上的声压反射系数为

$$\gamma_p = \frac{Z_2 - Z_1}{Z_1 + Z_2} = \frac{(1+0.01)Z_1 - Z_1}{Z_1 + (1+0.01)Z_1} = \frac{0.01}{2+0.01} \approx 0.5\%$$

声压透射系数为：

$$\tau_p = 1 + \gamma_p = 1 + 0.5\% \approx 1$$

这表明在声阻抗接近的异质界面上反射声压极小，基本上可以忽略，而透射声压与入射声压基本相同，透射声强 $D = 1 - \gamma_p^2 = 1 - (0.5\%) \approx 1$，声能也几乎全部透射到第二介质。

常用物质界面纵波声压往复透射率见表3-1-4。

表3-1-4　常用物质界面纵波声压往复透射率 T（%）

种类	变压器油	水（20°C）	甘油	有机玻璃
钢	11	12.5	19	26
铜	12	13	22	29
铝	26	28	43	55
有机玻璃	80	84	98	100

六、超声波的聚集和发散

超声波是一种频率很高波长很短的机械波，它与可见光一样具有聚焦和发散的特性。由于超声波还可能产生波形转换，因此超声波的聚焦与发散更为复杂。为了便于讨论，这里不考虑波形转换行为。

（一）声压距离公式

对于平面波，波束不扩散，而是互相平行，因此声压不随距离而变化。球面波与柱面波的波束扩散，其声压与距离有关。

1. 球面波声压距离公式

球面波的波阵面为同心球面，球面波声场中的某处质点的振幅与该点至波源的距离成反比，而声压又与振幅成正比，因此球面波的声压与距离成反比。

$$p = \frac{p_1}{x} \tag{3-1-34}$$

式中　p_1——距离为单位 1 处的声压。

2. 柱面波声压距离公式

柱面波的波阵面为同轴柱面，柱面波声场中某处质点的振幅与该点至波源的距离的平方根成反比，而声压与振幅成正比，因此柱面波的声压与距离的平方根成反比。

$$p = \frac{p_1}{\sqrt{x}} \tag{3-1-35}$$

（二）平面波在曲界面上的反射与折射

平面波入射至凹曲面透镜或凸曲面透镜时它们的透射波是会聚还会发散，主要取决于曲面两边介质的声速，图 3-1-21 为平面波入射至曲面透镜时的几种情况。

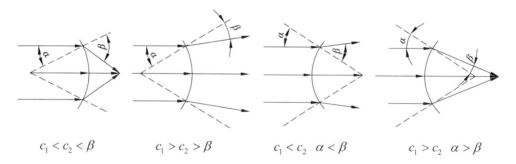

$c_1 < c_2 < \beta$　　　$c_1 > c_2 > \beta$　　　$c_1 < c_2 \ \alpha < \beta$　　　$c_1 > c_2 \ \alpha > \beta$

图 3-1-21　平面波入射至曲面透镜时的几种情况

七、超声波的衰减

超声波在介质中传播时，随着距离的增加，超声波能量逐渐减弱的现象叫作超声波衰减。引起超声波衰减的主要原因是波束扩散、晶粒散射和介质吸收三种。

（一）扩散衰减

超声波在传播过程中，由于波束的扩散，单位面积上的声能（或声压）大为下降，这种超声波的能量随距离增加而逐渐减弱的现象称为扩散衰减。扩散衰减与传播波形和传播距离有关，而与传播介质无关。

对于球面波，声强与传播距离的平方成反比，即 $I \propto \dfrac{1}{x^2}$；声压与传播距离成反比，即 $p \propto \dfrac{1}{x}$。

对于柱面波，声强与传播距离成反比，声压与传播距离的平方根成反比，即 $p \propto \dfrac{1}{\sqrt{x}}$。

对于平面波，声强，声压不随传播距离的变化而变化，不存在扩散衰减。

当波形确定后，扩散衰减只与超声波传播距离（声程）有关。扩散衰减是造成不同声程上相同形状和尺寸反射体回波高度不等的原因之一，这在声压方程中已经解决。

（二）散射衰减

超声波在介质中传播时，遇到声阻抗不同的界面产生散乱反射引起衰减的现象，称为散射衰减。散射衰减与材质的晶粒密切相关，当材质晶粒粗大时，散射衰减严重。被散射的超声波沿着复杂的路径传播到探头，在示波屏上引起林状回波（又叫草波），使信噪比下降，严重时噪声会湮没缺陷波，如图 3-1-22 所示。

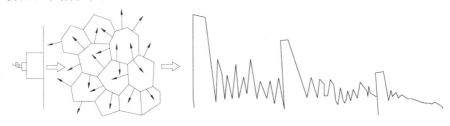

图 3-1-22 林状回波（草波）

（三）吸收衰减

质点离开自己的平衡位置产生振动时，必须克服介质质点间的黏滞力（和内摩擦力）而做功，从而造成声能损耗，这部分损耗的声能也将转换成热能。在超声波传播过程中，这种由于介质的黏滞吸收而将声能转换成热能，从而使声能减少的现象称为吸收衰减或黏滞衰减。在超声波检测中它并不占主要地位。

除了以上三种衰减外，还有位错引起的衰减，磁畴壁引起的衰减和残余应力引起的衰减等。

通常所说的介质衰减是指吸收衰减与散射衰减，不包括扩散衰减。

介质衰减与介质的性质密切相关，因此在实际工作中有时根据底波的次数来衡量材料衰减情况，从而判定材料晶粒度大小，缺陷密集程度、石墨含量以及水中泥沙含量等。

八、超声波发射声场及规则反射体的回波声压

（一）纵波发射声场

1. 圆盘波源辐射的纵波声场

1）波源轴线上声压分布

波源轴线上的任意一点声压幅值约为

117

$$p \approx \frac{p_0 \pi R_s^2}{\lambda x} = \frac{p_0 F_s}{\lambda x} \qquad (3\text{-}1\text{-}36)$$

式中 F_s——波源面积，$F_s = \pi R_s^2 = \pi D_s^2 / 4$。

式（3-1-35）表明，当 $x \geqslant 3N$ 时，圆盘源轴线上的声压与距离成反比，与波源面积成正比。

波源轴线上的声压随距离变化的情况如图 3-1-23 所示。

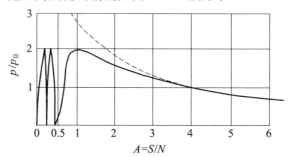

图 3-1-23　圆盘声源轴线上声压分布曲线

（1）近场区：波源附近由于波的干涉而出现一系列声压极大极小值的区域，称为超声场的近场区，又叫菲涅耳区。近场区声压分布不均，是由于波源各点至轴线上某点的距离不同，存在波程差，互相叠加时存在相位差而互相干涉，使某些地方声压互相加强，另一些地方互相减弱，于是就出现声压极大极小值的点。

波源轴线上最后一个声压极大值至波源的距离称为近场区长度，用 N 表示。

$$N = \frac{D_s^2 - \lambda^2}{4\lambda} \approx \frac{D_s^2}{4\lambda} = \frac{R_s^2}{\lambda} = \frac{F_s}{\pi \lambda} \qquad (3\text{-}1\text{-}37)$$

由（3-1-36）式可知，近场区长度与波源面积成正比，与波长成反比。

近场区检测定量是不利的，处于声压极小值处的较大缺陷回波可能较低，而处于声压极大值处的较小缺陷回波可能较高，这样就容易引起误判，甚至漏检，因此应尽可能避免在近场区检测定量。

（2）远场区：波源轴线上至波源的距离 $x>N$ 的区域称为远场区，又叫夫琅和费区。远场区轴线上的声压随距离增加单调减少。当 $x>3N$ 时，声压与距离成反比，近似球面波的规律，$p = p_0 F_s / \lambda x$。这是因为距离 x 足够大时，波源各点至轴线上某一点的波程差很小，引起的相位差也很小，这样干涉现象可略去不计，所以远场区轴线上不会出现声压极大极小值。

2）超声场横截面声压分布。

超声场近场区与远场区各横截面上的声压分布是不同的，如图 3-1-24 至 3-1-26 所示。

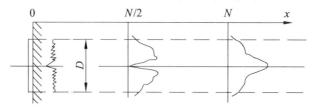

图 3-1-24　圆盘源（$D/\lambda = 16$）近场中在 $x = 0$、$N/2$、N 横截面上声压的分布

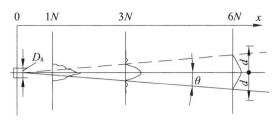

图 3-1-25 圆盘源（$D/\lambda = 16$）近场中在 $x = N$、$3N$、$6N$ 横截面上声压的分布

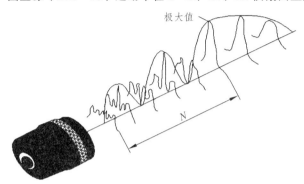

图 3-1-26 圆盘源声场声压沿轴线和横截面分布

在 $x<N$ 的近场区内，存在中心轴线上声压为 0 的截面，如 $x = 0.5N$ 的截面，中心声压为 0，偏离中心声压较高。在 $x \geqslant N$ 的远场区内，轴线上的声压最高，偏离中心声压逐渐降低，且同一横截面上声压的分布是完全对称的。实际检测中，测定探头波束轴线的偏离和横波斜探头的折射角时，规定要在 $2N$ 以外进行就是这个原因。

3）波束指向性和半扩散角

$$\theta_0 = \arcsin\frac{1.12\lambda}{D_S} \approx 70\frac{\lambda}{D_S} \quad (°) \tag{3-1-38}$$

式中　θ_0——圆盘源辐射的纵波声场的第一零值发散角，又称半扩散角。

由于超声波主波束以外的能量很低和介质对超声波的衰减作用，使第一零值发射角以外的波束只能在波源附近传播，因此在波源附近形成一些副瓣。

由 $\theta_0 = 70\lambda/D$ 可知，增加探头直径 D_S，提高检测频率 f，半扩散角 θ 将减小，即可以改善波束指向性，使超声波的能量更集中，有利于提高检测灵敏度（图 3-1-27）。但增大 D_S 和 f，近场区长度 N 增加，对检测不利。因此在实际检测中要综合考虑 D_S 和 f 对 θ_0 及 N 的影响，合理选择 D_S 和 f，一般是在保证检测灵敏度的前提下尽可能减少近场区长度。

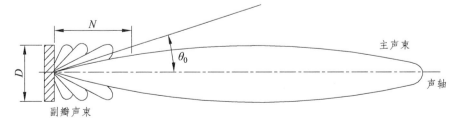

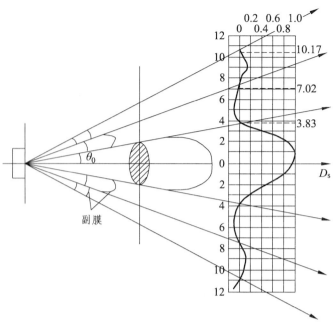

图 3-1-27　圆盘源波束指向性

4）波束未扩散区与扩散区

超声波波源辐射的超声波是以特定的角度向外扩散出去的,但并不是从波源开始扩散的。而是在波源附近存在一个未扩散区 b,其理想化的形状如图 3-1-28 所示。

$$b \approx 1.64N \qquad\qquad\qquad\qquad （3-1-39）$$

在波束未扩散区 b 内,波束不扩散,不存在扩散衰减,各截面平均声压基本相同。因此薄板试块前几次底波相差无几。

到波源的距离 $x > b$ 的区域称为扩散区,扩散区内波束因扩散而衰减。

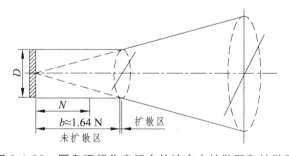

图 3-1-28　圆盘理想化声场中的波束未扩散区和扩散区

2. 近场区在两种介质中的分布

公式 $N = D_S^2 / 4\lambda$ 只适用均匀介质。实际检测中,有时近场区分布在两种不同的介质中,如图 3-1-29 所示的水浸检测,超声波是先进入水,然后再进入钢中。当水层厚度较小时,近场区就会分布在水、钢两种介质中,设水层厚度为 L,则钢中剩余近场区长度 N 为

120

$$N = N_2 - L\frac{c_1}{c_2} = \frac{D_s^2}{4\lambda_2} - L\frac{c_1}{c_2} \quad\quad\quad （3\text{-}1\text{-}40）$$

式中　N_2——介质Ⅱ钢中近场长度；

　　　c_1——介质Ⅰ水中波速；

　　　c_2——介质Ⅱ钢中波速；

　　　λ_2——介质Ⅱ钢中波长。

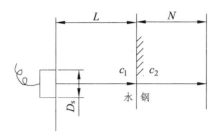

图 3-1-29　近场区在两种介质中的分布

3. 实际声场与理想声场比较

以上讨论的是液体介质，波源做活塞振动，辐射连续波等理想条件下的声场，简称理想声场。实际检测往往是固体介质，波源非均匀激发，辐射脉冲波声场，简称实际声场。它与理想声场是不完全相同的。

由图 3-1-30 可知，实际声场与理想声场在远场区轴线上声压分布基本一致。这是因为，当至波源的距离足够远时，波源各点至轴线上某点的波程差明显减少，从而使波的干涉大大减弱，甚至不产生干涉。

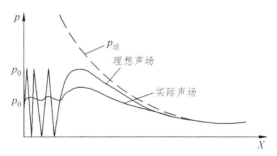

图 3-1-30　实际声场与理想声场声压比较

但在近场区内，实际声场与理想声场存在明显区别。理想声场轴线上声压存在一系列极大极小值，且极大值为 $2p_0$，极小值为零。实际声场轴线上声压虽然也存在极大极小值，但波动幅度小，极大值远小于 $2p_0$，极小值也远大于零，同时极值点的数量明显减少。

（二）规则反射体的回波声压

前面讨论的是超声波发射声场中的声压分布情况，实际检测中常用反射法。反射法是根据缺陷反射回波声压的高低来评价缺陷的大小。然而工件中的缺陷形状性质各不相同，目前的检测技术还难以确定缺陷的真实大小和形状。回波声压相同的缺陷的实际大小可能相差很大，为此特引用当量法。当量法是指在同样的探测条件下，当自然缺陷回波与某人工规则反射体回波等高时，则该人工规则反射体的尺寸就是此自然缺陷的当量尺寸。自然缺陷的实际尺寸往往大于当量尺寸。

超声波检测中常用的规则反射体有平底孔、长横孔、短横孔、球孔和大平底面等，下面分别讨论以上各种规则反射体的回波声压

1. 平底孔回波声压

如图 3-1-31 所示，在 $x \geq 3N$ 的圆盘波源轴线上存在一平底孔（圆片形）缺陷，设波束轴线垂直于平底孔，超声波在平底孔上全反射，平底孔直径较小，表面各点声压近似相等。根据惠更斯原理可以把平底孔当作一个新的圆盘源，其起始声压就是入射波在平底孔处的声压 $p_x = \dfrac{p_0 F_s}{\lambda x}$，探头接收到的平底孔回波声压 p_f 为

$$p_f = \frac{p_0 F_f}{\lambda x} = \frac{p_0 F_s F_f}{\lambda x} \tag{3-1-41}$$

式中　p_0——探头波源的起始声压；

　　　F_s——探头波源的面积，$F_s = \pi D_S^2 / 4$；

　　　F_f——平底孔缺陷的面积，$F_f = \pi D_S^2 / 4$；

　　　λ——波长；

　　　x——平底孔至波源的距离。

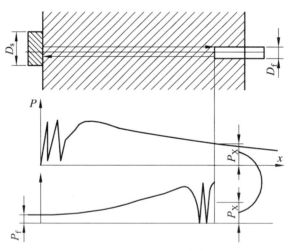

图 3-1-31　平底孔回波声压

由式（3-1-41）可知，当探测条件（F_s，λ）一定时，平底孔缺陷的回波声压或波高与平底孔面积成正比，与距离平方成反比。任意两个距离直径不同的平底孔回波声压之比为

$$\frac{H_1}{H_2} = \frac{p_1}{p_2} = \frac{x_2^2 D_1^2}{x_1^2 D_2^2} \tag{3-1-42}$$

二者回波分贝差为

$$\Delta_{12} = 20\lg\frac{p_1}{p_2} = 40\lg\frac{D_1 x_2}{D_2 x_1} \qquad (3\text{-}1\text{-}43)$$

（1）当 $D_1 = D_2, x_2 = 2x_1$ 时

$$\Delta_{12} = 20\lg\frac{p_1}{p_2} = 40\lg 2 = 12 \ (\text{dB})$$

这说明平底孔直径一定，距离增加一倍，其回波下降 12 dB。

（2）当 $x_1 = x_2 D_1 = 2D_2$ 时

$$\Delta_{12} = 20\lg\frac{p_1}{p_2} = 40\lg\frac{D_1}{D_2} = 40\lg 2 = 12 \ (\text{dB})$$

这说明平底孔距离一定，直径增加一倍，其回波升高 12 dB。

2. 长横孔回波声压

如图 3-1-32 所示，当 $x \geqslant 3N$，超声波垂直入射，全反射，长横孔直径较小，长度大于波束截面尺寸时，超声波在长横孔表面的反射就类似于球面波在柱面镜上的反射。以 $a = x$，$f = D/4$，$p_1/a = p_0 F_s/\lambda x$ 代入球面波在球面上的反射波声压公式：$p_x = \dfrac{p_1}{a}\left|\dfrac{f}{x \pm f\left(1 + \dfrac{x}{a}\right)}\right|$，取"+"，并考虑到 $D \ll x$，从而得到长横孔回声压 p_f 为

$$p_f \approx \frac{p_0 F_s}{2\lambda x}\sqrt{\frac{D}{2x}} \qquad (3\text{-}1\text{-}44)$$

式中　D——长横孔的直径。

由上式可知，探测条件（F_s、λ）一定时，长横孔回波声压与长横孔的直径平方根成正比，与距离的二分之三次方成反比。任意两个距离、直径不同的长横孔回波分贝差为：

$$\Delta_{12} = 20\lg\frac{p_1}{p_2} = 10\lg\frac{D_1 x_2^3}{D_2 x_3^3} \qquad (3\text{-}1\text{-}45)$$

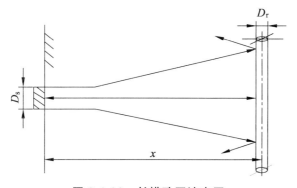

图 3-1-32　长横孔回波声压

（1）当 $D_1 = D_2$，$x_2 = 2x_1$ 时。

$$\Delta_{12} = 20\lg\frac{p_1}{p_2} = 30\lg\frac{x_2}{x_1} = 30\lg 2 = 9 \text{（dB）}$$

这说明长横孔直径一定，距离增加一倍，其回波下降 9 dB。

（2）当 $x_1 = x_2$，$D_1 = 2D_2$ 时。

$$\Delta_{12} = 20\lg\frac{p_1}{p_2} = 10\lg\frac{D_2}{D_1} = 10\lg 2 = 3 \text{（dB）}$$

这说明长横孔距离一定，直径增加一倍，其回波上升 3 dB。

3. 短横孔回波声压

短横孔是长度明显小于波束截面尺寸的横孔，设短横孔直径为 D，长度为 L。当 $x \geq 3N$ 时，超声波在短横孔上的反射回波声压为

$$p_\mathrm{f} = \frac{p_0 F_\mathrm{s}}{\lambda x}\frac{L}{2x}\sqrt{\frac{D}{x}} \tag{3-1-46}$$

由上式可知，当探测条件（F_s，λ）一定时，短横孔回波声压与短横孔的长度成正比，与直径的平方根成正比，与距离的平方成反比。任意两个距离、长度和直径不同短横孔的回波分贝差为

$$\Delta_{12} = 20\lg\frac{p_1}{p_2} = 10\lg\frac{L_1^2}{L_2^2}\cdot\frac{x_2^4}{x_1^4}\cdot\frac{D_1}{D_2} \text{（dB）} \tag{3-1-47}$$

（1）当 $D_1 = D_2$，$L_1 = L_2$，$x_2 = 2x_1$ 时

$$\Delta_{12} = 20\lg\frac{p_1}{p_2} = 40\lg\frac{x_2}{x_1} = 40\lg 2 = 12$$

这说明短横孔直径和长度一定，距离增加一倍，其回波下降 12 dB，与平底孔变化规律相同。

（2）当 $D_1 = D_2$，$x_2 = x_1$，$L_1 = 2L_2$ 时

$$\Delta_{12} = 20\lg\frac{p_1}{p_2} = 40\lg\frac{x_2}{x_1} = 20\lg 2 = 6 \text{（dB）}$$

这说明短横孔直径和距离一定，长度增加一倍，其回波上升 6 dB。

（3）当 $x_2 = x_1$，$L_1 = L_2$，$D_1 = 2D_2$ 时

$$\Delta_{12} = 20\lg\frac{p_1}{p_2} = 40\lg\frac{x_2}{x_1} = 10\lg 2 = 3 \text{（dB）}$$

这说明短横孔长度和距离一定，直径增加一倍，其回波升高 3 dB。

4. 球孔回波声压

如图 3-1-33 所示，设球孔直径为 D，超声波垂直入射，全反射，D 足够小。当 $x \geq 3N$ 时，

球孔回波声压 p_f 为

$$p_f = \frac{p_0 F_s}{\lambda x} \frac{D}{4x} \qquad (3\text{-}1\text{-}48)$$

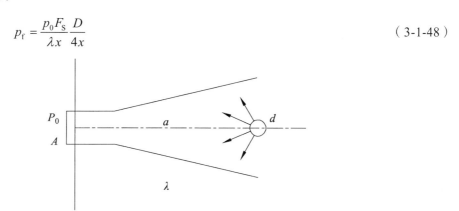

图 3-1-33　球孔回波声压

由上式可知，当探测条件（F_s、λ）一定时，球孔回波声压与球孔的直径成正比，与距离的平方成反比。任意两个直径、距离不同的球孔的回波分贝差为

$$\Delta_{12} = 20\lg\frac{D_1 x_2^2}{D_2 x_3^3} \qquad (3\text{-}1\text{-}49)$$

（1）当 $D_1 = D_2$，$x_2 = 2x_1$ 时。

$$\Delta_{12} = 20\lg\frac{p_1}{p_2} = 40\lg\frac{x_2}{x_1} = 40\lg 2 = 12 \;(\text{dB})$$

这说明球孔直径一定，距离增加一倍，其回波下降 12 dB，与平底孔变化规律相同。

（2）当 $x_1 = x_2$，$D_1 = 2D_2$ 时。

$$\Delta_{12} = 20\lg\frac{p_1}{p_2} = 40\lg\frac{x_2}{x_1} = 20\lg 2 = 6 \;(\text{dB})$$

这说明球孔距离不变，直径增加一倍，其回波上升 6 dB。

5. 大平底面回波声压

如图 3-1-34 所示，当 $x \geqslant 3N$ 时。超声波在与波束轴线垂直、表面光洁的大平底面上的反射就是球面波在平面上的反射，其回波声压 p_B 为

$$p_B = \frac{p_0 F_2}{2\lambda x} \qquad (3\text{-}1\text{-}50)$$

由上式可知，当探测条件（F_s、λ）一定时，大平底面的回波声压与距离成反比。两个不同距离的大平底面回波分贝差为：

$$\Delta_{12} = 20\lg\frac{p_1}{p_2} = 20\lg\frac{x_2}{x_1} \qquad (3\text{-}1\text{-}51)$$

当 $x_2 = 2x_1$ 时

$$\Delta_{12} = 20\lg\frac{p_1}{p_2} = 40\lg\frac{x_2}{x_1} = 20\lg 2 = 6\ (\text{dB})$$

这说明大平底面距离增加一倍,其回波下降 6 dB。

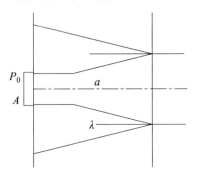

图 3-1-34　大平底回波声压

【任务实施】

超声波是机械波的一种,那么机械波在介质中传播时所表现的特性,超声波也同时具有,如波的干涉、衍射、叠加、反射和折射等。利用超声波探伤实际就是利用超声波在介质中传播时表现出来的特性来判别缺陷。超声波在不同介质中表现出来的特性也不尽相同,所以在实际检测时希望大家能够根据不同的检测场合选择不同的超声波,找出每一处故障隐患,筑牢行车安全的防线。

【心灵驿站】　　　　【头脑风暴】

项目二　超声波检测设备及检测器材

 知识目标

1. 了解超声波检测仪、探头的工作原理、分类和作用。
2. 了解耦合剂、试块的分类和作用。

 能力目标

掌握仪器、探头主要性能及其系统组合性能，能根据探伤需要选用合适的检测设备。

 素质目标

1. 具有深厚的爱国情感和民族自豪感。
2. 具有质量意识、环保意识、安全意识、信息素养、工匠精神、创新思维，有较强的集体意识和团队合作精神。

任务一　超声检测设备

【任务提出】

"工欲善其事，必先利其器"，要提高检测结果的质量，检测设备的重要性不言而喻。那么超声波检测时都需要用到哪些仪器和设备呢？各仪器和设备在超声波检测中又扮演什么样的角色呢？

【任务目标】

1. 掌握常见仪器及设备的种类。
2. 会根据常见缺陷选择对应的检测设备。

【相关知识】

一、超声检测仪器

超声检测仪是超声检测的主体设备，它的作用是产生电振荡并施加于探头上，激励探头发射超声波，同时接收并将来自探头的电信号放大后，以一定方式显示出来，从而得到有关工件内部缺陷的信息。

（一）超声检测仪的分类

1. 按缺陷显示方式分类

（1）A型显示检测仪：A型显示是一种波形显示，检测仪荧光屏的横坐标代表声波的传播时间（或距离），纵坐标代表反射波的幅度。由反射波的位置可以确定缺陷位置，由反射波的幅度可以估算缺陷大小。

（2）B型显示检测仪：B型显示是一种图像显示，检测仪荧光屏的横坐标是靠机械扫描来代表探头的扫查轨迹，纵坐标是靠电子扫描来代表声波的传播时间（或距离），因而可直观地显示出被探工件任一纵截面上缺陷的分布及缺陷的深度。

（3）C型显示检测仪：C型显示也是一种图像显示，检测仪荧光屏的横坐标和纵坐标都是靠机械扫描来代表探头在工件表面的位置。探头接收信号幅度以光点辉度表示，因而，当探头在工件表面移动时，荧光屏上便显示出工件内部缺陷的平面图像，但不能显示缺陷的深度。

A型、B型、C型三种显示分别如图3-2-1所示。

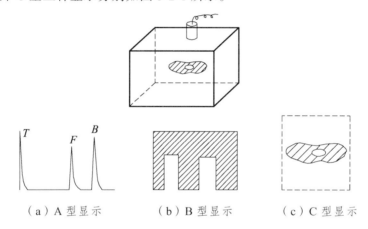

（a）A型显示　　　　　（b）B型显示　　　　　（c）C型显示

图3-2-1　A型、B型、C型显示

2. 按超声波连续性分类

（1）脉冲波检测仪：这种仪器通过探头向工件周期性地发射不连续且频率不变的超声波，根据超声波的传播时间及幅度判断工件中缺陷的位置和大小，这是目前使用最广泛的检测仪。

（2）连续波检测仪：这种仪器通过探头向工件中发射连续且频率不变（或在小范围内周期性变化）的超声波，根据透过工件的超声波强度变化判断工件中有无缺陷及缺陷大小。这种仪器灵敏度低，且不能确定缺陷位置，因而大多已被脉冲波检测仪所代替，但在超声显像及超声共振测厚等方面仍有应用。

（3）调频波检测仪：这种仪器通过探头向工件中发射连续的频率周期性变化的超声波，根据发射波与反射波的差频变化情况判断工件中有无缺陷。以往的调频式路检测仪便采用这种原理。但由于只适宜检查与探测面平行的缺陷，所以这种仪器也大多被脉冲波检测仪所代替。

（二）仪器的维护与保养

超声检测仪是一种比较精密的电子仪器，为减少仪器故障的发生，延长仪器使用寿命，使仪器保持良好的工作状态，应注意对仪器的维护保养，仪器的维护应注意以下几点：

（1）使用仪器前，应仔细阅读仪器使用说明书，了解仪器的性能特点，熟悉仪器各控制开关和旋钮的位置、操作方法和注意事项，严格按说明书要求操作。

（2）搬动仪器时应防止剧烈振动，现场检测尤其高空作业时，应采取可靠保护措施，防止仪器摔碰。

（3）尽量避免在靠近强磁场、灰尘多、电源波动大、有强烈振动及温度过高或过低的场合使用仪器。

（4）仪器工作时应防止雨、雪、水、机油等进入仪器内部，以免损坏仪器线路和元件。

（5）连接交流电源时，应仔细核对仪器额定电源电压，防止错接电源，烧毁元件。使用蓄电池供电的仪器，应严格按说明书进行充电操作。放电后的蓄电池应及时充电，存放较久的蓄电池也应定期充电，否则会影响蓄电池容量甚至无法重新充电。

（6）转或按旋钮时不宜用力过猛，尤其是旋钮在极限位置时更应注意，否则会使旋钮错位甚至损坏。

（7）拔接电源插头或探头插头时，应用手抓住插头壳体操作，不要抓住电缆线拔插。探头线和电源线应理顺，不要弯折扭曲。

（8）仪器每次用完后，应及时擦去表面灰尘、油污，放置在干燥的地方。

（9）在气候潮湿地区或潮湿季节，仪器长期不用时，应定期接通电源开机一次，开机时间约半小时，以驱除潮气，防止仪器内部短路或击穿。

（10）仪器出现故障，应立即关闭电源，及时请维修人员检查修理。切忌随意拆卸，造成故障扩大和发生事故。

二、超声检测探头

在超声波检测中，超声波的发射和接收是通过探头来实现的。下面介绍探头的工作原理、主要性能及其结构。

（一）压电效应

某些晶体等材料在交变拉压应力作用下，产生交变电场的效应称为正压电效应。反之，当晶体材料在交变电场作用下，产生伸缩变形的效应称为逆压电效应。正、逆压电效应统称为压电效应。

超声波探头中的压电晶片具有压电效应，当高频电脉冲激励压电晶片时，发生逆压电效应，将电能转换为声能（机械能），探头发射超声波。当探头接收超声波时，发生正压电效应，将声能转换为电能。由于超声波探头在工作时实现了电能和声能的相互转换，因此常把探头叫作换能器。

具有压电效应的材料称为压电材料，压电材料分单晶材料和多晶材料，常用的单晶材料有石英（SiO_2）、硫酸锂（Li_2SO_4）、铌酸锂（$LiNbO_3$）等。常用的多晶材料有钛酸钡（$BaTiO_3$）、锆钛酸铅（$PbZrTiO_3$，缩写 PZT）、钛酸铅（$PbTiO_3$）等，多晶材料又称压电陶瓷。单晶材料接收灵敏度较高，多晶材料发射灵敏较高。

（二）探头的结构

压电换能器探头一般由压电晶片、阻尼块、接头、电缆线、保护膜和外壳组成。斜探头中通常还有一个使晶片与入射面成一定角度的斜楔块。图 3-2-2 所示为探头的基本结构。

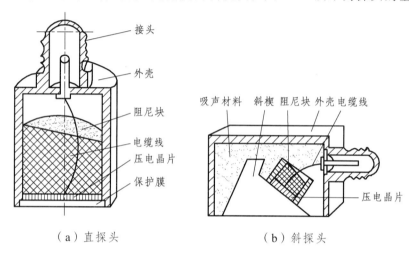

（a）直探头　　　　　　　　　　（b）斜探头

图 3-2-2　探头的基本结构

1. 压电晶片

压电晶片的作用是发射和接收超声波，实现电声换能。晶片的性能决定着探头的性能。

晶片的尺寸和谐振频率，决定发射声场的强度、距离波幅特性与指向性。晶片制作质量的好坏，也关系着探头的声场对称型、分辨力、信噪比等特性。

晶片可制成圆形、方形或矩形。晶片的两面需敷上银层（或金层、铂层）作为电极，以使晶片上的电压能均匀分布。

2. 阻尼块和吸声材料

阻尼块是由环氧树脂和钨粉等按一定比例配成的阻尼材料，其声阻抗应尽可能接近压电晶片的声阻抗，紧贴在压电晶片或楔块后面。阻尼块对压电晶片的振动起阻尼作用，一是可使晶片起振后尽快停下来，从而使脉冲宽度减小，分辨力提高；二是阻尼块还可以吸收晶片向其背面发射的超声波；三是对晶片起支撑作用。

斜探头中，晶片前面已粘贴在斜楔上，背面可不加阻尼块。但斜楔内的多次反射波会形成一系列杂乱信号，故需在斜楔周围加上吸声材料，以减小噪声。

3. 保护膜

保护膜的作用是保护压电晶片不致磨损或损坏，它分为硬保护膜和软保护膜两种。硬保护膜适用于表面粗糙度较高的工件检测。软保护膜可用于表面粗糙度较低的工作检测。当保护膜的厚度为$\lambda_2/4$的奇数倍，且保护膜的声阻抗Z_2为晶片声阻抗Z_1和工件声阻抗Z_3的几何平均值$\left(Z_2=\sqrt{Z_1\cdot Z_3}\right)$时，超声波全透射。

保护膜会使始波宽度增大，分辨力变差，灵敏度降低。在这方面，硬保护膜比软保护膜更严重。石英晶片不易磨损，可不加保护膜。

4. 斜　楔

斜楔是斜探头中为了使超声波倾斜入射到检测面而装在晶片前面的楔块。斜楔使探头的晶片与工件表面形成一个严格的夹角，以保证晶片发射的超声波按设定的倾斜角斜入射到斜楔与工件的界面，从而能在界面处产生所需的波形转换，以便在工件内形成特定波形和角度的声束。同时，斜楔在晶片前面也可起保护作用，就不再需要保护膜了。

斜楔中的纵波波速须小于工件中的纵波波速，具有适当的衰减系数，且耐磨、易加工。

一般斜楔用有机玻璃制成，也有些探头用尼龙、聚合物等其他新材料制作斜楔。有些斜楔在前面开槽，或者将斜楔做成牛角形，使反射波进入牛角而不返回晶片，从而减少杂波。

5. 电缆线

探头与检测仪间的连接需采用高频同轴电缆，这种电缆可消除外来电波对探头的激励脉冲及回波脉冲的影响，并防止这种高频脉冲以电波形式向外辐射。

图3-2-3所示为同轴电缆的截面图。电缆线的中心是单股或多股芯线。芯线的外面是聚乙烯隔层。聚乙烯隔层的外面是金属丝编织的屏蔽层。电缆线的最外面是外皮。对于石英、硫酸锂等介电常数很低的压电晶片制成的探头，电缆的长度。种类的变化会引起探头与检测仪间阻抗匹配情况的较大改变，从而影响检测灵敏度。因此，应选用专用电缆，且在检测过程中不可任意更换，如果更换，应考虑重新进行仪器状态调整。同轴电缆比一般电缆脆弱，弯曲过大时容易损坏，因此，使用探头电缆线要注意，应将电缆线理顺，不可扭折电缆线。

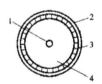

1—芯线；2—外皮；3—金属丝屏蔽层；4—聚乙烯隔层。

图3-2-3　同轴电缆截面图

6. 外　壳

外壳的作用是将各部件组合在一起，并对其进行保护。

（三）常见探头

超声波检测用探头的种类很多：根据波形不同分为纵波探头、横波探头、表面波探头、板波探头等；根据耦合方式分为接触式探头和液（水）浸接头；根据波束分为聚焦探头与非聚焦探头。根据晶片数不同分为单晶探头、双晶探头等；此外，还有高温探头、微型探头等特殊用途探头。下面介绍几种典型探头。

1. 直探头（纵波探头）

直探头用于发射和接收纵波，故又称为纵波探头。以探头直接接触工件表面的方式进行垂直入射纵波检测。直探头主要用于探测与探测面平行的缺陷，如板材、锻件检测等。直探头的结构如图 3-2-4 所示，主要由压电晶片、保护膜、吸收块、电缆接头和外壳等部分组成。一般直探头上标有工作频率和晶片尺寸等主要参数。

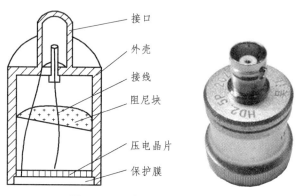

图 3-2-4　直探头结构及外形

2. 斜探头

斜探头可分为纵波斜探头、横波斜探头和表面波斜探头。

纵波斜探头是入射角 $\alpha_L < \alpha_1$ 的探头。它的作用是利用小角度的纵波进行缺陷检测，或在横波衰减过大的情况下，利用纵波穿透能力强的特点进行纵波斜入射检测。纵波斜探头使用时应注意工件中同时存在的横波干扰。

横波斜探头是利用横波进行检测，主要用于探测与探测面垂直或成一定角度的缺陷，如焊缝检测、轮轴镶入部检测等。斜探头的结构如图 3-2-5 所示。由图可知，横波斜探头实际上是直探头加透声斜楔组成，它的晶片不直接与工件接触。

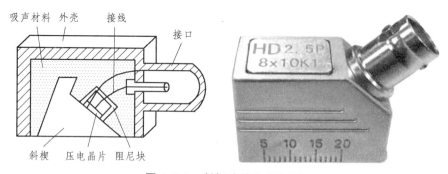

图 3-2-5　斜探头结构及外形

横波斜探头的标称方式有两种：一是以纵波入射角 α_L 来标称，常用的 α_L 有 30°、40°、45°、50°等。二是以钢中横波折射角 β_S 来标称，常用的 β_S 有 40°、45°、50°、60°、70°等。

表面波（瑞利波）斜探头：当斜探头的入射角大于或等于第二临界角时，在工件中便产生表面波。表面波探头是斜探头的一个特例，它用于产生和接收表面波。表面波探头的结构与横波斜探头一样，唯一的区别是斜楔块入射角不同。表面波探头一般标有工作频率和晶片尺寸。表面波探头用于探测表面或近表面缺陷。

3. 双晶探头（分割式探头）

双晶探头有两块压电晶片，一块用于发射超声波，另一块用于接收超声波。根据入射角 α_L 不同，分为双晶纵波探头（ $\alpha_L < \alpha_I$ ）和双晶横波探头（ $\alpha_I < \alpha_L < \alpha_{II}$ ）。双晶探头的结构如 3-2-6 所示。

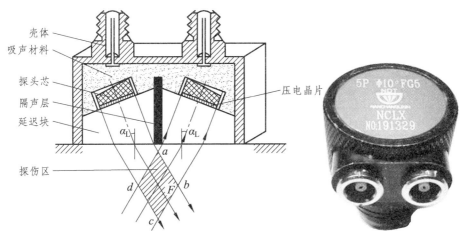

图 3-2-6　双晶探头结构及外形

双晶探头具有以下优点：

（1）杂波少盲区小。双晶探头由两块晶片组成，一发一收，消除了发射压电晶片与延迟块之间的反射杂波。同时由于始脉冲未进入放大器，克服了阻塞现象，使盲区大大减小，为检测近表面缺陷提供了有利条件。

（2）工件中近场区长度小。双晶探头采用了延迟块，缩短了工件中的近场区长度，这对检测是有利的。

（3）双晶探头检测时，对于位于菱形区域（图 3-2-6 中的 *abcd*）内的缺陷灵敏度较高。可以通过改变入射角 α_L 来调整菱形区域范围。α_L 增大，菱形区域向表面移动，在水平方向变扁。α_L 减小，菱形区域向内部移动，在垂直方向变扁。

双晶探头主要用于检测近表面缺陷。

双晶探头上标有工作频率、晶片尺寸和探测深度。

聚焦探头

133

4. 探头型号

探头型号组成及排列顺序如下：

基本频率	晶片材料	晶片尺寸	探头种类	探头特征

基本频率：用阿拉伯数字表示，单位为兆赫兹（MHz）。

晶片材料：用化学元素缩写符号表示，见表3-2-1。

表 3-2-1　晶片材料代号

压电材料	代　号
锆钛酸铅陶瓷	P
钛酸钡陶瓷	B
钛酸铅陶瓷	T
铌酸锂单晶	L
碘酸锂单晶	I
石英单晶	Q
其他压电材料	N

晶片尺寸：用阿拉伯数字表示，单位为毫米（mm）。圆晶片用直径表示；方晶片用长×宽表示；分割探头晶片用分割前的尺寸表示。

探头种类：用汉语拼音缩写字母表示，见表3-2-2（直探头也可不标出）。

表 3-2-2　探头种类代号

种类	代　号
直探头	Z
斜探头（用折射角正切值表示）	K
斜探头（用折射角表示）	X
分割探头	FG
水浸聚焦探头	SJ
表面波探头	BM
可变角探头	KB

探头特征：斜探头钢中折射角正切值用阿拉伯数字表示。钢中折射角用阿拉伯数字表示，单位为度（°）。分割探头钢中声束交区深度用阿拉伯数字表示，单位为毫米（mm）。水浸探头水中焦距用阿拉伯数字表示，单位为毫米（mm）。DJ表示点聚焦，XJ表示线聚焦。

探头型号如图 3-2-7 所示。

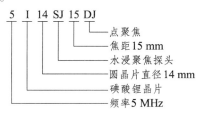

图 3-2-7　探头型号示例

三、耦合剂

当探头和试件之间有一层空气时，超声波的反射率几乎为 100%，即使很薄的一层空气也可以阻止超声波传入试件。因此在检测时排除探头和试件之间的空气非常重要。耦合剂就是为了改善探头和试件间声能的传递而加在探头和检测面之间的液体薄层。耦合剂可以填充探头与试件间的空气间隙，使超声波能够传入试件，这是使用耦合剂的主要目的。除此之外，耦合剂还有润滑作用，可以减少探头和试件之间的摩擦，防止试件表面磨损探头，并使探头便于移动。在液浸法检测中，通过液体实现耦合，此时液体也是耦合剂。常用的耦合剂有水、甘油、变压器油、化学糨糊等。

四、试　块

按一定用途设计制作的具有简单几何形状人工反射体的试样，通常称为试块。试块和仪器、探头一样，是超声波检测中的重要工具。

（一）试块的作用

1. 确定检测灵敏度

超声波检测灵敏度太高或太低都不好，太高杂波多，判伤困难，太低会引起漏检。因此，在超声波检测前，常用试块上某一特定的人工反射体来调整检测灵敏度。

2. 测试仪器和探头的性能

超声波检测仪和探头的一些重要性能，如放大线性、水平线性、动态范围、灵敏度余量、分辨力、盲区、探头的入射点、折射角等都是利用试块来测试的。

3. 调整扫描速度

利用试块可以调整仪器示波屏上水平刻度值与实际声程之间的比例关系，即扫描速度，以便对缺陷进行定位。

4. 评判缺陷的大小

利用某些试块绘出的距离-波幅曲线（即 DAC 曲线）来对缺陷定量，是目前常用的定量方法之一。特别是 $3N$ 以内的缺陷，采用试块比较法仍然是最有效的定量方法。

此外，还可利用试块来测量材料的声速、衰减性能等。

（二）试块的分类

1. 按试块的来历

（1）标准试块：标准试块是由权威机构制定的试块，试块材质、形状、尺寸及表面状态都由权威部门统一规定，如国际焊接学会 1 型参考试块和 2 型参考试块。

（2）参考试块：参考试块是由各部门按某些具体检测对象定制的试块，如 CS-1 试块、CSK-ⅠA 试块等。

2. 按试块上人工反射体

（1）平底孔试块：一般平底孔试块上加工有底面为平面的平底孔，如 CS-1、CS-2 试块。

（2）横孔试块：横孔试块上加工有与探测面平行的长横孔或短横孔，如焊缝检测中 CSK-ⅠA（长横孔）和 CSK-ⅢA（短横孔）试块。

（3）槽形试块：槽形试块上加工有三角尖槽或矩形槽，如无缝钢管检测中所用的试块，内、外圆表面就加工有三角尖槽。

此外，还有其他分类方法，这里不再赘述。

（三）常用试块简介

国内外无损检测界根据不同的应用目的设计和制作了大量的试块。这些试块有国际组织推荐的，有国家或部颁标准规定的，有行业或厂家自行规定的，下面选择国内外常用的几种试块加以介绍。

常用试块简介

1. IIW 试块

IIW 参考试块是国际焊接学会标准试块(IIW 是国际焊接学会的缩写)，该试块是荷兰代表首先提出来的，故称荷兰试块。IIW 试块结构尺寸如图 3-2-8 所示，材质为 20 号钢，正火处理，晶粒度 7 ~ 8 级。

2. IIW2 试块

IIW2 试块也是荷兰代表提出来的国际焊接学会标准试块，由于外形类似牛角，故又称牛角试块。与 IIW 试块相比，IIW2 试块重量轻、尺寸小、形状简单、容易加工和便于携带，但功能不及 IIW 试块。IIW2 试块的材质同 IIW，其结构尺寸和反射特点如图 3-2-9 所示。

3. CSK-IA 试块

CSK-IA 试块其结构及主要尺寸如图 3-2-10 所示，它是在 IIW 试块基础上改进得到的。

4. 半圆试块

半圆试块是目前广泛应用的一种试块，其特点是加工方便，便于携带，材质同 IIW。半圆试块结构和反射特点如图 3-2-11 所示。

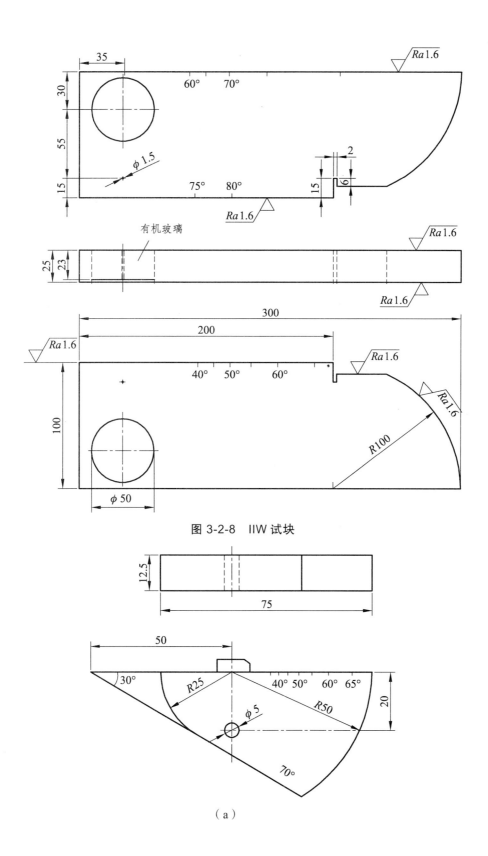

图 3-2-8 IIW 试块

（a）

137

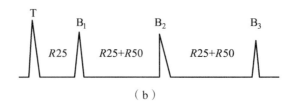

（b）

图 3-2-9　ⅡW2 型参考试块

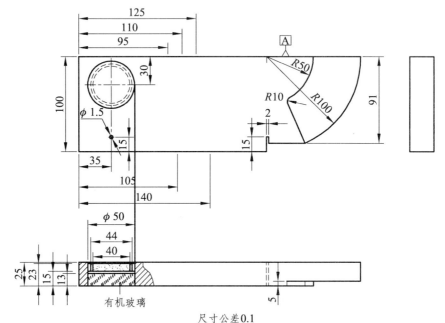

尺寸公差0.1
各边不垂直度不大于0.05

图 3-2-10　CSK-1 A 试块

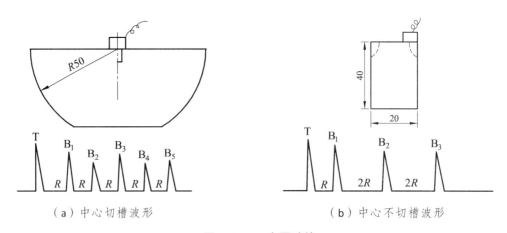

（a）中心切槽波形　　　　　　　　　（b）中心不切槽波形

图 3-2-11　半圆试块

5. CS-1 和 CS-2 试块

CS-1 和 CS-2 试块是平底孔标准试块,材质一般为45号碳素钢。CS-1 试块结构如图 3-2-12（a）所示，CS-2 试块结构如图 3-2-12（b）。

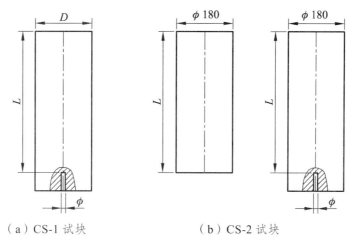

（a）CS-1 试块   （b）CS-2 试块

图 3-2-12　CS-1 与 CS-2 试块

（四）试块的使用和维护

（1）试块应在适当部位编号，以防混淆。

（2）试块在使用和搬运过程中应注意保护，防止碰伤或擦伤。

（3）使用试块时应注意清除反射体内的油污和锈蚀。常用抹油细布将锈蚀部位抛光，或用合的去锈剂处理。平底孔在清洗干燥后用尼龙塞或胶合剂封口。

（4）注意防止试块锈蚀，使用后长时间存放，要涂敷防锈剂。

（5）要注意防止试块变形，如避免火烤，平板试块尽可能立放防止重压。

【任务实施】

超声波检测时，需要用到超声波检测仪、探头、耦合剂和试块，它们是超声波检测的重要设备及器材，对超声检测系统的检测能力起决定性作用。超声波检测仪是超声检测的主体设备，它激励探头发射超声波，同时接收并将工件内部缺陷的信息显示出来；探头的作用是发射和接收超声波；耦合剂能排除探头与工件表面之间的空气间隙，使超声波能有效地进入工件，还能减少摩擦减小探头磨损；试块的作用是确定检测灵敏度、测试仪器和探头的性能、调整扫描速度和评判缺陷的大小的设备。

任务二　仪器和探头的性能

【任务提出】

在上一个任务中我们学习了超声波探伤时需要使用到的仪器和设备，其中对工件的超声检测就是通过超声波仪器和探头的组合来进行的。因此，了解两者及其组合的性能是极为重要的。例如，仪器发射电脉冲的频率和接收电路的带宽以及与探头频率响应的不匹配，就可能直接影响到检测结果的真实性、可靠性。探头的组合性能都包括哪些？我们如何根据仪器及设备的性能选择对应的设备进行有效检测呢？

【任务目标】

1. 掌握常见仪器及设备的独立性能。
2. 了解各设备之间的组合性能。

【相关知识】

一、超声波仪器的主要性能

（一）脉冲发射部分

脉冲发射这部分性能主要有发射电压、发射脉冲上升时间、发射脉冲宽度和发射脉冲频谱。其中，脉冲频谱与前几个参数是相关的。脉冲上升时间直接与频谱的带宽相关，脉冲上升时间越短，则频带越宽。在仪器技术指标中，常给出发射电压幅度和脉冲上升时间，作为发射部分的性能指标。

发射电压幅度也就是发射脉冲幅度，它的高低主要影响发射的超声波能量；脉冲上升时间则与可用的超声波频率有关，上升时间短，频带宽，频率上限也高，则可配用的探头频率相应也高。同时，脉冲上升时间短，脉冲宽度也可减小，从而可减小盲区，提高分辨力。

（二）接收部分

接收部分的性能主要有垂直线性、频率响应、噪声电平、最大使用灵敏度、衰减器准确度以及与示波管结合的性能，包括垂直偏转极限、线性范围和动态范围。

垂直线性是指输入到超声波检测仪器接收电路的信号幅度与其在仪器显示器上所显示的幅度成正比关系的程度。在用波幅评定缺陷尺寸的时候，垂直线性对测试准确度影响较大。

频率响应又称接收电路带宽，常用频带的上、下限频率表示。采用宽带探头时，接收电路的频带要包含探头的频带，才能保证波形不失真。

噪声电平是指空载时最大灵敏度下的电噪声的幅度。它的大小会限制仪器可用的最大灵敏度。

最大使用灵敏度是指信噪比大于 6 dB 时可检测的最小信号的峰值电压。它表示的是系统接收微弱信号的能力。

衰减器准确度反映的是衰减器读数的增减与显示的信号幅度变化之间的对应关系。它对仪器灵敏度调整、缺陷当量的评定均有重要意义。

垂直偏转极限是指示波管上 Y 偏转最大时，对应的刻度值。通常要求大于满刻度值（100%）。

垂直线性范围是在规定了垂直线性误差值后，垂直线性在误差范围内的显示屏上的信号幅度范围，通常用上、下限刻度值（%）表示。

动态范围是指在增益不变的情况下，仪器可运用的一段信号幅度范围，在此范围内信号不过载或畸变，也不至过小而难以观测。动态范围通常用满足上述条件的最大输入信号与最小输入信号之比的分贝值表示。

（三）时基部分

时基部分的性能包括水平线性、脉冲重复频率以及与示波管结合的性能，包括水平偏转极限和线性范围。

水平线性又称时基线性，或者扫描线性。水平线性指的是输入到仪器中的不同回波的时间间隔与仪器显示屏时基线上回波的间隔成正比关系的程度。水平线性主要取决于扫描电路产生的锯齿波的线性。水平线性影响缺陷位置确定的准确度。

脉冲重复频率是发射电路每秒钟发射脉冲的次数。

水平偏转极限是示波管上 X 偏转最大时，对应的刻度值。通常要求大于满刻度值（100%）。

水平线性范围是水平线性在规定误差范围内的时基线刻度范围。在使用时，可根据水平线性范围调整仪器的时基线，使要测量的信号位于该范围内。

二、超声波探头的主要性能

探头的主要性能包括频率响应、相对灵敏度、时间域响应、电阻抗、距离幅度特性、声束扩散特性、斜探头的入射点和折射角、声轴偏斜角和双峰等。

频率响应：在给定的反射体上测得的探头的脉冲回波频率特征。在用频谱分析仪测试频率特性时，从所得频谱图中可得到探头的中心频率、峰值频率、带宽等参数。

相对灵敏度：以脉冲回波方式，在规定的介质、声程和反射体上，衡量探头电声转换效率的一种度量。其表达式在不同标准中有不同的规定，如 GB/T 18694—2002《无损检测 超声检验 探头及其声场的表征》中规定为探头输出的回波电压峰－峰值与施加在探头上的激励电压峰-峰值之比；而 JB/T 10062—1999《超声检测用探头性能测试方法》中则规定为被测探头在规定的反射体上的回波幅度与石英晶片固定试块回波幅度之比。

时间域响应：通过回波脉冲的形状、脉冲宽度（长度）、峰数等特征来评价探头的性能。脉冲宽度与峰数是以不同形式来表示所接收回波信号的持续时间。脉冲宽度为在低于峰值幅度的规定水平上所测得的脉冲（回波）前沿和后沿之间的时间间隔。峰数为在所接收信号的波形持续时间内，幅度超过最大幅度的 20%（－14 dB）的周数。脉冲宽度越窄，峰数越少，则探头阻尼效果越好。这样的探头分辨力好，但灵敏度略低。

距离幅度特性、声束扩散特性、声轴偏斜角和双峰，均属于探头的声场特性。由于介质衰减以及探头频率成分的非单一性等原因，实际声场测量结果与理论计算结果会有所差异，因此，进行声场的实际测量是有必要的。

距离幅度特性：探头声轴上规定反射体回波声压随距离变化的曲线。距离幅度特性可测出声场的最大峰值距探头的距离、远场区幅度随距离下降的快慢等。

声束扩散特性：指不同距离处横截面上声压下降至声轴上声压值的 – 6 dB 时的声束宽度。由于声束扩散，所以不同距离处声束宽度也不同。相同距离处不同探头的声束宽度变化情况与半扩散角有关。

声轴偏斜角：反映的是声束轴线与探头的几何轴线偏斜的程度。双峰是指声束轴线沿横向移动时，同一反射体产生两个波峰的现象。声轴偏斜角和双峰均是与声束横截面上的声压分布相关的性能，反映的是最大峰值偏离探头中心轴线的情况。此性能将会影响缺陷水平位置的确定。

斜探头的入射点和折射角：实际超声检测中经常用到的参数，每次检测时均要进行测量。入射点指斜楔中纵波声轴入射到探头底面的交点；折射角的标称值指钢中横波的折射角，由斜楔的角度决定。两者均是探头制作完成时的固定参数，但随着使用中探头斜楔的磨损，两个参数均会改变。

三、探头选择的原则

超声波检测中，超声波的发射和接收都是通过探头来实现的。探头的种类很多，结构形式也不一样。检测前，应根据被检对象的形状、衰减和技术要求来选择探头。探头的选择包括探头的形式、频率、晶片尺寸和斜探头折射角的选择等。

（一）探头形式的选择

常用的探头形式有纵波直探头、横波斜探头、纵波斜探头、表面波探头、双晶探头、聚焦探头等。一般根据工件的形状和可能出现缺陷的部位、方向等条件来选择探头的形式，使声束轴线尽量与缺陷垂直。

纵波直探头只能发射和接收纵波，波束轴线垂直于探测面，主要用于探测与探测面平行的缺陷，如锻件、钢板中的夹层、折叠等缺陷。

横波斜探头是通过波形转换来实现横波检测的，主要用于探测与探测面垂直或成一定角度的缺陷，如焊缝中的未焊透、夹渣、未溶合等缺陷。

纵波斜探头在工件中既有纵波也有横波，但由于纵波和横波的速度不同加以识别，主要用于探测与探测面垂直或成一定角度的缺陷，如焊缝中的裂纹、未溶合、未焊透、夹渣等缺陷。

表面波探头用于探测工件表面缺陷，双晶探头用于探测工件近表面缺陷，聚焦探头用于水浸探测管材或板材。

（二）探头频率的选择

超声波检测频率在 0.5 ~ 10 MHz，选择范围大。一般选择频率时应考虑以下因素。

（1）由于波的绕射，使超声波检测灵敏度约为$\frac{\lambda}{2}$，因此提高频率，有利于发现更小的缺陷。

（2）频率高，脉冲宽度小，分辨力高，有利于区分相邻缺陷。

（3）由$\theta_0 = \arcsin 1.22\frac{\lambda}{D}$可知，频率高，波长短，则半扩散角小，声束指向性好，能量集中，有利于发现缺陷并对缺陷定位。

（4）由$N = \frac{D^2}{4\lambda}$可知，频率高，波长短，近场区长度大，对检测不利。

（5）由$a_3 = C_2 F d^3 f^4$可知，频率增加，衰减急剧增加。

由以上分析可知，频率的高低对检测有较大的影响。频率高，灵敏度和分辨力高，指向性好，对检测有利。但频率高，近场区长度大，衰减大，又对检测不利。实际检测中要全面分析考虑各方面的因素，合理选择频率。一般在保证检测灵敏度的前提下尽可能选用较低的频率。

对于晶粒较细的锻件、轧制件和焊接件等，一般选用较高的频率，常用 2.5 ~ 5.0 MHz。对晶粒较粗大的铸件、奥氏体钢等宜选用较低的频率，常用 0.5 ~ 2.5 MHz。如果频率过高，就会引起严重衰减，示波屏上出现林状回波，信噪比下降，甚至无法检测。

（三）探头晶片尺寸的选择

探头圆晶片尺寸一般为$\phi 10 \sim \phi 30$ mm，晶片大小对检测也有一定的影响，选择晶片尺寸时要考虑以下因素。

（1）由$\theta_0 = \sin 1.22\frac{\lambda}{D}$可知，晶片尺寸增加，半扩散角减少，波束指向性变好，超声波能量集中，对检测有利。

（2）由$N = \frac{D^2}{4\lambda}$可知，晶片尺寸增加，近场区长度迅速增加，对检测不利。

（3）晶片尺寸大，辐射的超声波能量大，探头未扩散区扫查范围大，远距离扫查范围相对变小，发现远距离缺陷能力增强。

以上分析说明晶片大小对声束指向性，近场区长度、近距离扫查范围和远距离缺陷检出能力有较大影响。实际检测中，检测面积范围大的工件时，为了提高检测效率宜选用大晶片探头。检测厚度大的工件时，为了有效地发现远距离的缺陷宜选用大晶片探头。检测小型工件时，为了提高缺陷定位宜精度宜选用小晶片探头。检测表面不太平整，曲率较大的工件时，为了减少耦合损失宜选用小晶片探头。

（四）横波斜探头折射角的选择

在横波检测中，探头的折射角对检测灵敏度、声束轴线的方向，一次波的声程（入射点至底面反射点的距离）有较大的影响。对于用有机玻璃斜探头检测钢制工件，$\beta s = 40°$（$K = 0.84$）左右时，声压往复透射率最高，即检测灵敏度最高。βs大，一次波的声程大。因此在实际检测中，当工件厚度较小时，应选用较大的βs，以便增加一次波的声程，避免近场区检测。当工件厚度较大时，应选用较小的βs，以减少声程过大引起的衰减，便于发现深度较大处的缺陷。在焊缝检测中，还要保证主声束能扫查整个焊缝截面。对于单面焊根部未焊透，还要考虑端角反射问题，应尽量使βs在35°~55°（$K = 0.7 \sim 1.5$）。

【任务实施】

仪器和探头的性能包括仪器的性能、探头的性能以及仪器与探头的组合性能。仪器的性能仅与仪器有关，如仪器的水平线性、垂直线性、衰减器精度、脉冲重复频率和动态范围等。探头的性能仅与探头有关，如探头回波频率、声场结构（主声束偏斜角、双峰）、空载始波宽度、入射点、折射角等。仪器与探头的组合性能不仅与仪器有关，还与探头有关，如分辨力、盲区、灵敏度余量等。

仪器、探头组合性能指标往往随检测工件不同而不同，一般均在专用规范中进行规定。

【知识拓展】　　　　【心灵驿站】　　　　【头脑风暴】

项目三　超声波检测方法及其应用

知识目标

1. 了解超声波检测的方法及对应分类。
2. 了解超声波检测仪的调节方法。
3. 掌握常用的缺陷定位及定量方法。

能力目标

1. 掌握超声波检测方法。
2. 掌握超声波检测技术要领。
3. 掌握基本的轮对压装部位超声波检测流程及检测方法。
4. 掌握基本的车轮超声波检测流程及检测方法。
5. 掌握基本的螺栓超声波检测流程及检测方法。

素质目标

1. 遵纪守法、崇德向善、诚实守信、尊重生命、热爱劳动，履行道德准则和行为规范，具有社会责任感和社会参与意识；
2. 具有质量意识，能做到精检细修，用实际行动践行工匠精神。

任务一　超声波检测的方法

【任务提出】

针对每个检测对象，根据检测目的及被检工件的形状、尺寸、材质等选择不同检测方法。了解各超声波检测方法的优点和局限性，有助于选择正确的方法，提高检测针对性。通过对这些方法的学习可熟悉超声波检测技术和工艺，有助于对超声波检测时的耦合损耗选择补偿方法，对缺陷正确地定位和定量。

超声波检测方法分类

以焊缝为例，在检测的过程中，都有哪些注意事项？检测出缺陷之后又如何完成对缺陷的定位和定量呢？

【任务目标】

1. 掌握表面耦合补偿的方法。

2. 会调节检测仪器，并能够选择合适的检测方法，正确判定缺陷的位置和大小。

【相关知识】

一、表面耦合损耗的测定和补偿

在实际检测中，当调节检测灵敏度用的试块与工件表面粗糙度、曲率半径不同时，往往由于工件耦合损耗大而使检测灵敏度降低。为了弥补耦合损耗，必须增大仪器的输出来进行补偿。

（一）耦合损耗的测定

为了恰当地补偿耦合损耗，应首先测定工件与试块表面耦合损耗的分贝差。

一般的测定耦合损耗差的方法为在表面耦合状态不同，其他条件（如材质、反射体、探头和仪器等）相同的工件和试块上测定二者回波或穿透波高分贝差。

首先制作两块材质与工件相同、表面状态不同的试块。一块为对比试块，表面状态与一般检测试块相同；另一块为待测试块，表面状态同工件。分别在两试块同深度处加工相同的长横孔反射体，然后将探头分别置于两试块上，如图 3-3-1 所示，测出二者长横孔回波高度的 ΔdB 差，此 ΔdB 即为二者耦合损耗差。

以上是一次波检测时耦合损耗差的测定法。当用二次波检测时，常用一发一收的双探头穿透法测定。

当工件与试块厚度、底面状态相同时，只需在同样探测条件下用穿透法测定二者反射波高的 ΔdB 即可。

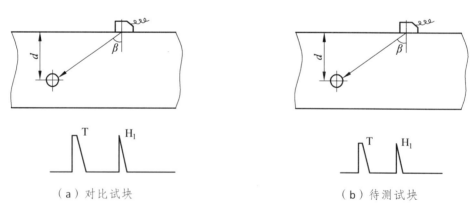

（a）对比试块　　　　　　　　　　　　　　　　　　（b）待测试块

图 3-3-1　耦合损耗 dB 差值的测定

（二）补偿方法

设测得的工件与试块表面耦合差补偿是 ΔdB。具体补偿方法如下：

先用"衰减器"衰减ΔdB，将探头置于试块上调好检测灵敏度，然后再用"衰减器"增益ΔdB（即减少ΔdB衰减量），这时耦合损耗恰好得到补偿，试块和工件上相同反射体回波高度相同。

二、检测仪的调节

在实际检测中，为了在确定的探测范围内发现规定大小的缺陷，并对缺陷定位和定量，就必须在探测前调节好仪器的扫描速度和灵敏度。

（一）扫描速度的调节

仪器示波屏上时基扫描线的水平刻度值τ与实际声程x（单程）的比例关系，即$\tau:x=1:n$称为扫描速度或时基扫描线比例。它类似地图比例尺，如扫描速度$1:2$表示仪器示波屏上水平刻度1 mm表示实际声程2 mm。

检测前应根据探测范围来调节扫描速度，以便在规定的范围内发现缺陷并对缺陷定位。

调节扫描速度的一般方法是根据探测范围利用已知尺寸的试块或工件上的两次不同反射波的前沿分别对准相应的水平刻度值来实现。不能利用一次反射波和始波来调节，因为始波与一次反射波的距离包括超声波通过保护膜、耦合剂（直探头）或有机玻璃斜楔（斜探头）的时间，这样调节扫描速度误差大。

下面分别介绍纵波、横波、表面波检测时扫描速度的调节方法。

1. 纵波扫描速度的调节

纵波检测一般按纵波声程来调节扫描速度。具体调节方法是，将纵波探头对准厚度适当的平底面或曲底面，使两次不同的底波分别对准相应的水平刻度值。

例如，探测厚度为400 mm工件，扫描速度为$1:4$，现得用1型参考试块来调节。将探头对准试块上厚为 100 mm 的底面，调节仪器上"深度微调""脉冲移位"等旋钮，使底波B_2、B_4分别对准水平刻度50、100，这时扫描线水平刻度值与实际声程的比例正好为$1:4$，如图3-3-2（a）所示。

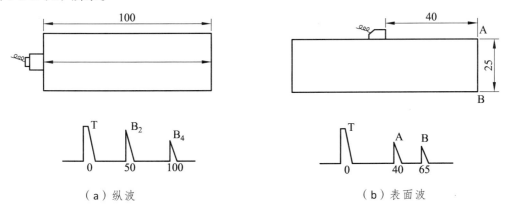

（a）纵波　　　　　　　　　　　　（b）表面波

图 3-3-2　纵波、表面波扫描速度的调节

2. 表面波扫描速度的调节

表面波检测一般也是按声程调节扫描速度，具体调节方法基本与纵波相同。只是表面波不能在同一反射体上形成多次反射。调节时要利用两个不同的反射体形成的两次反射波分别对准相应的水平刻度值来调节。如图 3-3-2（b）所示，探头置于图示位置，调节仪器使棱边 A、B 的反射波 A 波和 B 波分别对准水平刻度值 40、65 这时表面波扫描速度为 1∶1。

3. 横波扫描速度的调节

如图 3-3-3 所示，横波检测时，缺陷位置可由折射角 β 和声程 x 来确定，也可由缺陷的水平距离 l 和深度 d 来确定。

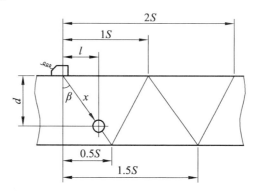

图 3-3-3　横波检测缺陷位置的确定

一般横波扫描速度的调节方法有三种：声程调节法、水平调节法和深度调节法。以声程调节法为例：声程调节法是使示波屏上的水平刻度值 τ 与横波声程 x 成比例，即 $\tau∶x=1∶n$。这时，仪器示波屏上直接显示横波声程。

按声程调节横波扫描速度可在 1 型参考试块、CSK-ⅠA、2 型参考试块、半圆试块以及其他试块或工件上进行。

以 CSK-ⅠA 型参考试块为例，如图 3-3-4 所示，将横波探头直接对准 $R50$ mm 和 $R100$ mm 圆弧面，使回波 B_1（$R50$）对准 50 mm，B_2（$R100$）对准 100 mm，于是横波扫描速度 1∶1 和 "0" 点同时调好校准。

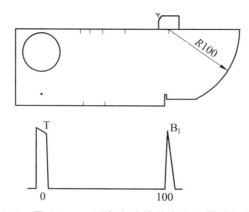

图 3-3-4　用 CSK-IA 型参考试块按声程调横波扫描速度

（二）检测灵敏度的调节

检测灵敏度是指在确定的声程范围内发现规定大小缺陷的能力。

调整检测灵敏度的目的在于发现工件中规定大小的缺陷，并对缺陷定量。检测灵敏度太高或太低都对检测不利。灵敏度太高，示波屏上杂波多，判伤困难。灵敏度太低，容易引起漏检。

一般根据产品技术要求或有关标准确定。可通过调节仪器上的"增益""衰减器""发射强度"等灵敏度旋钮来实现。

实际检测中，在粗探时为了提高扫查速度而又不致引起漏检，常常将检测灵敏度适当提高，这种在检测灵敏度的基础上适当提高后的灵敏度叫作扫查灵敏度。

调整检测灵敏度的常用方法有试块调整法、工件底波调整法、AVG 曲线法和 DAC 曲线法等。以下是试块调整法和工件底波调整法的示例。

1. 试块调整法

根据工件对灵敏度的要求选择相应的试块，将探头对准试块上的人工缺陷，调整仪器上的有关灵敏度旋钮，使示波屏上人工缺陷的最高反射回波达基准波高，这时灵敏度就调好了。

例如，钢板是利用 $\phi 5$ 平底孔来调整灵敏度的。具体方法是：探头对准 $\phi 5$ 平底孔，"衰减器"保留一定的衰减余量，"抑制"至"0"，调"增益"使 $\phi 5$ 平底孔最高回波达示波屏满幅度 50%，这时灵敏度就调好了。

又如，超声波检测厚度为 100 mm 的锻件，检测灵敏度要求是，不允许存在 $\phi 2$ 平底孔当量大小的缺陷。检测灵敏度的调整方法是，先加工一块材质、表面粗糙度、声程与工件相同的 $\phi 2$ 平底孔试块，将探头对准 $\phi 2$ 平底孔，仪器保留一定的衰减余量，"抑制"至"0"调"增益"使 $\phi 2$ 平底孔的最高回波达到一基准波高（例如 80%或 50%），这时检测灵敏度就调好了。

2. 工件底波调整法

利用试块调整灵敏度，操作简单方便，但需要加工不同声程不同当量尺寸的试块，成本高，携带不便。同时，还要考虑工件与试块因耦合和衰减不同进行补偿。如果利用工件底波来调整检测灵敏度，那么既不要加工任何试块，又不需要进行补偿。

利用工件底波调整检测灵敏度是根据工件底面回波与同深度的人工缺陷（如平底孔）回波分贝差为定值，这个定值可以由下述理论公式计算出来。

$$\Delta = 20 \lg \frac{p_B}{p_f} = 20 \lg \frac{2\lambda x}{\pi D^2} \quad (x \geqslant 3N) \tag{3-3-1}$$

式中　x——工件厚度；

　　　D——要求探出的最小平底孔尺寸。

利用底波调整检测灵敏度时，将探头准工件底面，仪器保留足够的衰减余量，一般大于 $\Delta +$（6~10）dB（考虑搜索灵敏度），"抑制"至"0"，调"增益"使底波 B_1 最高达基准高（如 80%），然后用"衰减器"增益 ΔdB（即衰减余量减少 ΔdB），这时检测灵敏度就调好了。

由于理论公式只适用于 $x \geqslant 3N$ 的情况，因此利用工件底波调灵敏度的方法也只能用于厚度尺寸 $x \geqslant 3N$ 的工件，同时要求工件具有平行底面或圆柱曲底面，且底面光洁干净。当底面粗糙或有水油时，将使底面反射率降低，底波下降，这样调整的灵敏度将会偏高。

例如，用 2.5P20Z（2.5 MHz/ϕ 20 mm 直探头）检测厚度 $x = 400$ mm 的饼形钢制工件，钢中 $c_L = 5\,900$ m/s，检测灵敏度为 400/ϕ2 平底孔（在 400 mm 处发现 ϕ2 平底孔缺陷）。

利用工件底波调整灵敏度的方法如下。

（1）计算：利用理论计算公式算出 400 mm 处大底度与 ϕ2 平底孔回波的分贝差 Δ 为

$$\Delta = 20\lg \frac{p_B}{p_{\phi 2}} = 20\lg \frac{2\lambda x}{\pi D^2} = 20\lg \frac{2 \times 2.36 \times 400}{3.14 \times 2^2} = 43.5 \approx 44 \quad (\text{dB})$$

（2）调整：将探头对准工件大平底面，"衰减器"衰减 50 dB，调"增益"使底波 B_1 达 80%，然后使"衰减器"的衰减量减少 44 dB，即"衰减器"保留 6 dB，这时 ϕ2 灵敏度就调好了，也就是说这时 400 mm 处的平底孔回波正好达基准高（即 400 mm 处 ϕ2 回波高为 6 dB）。如果粗探时为了便于发现缺陷，可采用使"衰减器"再去 6 dB 的搜索灵敏度来进行扫查。但当发现缺陷以后对缺陷定量时，衰减器应打回到 6 dB。

利用试块和底波调整检测灵敏度的方法应用条件不同。利用底波调整灵敏度的方法主要用于具有平底面或曲底面大型工件的检测，如锻件检测。利用试块调整灵敏度的方法主要用于无底波和厚度尺寸小于 $3N$ 的工件检测，如焊缝检测、钢板检测、钢管检测等。

此外，还可以利用工件某些特殊的固有信号来调整检测灵敏度，如在螺栓检测中常利用螺纹波来调整检测灵敏度。

三、缺陷位置的测定

超声波检测中缺陷位置的测定是确定缺陷在工件中的位置，简称定位。一般可根据示波屏上缺陷波的水平刻度值与扫描速度来对缺陷定位。

（一）纵波（直探头）检测时缺陷定位

仪器按 1:n 调节纵波扫描速度，缺陷波前沿所对的水平刻度值为 τ_f、测缺陷至探头的距隔 x_f 为

$$x_f = n\tau_f \tag{3-3-2}$$

若探头波束轴线不偏离，则缺陷正位于探头中心轴线上。

例如，用纵波直探头检测某工件，仪器按 1:2 调节纵波扫描速度，检测中示波屏上水平刻度值 70 处出现一缺陷波，那么此缺陷至探头的距离 x_f

$$x_f = r\pi_f = 2 \times 70 = 140 \quad (\text{mm})$$

（二）表面波检测时缺陷定位

表面波检测时，缺陷位置的确定方法基本同纵波。只是缺陷位于工件表面，并正对探头中心轴线。

例如，表面波检测某工件，仪器按 1：1 调节表面波扫描速度，检测中在示波屏水平刻度 60 处出现一缺陷波，则此缺陷至探头前沿距离 x_f 为

$$x_f = n\tau_f = 1 \times 60 = 60 \ （mm）$$

（三）横波检测平面时缺陷定位

横波斜探头检测平面时，波束轴线在探测面处发生折射，工件中缺陷的位置由探头的折射角和声程确定或由缺陷的水平和垂直方向的投影来确定。由于横波速度可按声程、水平、深度来调节，因此缺陷定位的方法也不一样。以声程调节扫描速度为例：

仪器按声程 1：n 调节横波扫描速度，缺陷波水平刻度为 τ_f。

一次波检测时，如图 3-3-5（a）所示，缺陷至入射点的声程 $x_f = n\tau_f$，如果忽略横线孔直径，则缺陷在工件中的水平距离 l_f 和深度 d_f 为

$$\begin{cases} l_f = x_f \sin\beta = n\tau_f \sin\beta \\ d_f = x_f \cos\beta = n\tau_f \cos\beta \end{cases} \qquad （3\text{-}3\text{-}3）$$

二次波检测时，如图 3-3-5（b）所示，缺陷至入射点的声程 $x_f = n\tau_f$，则缺陷在工件中的水平距离 l_f 和深度 d_f 为

$$\begin{cases} l_f = x_f \sin\beta = n\tau_f \sin\beta \\ d_f = 2T - x_f \cos\beta = 2T - n\tau_f \cos\beta \end{cases} \qquad （3\text{-}3\text{-}4）$$

式中　T——工件厚度；

　　　β——探头横波折射角。

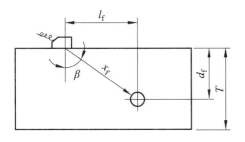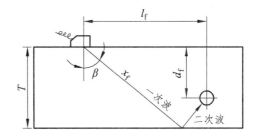

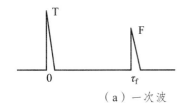

（a）一次波　　　　　　　　　　　　　（b）二次波

图 3-3-5　横波检测缺陷定位

四、缺陷大小的测定

缺陷定量是探伤中进行质量评价的重要环节，直接涉及对工件是否判废。缺陷定量包括确定缺陷的大小和数量，而缺陷的大小指缺陷的面积和长度。

目前，在工业超声波检测中，对缺陷的定量的方法很多，但均有一定的局限性。常用的定量方法有当量法、底波高度法和测长法三种。当量法和底波高度法用于缺陷尺寸小于声束截面的情况，测长法用于缺陷尺寸大于声束截面的情况。

（一）当量法

该法适用于小于声束直径的小缺陷。

采用当量法确定的缺陷尺寸是缺陷的当量尺寸。"当量法"是指在实际缺陷上的反射回波声压，可用与它同声程的某种标准几何反射体上的回波声压来相当。若二者的反射回波声压相等，即认为该人造缺陷与实际缺陷是同当量的。

必须注意，采用"当量法"得到的缺陷大小并非试件中存在的缺陷的实际大小，只是从缺陷上反射声压相当于某个标准缺陷的反射声压而得到的一种相对大小，故称为"当量"。实际上，由于缺陷的几何形状复杂，表面状况、方向性和缺陷性质各不相同，因而其中的声吸收和声散射比标准反射体要复杂得多，所以实际缺陷要比所确定的当量缺陷大 3～5 倍，甚至更大。为此，先制作一批试块，在试块内加工出不同大小和深度的人造缺陷（平底孔、长横孔、短横孔、球孔等，用来代表不同类型和不同大小的缺陷当量），然后测出同一深度下不同大小的人造缺陷对应的反射波高度，以及同一缺陷大小不同深度下的反射波高度，制作出"人工缺陷大小-反射波高度"曲线以及"缺陷存在深度-反射波高度"曲线。

绘制该曲线时要记录下所用的频率、探头直径、输出和增益等条件。在实际探伤时，发现工件有缺陷，需立即调整实际探伤的条件(频率、探头等)与所作曲线时的条件相同，然后根据荧光屏上缺陷波高度及与始波的距离即可由曲线中查出缺陷大小和深度。

"当量法"的原理是建立在超声场中圆形活塞声场的声压分布规律的基础之上的。

当 $x \geqslant 3N$ 时，规则反射体的回波声压变化规律基本符合理论回波声压公式。当量计算法就是根据检测中测得的缺陷波高的 dB 值，利用各种规则反射体的理论回波声压公式进行计算来确定缺陷当量尺寸的定量方法。应用当量计算法对缺陷定量不需要任何试块，是目前广泛应用的一种当量法。下面以纵波探伤为例来说明平底孔当量计算法。

当 $x \geqslant 3N$ 时，

大平底回波声压公式：$p_{\mathrm{B}} = \dfrac{p_0 F_{\mathrm{S}}}{2\lambda x_{\mathrm{B}}} \mathrm{e}^{-\frac{2^{ax}B}{8.68}}$ 　　　　　　　　　　（3-3-5）

平底孔回波声压公式：$p_{\mathrm{f}} = \dfrac{p_0 F_{\mathrm{S}} F_{\mathrm{f}}}{\lambda^2 x_{\mathrm{f}}^2} \mathrm{e}^{-\frac{2^{ax}f}{8.68}}$ 　　　　　　　　　（3-3-6）

不同距离处的大平底与平底孔回波分贝差为

$$\Delta_{Bf}=20\lg\frac{p_B}{p_f}=20\lg\frac{2\lambda x_f^2}{\pi D_f^2 x_B}+2\alpha(x_f-x_B) \tag{3-3-7}$$

式中　Δ_{Bf}——底波与缺陷波的 dB 差；

$\qquad x_f$——缺陷至探测面的距离；

$\qquad x_B$——底面至探测面的距离；

$\qquad D_f$——缺陷的当量平底孔直径；

$\qquad \lambda$——波长；

$\qquad \alpha$——材质衰减系数（单程）。

不同平底孔回波分贝差为

$$\Delta_{12}=20\lg\frac{p_{f1}}{p_{f2}}=40\lg\frac{D_{f1}x_2}{D_{f2}x_1}+2a(x_2-x_1) \tag{3-3-8}$$

式中　Δ_{12}——平底孔 1、2 的 dB 差；

$\qquad D_{f1}$、D_{f2}——平底孔 1、2 的当量直径；

$\qquad x_1$、x_2——平底孔 1、2 的距离。

利用以上两式和测试结果可以算出缺陷的当量平底孔尺寸。不考虑材质衰减时，可令式（3-3-7）和（3-3-8）中衰减系数 α 为 0。

例题 1

用 4P14 直探头检测 400 mm 钢制工件，材料衰减系数 α = 0.01 dB/mm，发现距探测面 250 mm 处有一缺陷，此缺陷回波工件完好区底面回波的分贝差为 – 22 dB，求此缺陷的平底孔当量尺寸（钢中 c_L = 5 900 m/s）

解：由已知条件得：

$$\lambda=\frac{5.9}{4}=1.48 \text{（mm）}$$

$$N=\frac{D^2}{4\lambda}=33 \text{（mm）}$$

因为 x_f = 250 mm > 3 N，x_B = 400 > 3 N，可以采用当量计算法。

将 x_f = 250 mm，λ = 1.48 mm，ΔdB = –16 dB，x_B = 250 mm，α = 0.01 dB/mm，代入式（3-3-7），可得：D_f = 4 mm，即此缺陷的当量平底孔尺寸为 4 mm。

（二）"距离-波幅-缺陷当量"（AVG）曲线法

当量 AVG 曲线法是利用通用 AVG 或实用 AVG 曲线来确定工件中缺陷的当量尺寸。所谓 AVG 曲线，是将缺陷距离、缺陷波高(幅度或声压)及缺陷大小两个参数绘于同一坐标系中而制成的曲线图。它源于德文字母 Abstand (距离)、Verstarnung (增益)和 Grobe(大小)。AVG 曲线可用于灵敏度调整和缺陷定量,根据其通用性分为通用 AVG 和实用 AVG。

1. 通用 AVG 曲线图

为了消除探头声程、探头尺寸、频率等因素的影响，必须对标准反射体的反射声压公式中有关量进行标准化处理，以使 AVG 曲线图具有通用性。具体分析计算见表 3-3-1。在通用 AVG 曲线图中，常以归一化缺陷距离 A 为横坐标，并用对数 $\lg A$ 进行分度，以波幅增益 V（dB）为纵坐标，且每一个归一化缺陷大小 G 值对应一条相应的曲线。如图 2.66 所示是大平底面和平底孔的通用 AVG 曲线图。

表 3-3-1　大平底面和平底孔的通用 AVG 曲线分析、计算

	归一化缺陷距离	归一化缺陷大小	波幅增益量
基本量	$A=\dfrac{x_{\mathrm{f}}}{N}$	$G=\dfrac{D_{\mathrm{f}}}{D}$	$V_{\mathrm{f}}=20\lg\dfrac{H_{\mathrm{f}}}{H_{\mathrm{o}}}=200\lg\dfrac{P_{\mathrm{f}}}{P_{\mathrm{o}}}-20$（dB）
大平底面	$A=\dfrac{X_{\mathrm{B}}}{N}=\dfrac{4\lambda X_{\mathrm{B}}}{D^{2}}$	—	$V_{\mathrm{B}}=20\lg R_{\mathrm{B}}=20\lg\dfrac{\pi}{2}-20\lg A_{\mathrm{B}}$
平底孔	$A=\dfrac{X_{\mathrm{f}}}{N}=\dfrac{4\lambda X_{\mathrm{f}}}{D^{2}}$	$G=\dfrac{\phi}{D}$	$V_{\mathrm{f}}=20\lg R_{\mathrm{f}}=40\lg\pi+40\lg G-40\lg A$

注：N 是近场长度；D_{f} 是缺陷直径；ϕ 是平底孔直径；D 是晶片直径。

值得注意的是，表 3-3-1 中各式应用的前提条件是 x>3N。对于近场，由于存在声波的干涉，而这种干涉又取决于脉冲的形式和声源激发情况，故须实测。将实测值和计算值合并，即可得到一张包括近场和远场区的曲线图，即 AVG 曲线（图 3-3-6）。AVG 曲线中声程大于 3N 的部分是计算得出的，计算时假设超声场均匀、频率单一、声波连续、材料无衰减，实际上并不能满足这些条件。通用 AVG 图适用于各种尺寸的探头和不同距离的平底孔缺陷当量的计算，对其他类型的缺陷，可根据形状系数加以修正。

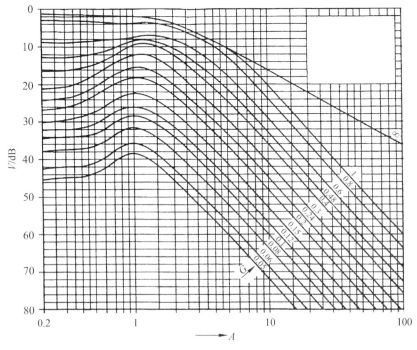

图 3-3-6　通用 AVG 曲线

2. 实用（专用）AVG曲线

使用通用 AVG 图，需要反复地对归一化距离与实际声程（$xf = A \cdot N$）、归一化缺陷大小与实际缺陷大小($Df = G \cdot D$)进行互相换算，实际应用中极不方便。为此，人们又常采用一种以实际声程（mm）为横坐标，以平底孔直径（mm）标注各当量曲线的"实用AVG图"，但是它只适用于特定尺寸和频率的探头。

为了使用方便，人们将 AVG 曲线绘制成标尺面板，镶嵌在荧光屏前面，探伤时可直接从面板上读出缺陷当量大小。

（三）测长法

当工件中缺陷尺寸大于声束截面时，一般采用测长法来确定缺陷的长度。

测长法是根据缺陷波高与探头移动距离来确定缺陷的尺寸。按规定的方法测定的缺陷长度称为缺陷的指示长度。由于实际工件中缺陷的取向、性质、表面状态等都会影响缺陷回波高，因此缺陷的指示长度总是小于或等于缺陷的实际长度。

测长法分类

根据测定缺陷长度时的灵敏度基准不同将测长法分为相对灵敏度法、绝对灵敏度法和端点峰值法。

（四）底波高度法

底波高度法是利用缺陷波与底波的相对波高来衡量缺陷的相对大小。

底波高度法分类

当工件中存在缺陷时，由于缺陷反射，使工件底波下降。缺陷愈大，缺陷波愈高，底波就愈低，缺陷波高与底波波高之比就愈大。

五、影响缺陷定位、定量的主要因素

目前A型脉冲反射式超声波检测仪是根据荧光屏上缺陷波的位置和高度来评价被检工件中缺陷的位置和大小，然而影响缺陷波位置和高度的因素很多。了解这些影响因素，对于提高定位、定量精度是十分有益的。

（一）影响缺陷定位的主要因素

1. 仪器的影响

（1）仪器水平线性：仪器水平线性的好坏对缺陷定位有一定的影响。当仪器水平线性不佳时，缺陷定位误差大。

（2）仪器水平刻度精度：仪器时基线比例是根据示波屏上水平刻度值来调节的，当仪器水平刻度不准时，缺陷定位误差增大。

2. 探头的影响

（1）声束偏离：无论是垂直入射还是倾斜入射检测，都假定波束轴线与探头晶片几何中心重合，但实际上这两者往往难以重合。当实际声束轴线偏离探头几何中心轴线较大时，缺陷定位精度定会下降。

（2）探头双峰：一般探头发射的声场只有一个主声束，远场区轴线上声压最高。但有些探头性能不佳，存在两个主声束。发现缺陷时，不能判定是哪个主声束发现的，因此也就难以确定缺陷的实际位置。

（3）斜楔磨损：横波探头在检测过程中，斜楔将会磨损。当操作者用力不均时，探头斜楔前后磨损不同。当斜楔后面磨损较大时，折射角增大，探头折射角增大。当斜楔前面磨损较大时，折射角减小。此外，探头磨损还会使探头入射点发生变化，影响缺陷定位。

（4）探头指向性：探头半扩散角小，指向性好，缺陷定位误差小，反之定位误差大。

3. 工件的影响

（1）工件表面粗糙度：工件表面粗糙，不仅耦合不良，而且由于表面凹凸不平，使声波进入工件的时间产生差异。当凹槽深度为$\lambda/2$时，则进入工件的声波相位正好相反，这样就犹如一个正负交替变化的次声源作用在工件上，使进入工件的声波互相干涉形成分叉，如图 3-3-7 所示，从而使缺陷定位困难。

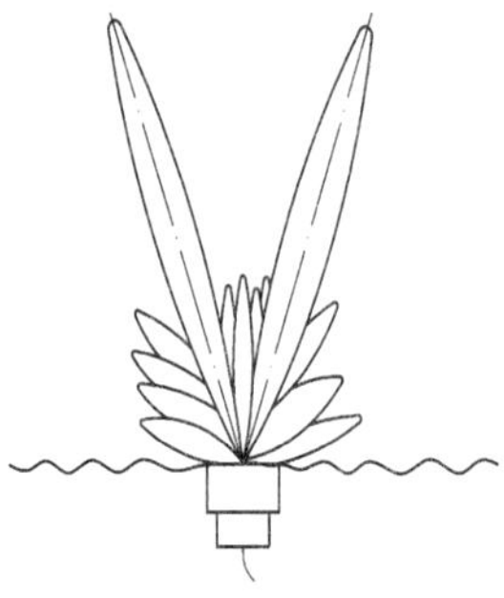

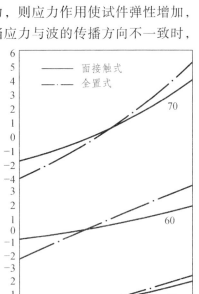

图 3-3-7　粗糙表面引起的声束分叉

（2）工件材质：工件材质对缺陷定位的影响可从声速和内应力两方面来讨论。当工件与试块的声速不同时，就会使探头的折射角发生变化。另外，工件内应力较大时，将使声波的传播速度和方向发生变化。当应力方向与波的传播方向一致时，若应力为压缩应力，则应力作用使试件弹性增加，这时声速加快。反之，若应力为拉伸应力，则声速减慢。当应力与波的传播方向不一致时，波动过程中质点振动轨迹受应力干扰，使波的传播方向产生偏离，影响缺陷定位。

（3）工件表面形状：探测曲面工件时，探头与工件接触有两种情况。一种是平面与曲面接触，这时为点或线接触，握持不当，探头折射角容易发生变化。另一种是将探头斜楔磨成曲面，探头与工件曲面接触，这时折射角和声束形状将发生变化，影响缺陷定位。

（4）工件边界：当缺陷靠近工件边界时，由于侧壁反射波与直接入射波在缺陷处产生干涉，使声场声压分布发生变化，声束轴线发生偏离、使缺陷定位误差增加。

（5）工件温度：探头的折射角一般是在室温下测定的。当探测的工件温度发生变化时，工件中的声速发生变化，使探头的折射角随之发生变化，如图 3-3-8 所示。图中曲线表示$\beta>45°$的探头折射角变化情况。当温度低于20°时，$\beta<45°$。当温度高于20°时，$\beta>45°$。

（6）工件中缺陷情况：工件内缺陷方向也会影响缺陷

图 3-3-8　温度对折射角的影响

156

定位。缺陷倾斜时，扩散波未入射至缺陷时回波较高；而定位时误认为缺陷在轴线上，从而导致定位不准。

4. 操作人员的影响

（1）仪器时基线比例：仪器时基线比例一般在试块上调节，当工件与试块的声速不同时，仪器的时基线比例发生变化，影响缺陷定位精度。另外，调节比例时，回波前沿没有对准相应水平刻度或读数不准。使缺陷定位误差增加。

（2）入射点、折射角：横波探测时，当测定探头的入射点、折射角误差较大时，也会影响缺陷定位。

（3）定位方法不当：横波周向探测圆筒形工件时，缺陷定位与平板不同，若仍按平板工件处理，那么定位误差将会增加，要用曲面试块修正，否则定位误差大。

（二）影响缺陷定量的因素

1. 仪器及探头性能的影响

仪器和探头性能的优劣，对缺陷定量精度影响很大。仪器的垂直线性、衰减器精度、频率、探头形式、晶片尺寸、折射角大小等都直接影响回波高度。因此，在检测时，除了要选择垂直线性好、衰减器精度高的仪器外，还要注意频率、探头形式、晶片尺寸和折射角的选择。

（1）频率的影响：由 $\Delta_{Bf} = 20 \lg \dfrac{2\lambda x_f^2}{\pi D_f^2 x_B} = 20 \lg \dfrac{2c x_f^2}{\pi f D_f^2 x_B}$ 可知，超声波频率 f 对于大平底与平底孔回波高度的分贝差 Δ_{Bf} 有直接影响。f 增加，Δ_{Bf} 减少，f 减少。Δ_{Bf} 增加。因此在实际检测中，频率 f 偏差不仅影响利用底波调节灵敏度，而且影响用当量计算法对缺陷定量。

（2）衰减器精度和垂直线性的影响：A 型脉冲反射式超声波检测仪是根据相对波高来对缺陷定量的。而相对波高常用衰减器来度量。因此衰减器精度直接影响缺陷定量，衰减器精度低定量误差大。

当采用面板曲线图对缺陷定量时，仪器的垂直线性好坏将会影响缺陷定量精度。垂直线性差，定量误差大。

（3）探头形式和晶片尺寸的影响：不同部位不同方向的缺陷，应采用不同形式的探头。如锻件、钢板中的缺陷大多平行于探测面，宜采用纵波直探头。焊缝中危险性大的缺陷大多垂直于探测面。宜采用横波探头。对于工件表面缺陷，宜采用表面波探头。对于近表面缺陷，宜采用分割式双晶探头。这样定量误差小。

晶片尺寸影响近场区长度和波来指向性，因此对定量也有一定的影响。

（4）探头折射角的影响：超声波倾斜入射时，声压往复透射率与入射角有关。对于横波折射角斜探头而言，不同折射角的探头的灵敏度不同。因此探头折射角的偏差也会影响缺陷定量。特别是横波检测平板对接焊缝根部未焊透等缺陷时，不同折射角探头探测同一根部缺陷，其回波高相差较大，当 $K = 0.7 \sim 1.5$（$\beta s = 35° \sim 55°$）时，回波较高，当 $K = 1.5 \sim 2.0$（βs

$= 55° \sim 63°$）时，回波很低，容易引起漏检。

2. 耦合与衰减的影响

（1）耦合的影响：超声波检测中，耦合剂的声阻抗和耦合层厚度对回波高度有较大的影响。

当耦合层厚度等于半波长的整数倍时，声强透射率与耦合剂性质无关。当耦合层厚度等于$\lambda/4$的奇数倍，声阻抗为两侧介质声阻抗的几何平均值（$Z_2 = \sqrt{Z_1 Z_3}$）时，超声波全透射。因此，实际检测中耦合剂的声阻抗，对探头施加的压力大小都会影响缺陷回波高度，进而影响缺陷定量。

此外，当探头与调灵敏度用的试块和被探工件表面耦合状态不同时，而又没有进行恰当的补偿，也会使定量误差增加，精度下降。

（2）衰减的影响：实际工件是存在介质衰减的，由介质衰减引起的分贝差$\Delta = 2ax$可知，当衰减系数a较大或距离x较大时，由此引起的衰减Δ也较大。这时如果仍不考虑介质衰减的影响，那么定量精度势必受到影响。因此在检测晶粒较粗大和大型工件时，应测定材质的衰减系数a，并在定量计算时考虑介质衰减的影响。以便减少定量误差。

3. 试件几何形状和尺寸的影响

试件底面形状不同，回波高度不一样，凸曲面使反射波发散，回波降低；凹曲面使反射波聚，回波升高。对于圆柱体而言，外圆径向探测实心圆柱体时。入射点处的回波声压理论上同平底面试件。但实际上由于圆柱面耦合不及平面，因而其回波低于平底面。实际检测中应综合考虑以上因素对定量的影响，否则会使定量误差增加。

试件底面与探测面的平行度以及底面的粗糙度、干净程度也对缺陷定量有较大的影响。当试件底面与探测面不平行、底面粗糙或沾有水迹、油污时将会使底波下降，这样利用底波调节的灵敏度将会偏高，缺陷定量误差增加。

当探测试件侧壁附近的缺陷时，由于侧壁干涉而使定量不准，误差增加。侧壁附近的缺陷，靠近侧壁探测回波低，远离侧壁探测反而回波高。为了减少侧壁的影响，宜选用频率高、晶片直径大、指向性好的探头探测或横波探测。必要时，还可采用试块比较法来定量，以便提高定量精度。

试件尺寸的大小对定量也有一定的影响。当试件尺寸较小，缺陷位于 $3N$ 以内时，利用底波调灵敏度并定量，将会使定量误差增加。

4. 缺陷的影响

（1）缺陷形状的影响：试件中实际缺陷的形状是多种多样的，缺陷的形状对其回波波高有很大影响。平面形缺陷波高与缺陷面积成正比。与波长的平方和距离的平方成反比；球形缺陷波高与缺陷直径成正比，与波长的一次方和距离的平方成反比；比圆柱形缺陷波高与缺陷直径的 1/2 次方成正比，与波长的一次方和距离的 3/2 次方成反比。

对于各种形状的点状缺陷，当尺寸很小时，缺陷形状对波高的影响就变得很小。当点状缺陷直径远小于波长时，缺陷波高正比于缺陷平均直径的三次方，即随缺陷大小的变化十分急剧。缺陷变小时，波高急剧下降，很容易下降到检测仪不能发现的程度。

（2）缺陷方位的影响：前面谈到的情况都是假定超声波入射方向与缺陷表面是垂直的，但实际缺陷表面相对超声波入射方向往往不垂直。因此对缺陷尺寸估计偏小的可能性很大。

声波垂直缺陷表面时缺陷波最高。当有倾角时，缺陷波高随入射角的增大而急剧下降。图 3-3-9 给出一光滑面的回波波高随声波入射角变化的情况。声波垂直入射时，回波波高为 1，当声波入射角为 2.5°时，波幅下降到 1/10，倾斜 12°时，下降至 1/1 000，此时仪器已不能检出缺陷。

（3）缺陷波的指向性：缺陷波高与缺陷波的指向性有关，缺陷波的指向性与缺陷大小有关，而且差别较大。

垂直入射于圆平面形缺陷时，当缺陷直径为波长的 2~3 倍以上时，具有较好的指向性，缺陷回波较高。当缺陷直径低于上述值时，缺陷波指向性变坏，缺陷回波降低。

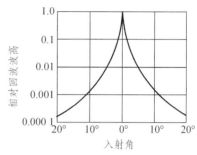

图 3-3-9　光滑面波高与入射角的关系

当缺陷直径大于波长的 3 倍时，不论是垂直入射还是倾斜入射，都可把缺陷对声波的反射看成镜面反射。当缺陷直径小于波长的 3 倍时，缺陷反射不能看成镜面反射，这时缺陷波能量呈球形分布。垂直入射和倾斜入射都有大致相同的反射指向性。表面光滑与否，对反射波指向性已无影响。因此，检测时倾斜入射也可能发现这种缺陷。

（4）缺陷表面粗糙度的影响：缺陷表面光滑与否，用波长衡量。如果表面凹凸不平的高度差小于 1/3 波长，就可认为该表面是平滑的，这样的表面反射声束类似镜子反射光束。否则就是粗糙表面。

对于表面粗糙的缺陷，当声波垂直入射时，声波被乱反射，同时各部分反射波由于入相位差而产生干涉，使缺陷回波波高随粗糙度的增大而下降。当声波倾斜入射时，缺陷回波波高随着凹凸程度与波长的比值增大而增高。当凹凸程度接近波长时，即使入射角较大，也能接到回波。

（5）缺陷性质的影响：缺陷回波波高受缺陷性质的影响。声波在界面的反射率是由界面两边介质的声阻抗决定的。当两边声阻抗差异较大时，近似地可认为是全反射，反射声波强。当差异较小时，就有一部分声波透射，反射声波变弱。所以，试件中缺陷性能不同，大小相同的缺陷波波高不同。

通常含气体的缺陷，如钢中的白点、气孔等，其声阻抗与钢声阻抗相差很大，可以近似地认为声波在缺陷表面是全反射。但是，对于非金属夹杂物等缺陷，缺陷与材料之间的声阻抗差异较小，透的声波已不能忽略，缺陷波高相应降低。

另外，金属中非金属夹杂的反射与夹杂层厚度有关，一般地说，层厚小于 1/4 波长时，随层厚的增加反射相应增加。层厚超过 1/4 波长时，缺陷回波波高保持在一定水平上。

（6）缺陷位置的影响：缺陷波高还与缺陷位置有关。缺陷位于近场区时，同样大小的缺陷随位置起伏变化，定量误差大。所以，实际检测中总是尽量避免在近场区检测定量。

六、缺陷性质分析

超声波检测除了确定工件中缺陷的位置和大小外，还应尽可能判定缺陷的性质。不同性质的缺陷危害程度不同，如裂纹就比气孔、夹渣危害大得多。因此，缺陷定性十分重要。

缺陷定性是一个很复杂的问题，目前的 A 型超声波检测仪只能提供缺陷回波的时间和幅度两方面的信息。检测人员根据这两方面的信息来判定缺陷的性质是有困难的。实际检测中常常是根据经验结合工件的加工工艺、缺陷特征、缺陷波形和底波情况来分析估计缺陷的性质。

（一）根据加工工艺分析缺陷性质

工件内所形成的各种缺陷与加工工艺密切相关。例如，焊接过程中可能产生气孔、夹渣、未熔合、未焊透和裂纹等缺陷。铸造过程中可能产生气孔、缩孔、疏松和裂纹等缺陷。锻造过程中可能产生夹层、折叠、白点和裂纹等缺陷。在检测前应查阅有关工件的图纸和资料，了解工件的材料、结构特点、几何尺寸和加工工艺，这对于正确判定估计缺陷的性质是十分有益的。

（二）根据缺陷特征分析缺陷性质

缺陷特征是指缺陷的形状、大小和密集程度。

对于平面形缺陷，在不同的方向上探测，其缺陷回波高度显著不同。在垂直于缺陷方向探测，缺陷回波高；在平行于缺陷方向探测，缺陷回波低，甚至无缺陷回波。一般的裂纹、夹层、折叠等缺陷就属于平面形缺陷。

对于点状缺陷，在不同的方向探测，缺陷回波无明显变化。一般的气孔、夹渣等属于点状缺陷。

对于密集型缺陷，缺陷波密集互相彼连，在不同的方向上探测，缺陷回波情况类似。一般白点、疏松、密集气孔等属于密集型缺陷。

（三）根据缺陷波形分析缺陷性质

缺陷波形分为静态波形和动态波形两大类。静态波形是指探头不动时缺陷波的高度、形状和密集程度。动态波形是指探头在探测面上的移动过程中，缺陷波的变化情况。

1. 静态波形

缺陷内含物的声阻抗对缺陷回波高度有较大的影响，白点、气孔等内含气体，声阻抗很小反射回波高。非金属或金属夹渣声阻抗较大，反射回波低。另外，不同类型缺陷反射波的形状也有一定的差别。例如，气孔与夹渣，气孔表面较平滑，界面反射率高，波形陡直尖锐。而夹渣表面粗糙，界面反射率低，同时还有部分声波透入夹渣层，形成多次反射，波形宽度大并带锯齿，如图3-3-10所示。以上特点对于区分气孔与夹渣是有参考价值的。

（a）气孔

（b）夹渣（带锯齿）

图 3-3-10　气孔和夹渣的静态波形

单个缺陷与密集缺陷的区分比较容易。一般单个缺陷回波是独立出现的，而密集缺陷则是杂乱出现，且互相毗连。

2. 动态波形

超声波入射到不同性质的缺陷上，其动态波形是不同的。为了便于分析估计缺陷的性质，常绘出动态波形图。动态波形图横坐标为探头移动距离，纵坐标为波高。

3. 根据底波分析缺陷的性质

工件内部存在缺陷时，超声波被缺陷反射使射达底面的声能减少，底波高度降低，甚至消失，不同性质的缺陷，反射面不同，底波高度也不一样，因此在某些情况下可以利用底波情况来分析估计缺陷的性质。

当缺陷波很强，底波消失时，可认为是大面积缺陷，如夹层、裂纹等。

当缺陷波与底波共存时，可认为是点状缺陷（如气孔、夹渣）或面积较小的其他缺陷。

当缺陷波为互相毗连成高低不同的缺陷波，底波明显下降时，可认为是密集缺陷，如白点、疏松、密集气孔和夹渣等。

当缺陷波和底波都很低，或者两者都消失时，可认为是大而倾斜的缺陷或是疏松。若出现"林状回波"，可认为是内部组织粗大。

【任务实施】

在实际检测过程中需要注意的问题有很多，由于超声波探伤是一种无损检测的手段，是根据回波的特性预估缺陷的位置及形态，所以需要考虑一些会影响超声波波形的非缺陷的客观因素，如表面耦合状态的影响等，在检测之前也要掌握超声波探伤仪扫描速度和检测灵敏度的调节方法。

焊缝探伤实际
操作过程

对缺陷的判定主要有两个方面，一个是对缺陷定位，另一个是对缺陷定量。在对缺陷进行定位和定量时，还需要考虑到来自仪器、探头和操作人员的影响因素及非缺陷回波的干扰。

任务二　车轮超声波检测

车轮是铁道机车车辆走行部的关键结构部件，也是主要的承力部件，其直接与轨道接触，通过轮轨黏着力使列车向前行驶。车轮质量的好坏对铁道机车车辆行车安全有着直接影响，也直接关系装备的检修周期和运行安全，因此必须对制造和维修中的车轮实行超声波探伤。那么车轮的常见缺陷有哪些？在使用超声波探伤的方法对车轮检查的时候都有哪些操作要点呢？

【任务目标】

1. 掌握车轮缺陷的种类及其产生的原因。
2. 能根据车轴超声波检测的技术要求选择正确的检测方法，并掌握操作要点。

【相关知识】

一、车轮的生产流程

车轮生产流程：切割→加热→轧制→等温→粗加工→热处理→检测→精加工→检测→包装。

二、车轮的主要缺陷

车轮的主要缺陷有：表面夹杂、偏析、白点、缩孔残余、分层、中心疏松、折叠、裂纹及结疤等。

车轴缺陷的种类及
其对应的波形

三、检测装置

由于车轮探伤工作量大，所以自动化探伤设备的应用较为广泛，手工检测逐渐减少。探伤设备按照用途可分为：车轮检测（单轮状态或生产流水线）、轮对检测（轮对落车）和在线检测（车轮在运用状态下，通常采用机车车辆通过式）。根据需要，不同的检测设备可检测的区域有所不同。通常可检测的区域如下：

（1）轮辋区域：这是车轮检测的主要部位，包括轮缘缺陷、轮辋内部缺陷、周向和径向缺陷。

（2）轮辋与轮辐过渡区域：周向裂纹、径向裂纹。

（3）轮辐区域：周向裂纹、径向裂纹、斜向裂纹。

四、探伤系统组成

（1）运送系统：包括车轮、轮对上下料。

（2）旋转机构：包括车轮、轮对的驱动装置、限位模块。

（3）检测单元：包括踏面探头系统、轮缘内侧探头系统、超声电子单元、耦合系统（局部水浸或水耦合）、位置传感器系统、气动及控制系统及探头系统支架等。

（4）系统控制及处理单元：包括运动部件 PLC 控制单元和系统控制主机、数据分析主机、配电系统、UPS、操作终端和打印机等。

（5）辅助装置：包括车辆（车轮）编号识别系统、水处理系统、标识系统、网络数据传输和辅助分析系统等。

五、试　块

用于制作车轮实物试块的车轮应完好无损，轮缘和踏面无明显伤痕，车轮的表面粗糙度

$Ra \leqslant 25\ \mu\mathrm{m}$。实物试块需满足轴向和径向检测。

由于目前试块类型较多，在此仅介绍常见的人工缺陷形式。

平底孔：在不同部位的 3 个不同深度处，加工直径为 3 mm（或 $f2$ mm、$f3.2$ mm）的平底孔，用于使用双晶探头或直探头检测，该方法应用得最广。

踏面部位：车轮踏面滚动圆下加工 $f3$ mm（或 $f5$ mm）的横孔，用于自动探伤或手工自踏面横波检测。

轮缘部位：在轮缘加工深 2 mm（3 mm）、10 mm 长的刻槽或人工锯口。用于轮缘疲劳裂纹的检测。

辐板部位：在辐板部位加工长 15 mm、深 3 mm 的刻槽。

六、质量标准

（一）国外标准要求

1. 轮 辋

轮辋不得有反射波幅度大于等于同一深度处平底孔的反射波幅。在轴向检测时，回波衰减不应高于 4 dB。

2. 辐 板

辐板不应有：①10 个以上幅度不小于 $f3$ mm 标准平底孔反射波幅的缺陷存在。②幅度不小于 $f5$ mm 标准平底孔缺陷反射波幅的缺陷存在。两个允许存在的缺陷之间的距离至少应为 50 mm。

3. 轮 毂

轮毂不应有：①3 个以上幅度不小于 $f3$ mm 标准平底孔反射波幅的缺陷存在。②幅度不小于 $f5$ mm 标准平底孔缺陷反射波幅的缺陷存在。两个允许存在的缺陷之间的距离至少应为 50 mm。在周向检测时，回波衰减不得不小于 6 dB。

（二）国内动车组、机车、客车车轮质量标准

国内车轮标准一般按照机车车辆运行等级划分为不同的质量等级，动车组，和谐号机车通常直接采用国外标准的质量等级，其他机车车辆车轮一般规定不得有幅度不小于 $f2$ mm、$f3$ mm、$f3.2$ mm 标准平底孔反射波幅的缺陷存在。

【任务实施】

车轮上常见缺陷主要有：表面夹杂、偏析、白点、缩孔残余、分层、中心疏松、折叠、裂纹及结疤等。对车轮探伤分新造和在役两种情况。新造检测主要是检测材质缺陷和制造缺陷；在役检测则主要探测疲劳裂纹。车轮检测原来主要是针对轮辋缺陷检测位置，根据机车车辆技术发

车轴超声波检测

展和运用需求，自 20 世纪初期开始，国内外检测标准中陆续增加了辐板和轮毂的检测要求。

车轮探伤目前主要采用从踏面、内侧面扫查方式，对于轮箍有时也采用从内径面检测的方式，检测车轮轮缘、轮辋和辐板部位的缺陷。主要的检测方法如下：

纵波法：探头频率 2～5 MHz，适于探测材质内部缺陷和周向疲劳裂纹。对径向疲劳裂纹的检测灵敏度很低。

横波法：一般为 45°～60°横波探头，有时选用 25°～55°横波探头；主要探测各种斜裂纹和径向裂纹。特定情况下，使用 60°以上横波探头，主要用于在不动车情况下车轮轮辋或轮箍疲劳裂纹的探测。

双晶纵波探头法：通常使用焦距 20～30 mm，频率 5 MHz。适用于检测近表面（主要用于踏面检测）周向或材质缺陷。

相控阵超声：主要用于自动探伤设备，提高检测效率，提高检测精度。

【知识拓展】　　　　【心灵驿站】　　　　【头脑风暴】

单元四　涡流检测技术

涡流检测作为常规五项无损检测方法之一，已经在航空、航天、兵器、船舶等国防科技工业以及电力、化工、汽车等民用工业生产中，得到广泛而成熟的应用。伴随着对涡流检测理论的深入研究，以及电子技术和计算机技术的快速发展，涡流检测设备在数字化、智能化等方面取得了重大突破，推动了检测工艺技术水平的提高。

所谓涡电流是指金属在变动着的磁场中或相对于磁场运动时，金属体内会感生出旋涡状流动的电流，即涡流。

与其他无损检测方法相比，涡流检测的优点主要表现为：

（1）由于趋肤效应，涡流检测对导电材料的表面或近表面缺陷检测具有良好的灵敏度。

（2）适用范围广，能提供多种检测可能性，如可测振动位移、测厚、探伤、测频数和转速等。

（3）检测时，不需要耦合剂。

（4）涡流检测是一种非接触测量，对管、棒、线材等便于实现高速、高效率的自动化检测。

（5）涡流检测适用于高温及薄壁管、细线、内孔表面等其他检测方法比较难以进行的特殊场合下的检测。

涡流检测的不足之处主要有以下几个方面：

（1）涡流检测只限于对导电材料进行检测。

（2）涡流检测只限于对材料表面和近表面的检测。

（3）涡流检测干扰因素多，需特殊的信号处理。

（4）涡流检测对形状复杂的工件进行检测时效率很低。

（5）涡流检测时难于判断缺陷的种类和形状。

（6）涡流检测的可检测性与缺陷的取向有关。当缺陷的取向平行于涡流的流动方向时，该缺陷的可检测性最低；当缺陷的取向垂直于涡流的流动方向时，可检测性最高。

项目一　涡流检测的物理基础

知识目标

1. 了解影响涡流检测能力的主要因素。
2. 了解电磁检测的国际单位。

能力目标

1. 掌握涡流检测的特点及可靠性。
2. 掌握涡流检测的电磁学基础。
3. 掌握电磁感应基本定律。

素质目标

1. 鼓励学生多动手，加强实操能力。
2. 培养学生质量为先的意识。

任务一　涡流检测的电磁学基础

【任务提出】

涡流检测技术原理的内涵之一就是检测线圈阻抗的变化，采用的方法类似于分析含有电阻和电感元件的正弦交流电路，涉及有关电磁学的基本概念、原理和分析方法。本任务讲述的电磁学基础，将有助于学习后面章节中的涡流检测原理和涡流检测技术应用。

【任务目标】

1. 掌握电磁学的基本物理量。
2. 了解磁滞现象。

【相关知识】

一、电　流

电流 I 由电荷的定向运动形成，电学中规定正电荷运动的方向为电流方向。单位时间内通过导体横截面的电荷量叫作电流（电流强度），电流的国际单位：安培（A）。

电流表示了导体横截面的电荷量 Q 与通过电荷量所用的时间 t 的比值，即 $I = Q/t$，表示在 1 秒（s）内通过导体横截面的电荷量为 1 库伦（C）时，导体中的电流为 1 安培（A）。

二、电动势

电动势 E 是表征电源特征的物理量，在数值上等于非静电力将单位正电荷从电源的负极通过电源内部移送到正极时所做的功，国际单位：伏（V）。

三、电　阻

在电场作用下，金属导体内自由电子的平均漂移速度与电场强度成正比，但漂移速度容易受到导电材料中杂质或晶格无序振动引起的抑制或阻力，为描述金属材料干扰电荷载体自由流动的现象，定义了电阻。

电阻是导体自身的特性，表示受到电场作用后，对抗电荷自由流动的度量。导体的电阻越大，电流受到的阻碍越明显。电阻用 R 表示，国际单位：欧姆（Ω）。

四、欧姆定律

根据欧姆定律：线状金属导体两端总电压 U 与导体电阻 R 和导体中流动的总电流 I 呈线性关系：

$$U = I \times R \tag{4-1-1}$$

五、电阻率和电导率

在涡流无损检测中使用电阻率 ρ 和电导率 σ 表征材料的导电能力，材料电导率或电阻率可以在测量标准尺寸试样上，通过测量单位体积的电阻值获得。

（一）电阻率

电阻率 ρ 是用来表示各种导体电阻特性的物理量，电阻率的国际制单位：欧姆米（$\Omega \cdot m$）。

实验表明，一段柱状均匀导体的电阻率由下式决定：

$$\rho = R \times \frac{S}{L} \tag{4-1-2}$$

式中　　R——导体的电阻值，Ω；

　　　　L——导体的长度，m；

　　　　S——横截面积，m^2，半径为 R 的圆柱体横截面积 $S = \pi \cdot R^2$；

　　　　ρ——电阻率，$\Omega \cdot m$。

大多数金属的电阻率随温度的升高而增大。在不考虑温度影响时，由式（4-1-2）可知，导体电阻决定于材料电阻率、长度、横截面积，其相互之间的影响如下：

（1）导体的长度、材料电阻率相同时，横截面积越大，电阻越小；

（2）导体的横截面积、材料电阻率相同时，长度越长，电阻越大；

（3）导体的横截面积、长度相同时，导体的材料电阻率不同，电阻大小不同。

（二）电导率

电阻率的倒数 σ 叫作电导率，其国际单位制：西门子/米（S/m），常用 MS/m 和 %IACS 表示。电阻率和电导率都是对电流在材料中流动难易程度的描述，电阻率越高、电导率越低，

材料导电性能越差；反之，电阻率越低、电导率越高，材料导电性能越好。电导率和电阻率的关系表达式为

$$\sigma = \frac{1}{\rho}$$

（4-1-3）

引入电导率后，电阻可以按照公式（4-1-4）计算：

$$R = \frac{L}{\sigma \times S}$$

（4-1-4）

国际上通常使用%IACS（国际退火铜标准）单位表示电导率 σ。此单位规定温度为 20°C 时，电阻率为 $7.2 \times 10^{-8} \Omega \cdot m$ 的退火工业纯铜的电导率为 100%IACS，其他金属的电导率表示方式为

$$\sigma(\%LACS) = \left[\frac{标准退火铜电阻率}{金属的电阻率} \right] \times 100\%$$

（4-1-5）

电阻率与电导率的单位换算关系是

$$1(\%IACS) = 0.58MS/m$$

（4-1-6）

【任务实施】

材料的导电特性

根据物质的导电性能差异可将常见物质分为导体、半导体和绝缘体三类。

（1）导体：导电性能良好，如金、银、铜、铝、铁、钛等金属。

（2）绝缘体：不导电，如橡胶、陶瓷、塑料、玻璃钢等。

（3）半导体：导电性能介于导体和绝缘体之间，如硅、锗等。

从理论上讲，只要是导体都能实施涡流检测，常见的金属包括铝合金、钛合金、合金钢等。近年来，航空航天工业中开始大量使用碳纤维增强树脂基复合材料、钨丝编制的功能复合材料和石墨等非金属复合材料，这些复合材料经测量都具有一定的导电性。但这些材料或结构件的整体导电性还不均匀，实施涡流检测的限制条件较多。国外针对某些特殊应用而开展研究，结果表明，此类材料具有开展涡流检测的导电基础，可以有条件地实施涡流检测。

根据电阻率和电导率的定义，材料的电阻率是材料阻碍电流流动的能力；电导率是材料运载电流的能力，电阻率增加，电导率下降，反之亦然。影响材料导电性的主要因素包括温度、合金成分、硬度和残余应力。

任务二　电磁感应及电磁检测国际单位

【任务提出】

法拉第通过实验证明了当穿过闭合回路线圈的磁通量发生改变时，线圈中将感应出电流，这个现象叫作"电磁感应现象"。闭合回路中由电磁感应现象产生的电动势叫作"感

应电动势"；产生的电流叫作"感应电流"。实验表明，感应电动势的大小不取决于磁通量 Φ 自身量值，而是由磁通量随时间变化的变化率来决定。电磁感应现象是涡流检测原理的物理基础。

【任务目标】

1. 掌握电磁感应基本定律。
2. 了解电磁检测的国际单位。

【相关知识】

一、电磁感应基本定律

（一）法拉第电磁感应定律

法拉第电磁感应定律的可以描述成：闭合线圈的感应电动势 δ 与穿过这个线圈磁通量的时间变化率 $\dfrac{\mathrm{d}\Phi}{\mathrm{d}t}$ 成正比。感应电动势的大小可表示为

$$\delta = K \frac{\mathrm{d}\Phi}{\mathrm{d}t} \tag{4-1-7}$$

式中　K——比例常数，取决于 δ、Φ 和 t 的单位。

在国际单位制中，当比例常数 $K=1$，δ、Φ 和 t 的单位符号分别为 V、Wb、s 时，法拉第电磁感应定律的国际单位制表示为：

$$\delta = \frac{\mathrm{d}\Phi}{\mathrm{d}t} \tag{4-1-8}$$

（二）楞次定律

俄国物理学家楞次（Lenz）在法拉第的研究基础上，通过实验总结出楞次定律：感应电流的磁通总是阻碍引起感应电流的磁通的变化。

楞次定律的表达形式可以描述为：当引起电磁感应的磁通量增加时，感应电流产生的磁通与该磁通方向相反（阻碍它的增加）；当引起电磁感应的磁通量减小时，感应电流产生的磁通与该磁通方向相同（阻碍它的减小），可使用右手定则确定感应电流的方向。

（三）右手定则

当交变电流通过金属导线时，会在导线周围产生感应磁场，磁场的方向由流经导线的电流方向确定，二者的关系由右手定则确定。用于确定环绕电流产生的磁通密度方向的右手定则表述如下：用右手弯曲的四指指向环绕电流的方向，则拇指的指向就是轴线上的磁通密度方向，如图 4-1-1 所示。

确定通有交变电流的直导线的磁场方向时，右手定则的使用方法如图 4-1-2 所示。如果直导线环绕成线圈，磁场强度由线圈

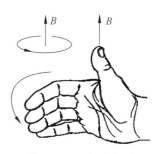

图 4-1-1　右手定则

匝数和电流强度共同确定，磁力线是从里到外环绕线圈。

图 4-1-2　长直导线的磁场方向

（四）考虑了楞次定律的法拉第定律表达式

法拉第电磁感应定律确定了感应电动势的大小，楞次定律确定了感应电动势的方向，为方便理解，使用两个定律统一表述的表达式为

$$\delta = -\frac{\mathrm{d}\Phi}{\mathrm{d}t} \tag{4-1-9}$$

二、电磁检测国际单位

（一）基本单位和导出单位

为了定量研究物理现象，必须对物理量进行测量。所谓测量，就是使用一个与被测量同类的量进行相互比较，用于比较的量叫作单位。同一个量，用相同测量结果是一个数，用不同单位测量的结果得数不同，大单位得数小，小单位得数大。例如，以米为单位测量百米跑道的长度得数为 100，若以厘米为单位测量得数为 10 000。

物理规律是物理量之间关系的反映。既然选定单位后每个量可用数值表示，物理规律也就可用含有一系列数的等式表示，物理规律的数值表达式由数的等式组成。

虽然同一物理规律在不同单位选择下的数值表达式不同，但同一规律的各种数值表达式之间的差别仅体现为一个附加因子。若在表达式等号右边补一个依赖于各量值单位选择的比例系数 K，则所得式子对任何单位都成立。

单位的选择本来是任意的，但若对每类量都任意选择一个单位，则物理规律数值表达式的比例系数会十分复杂。为使数值表达式尽量简单，一般采用如下步骤来选定每个量的单位：

（1）选出几个最基本的量并独立地规定它们各自的单位，这几个最基本的量叫作基本量，这些单位叫作基本单位。

（2）不是基本量的量叫作导出量，它们的单位叫作导出单位。

在国际单位制的力学部分中，指定长度、质量和时间为基本量，指定米、千克和秒为其基本单位，用于规定导出量的单位。

（二）国际单位制（SI）

1960 年，第十一届国际计量大会正式通过决议，国际计量委员会把国际统一的单位制命名为国际单位制，并规定其国际代号为"SI"。后来的多届国际计量大会又对国际单位制做了补充，使之更加完善。中国国务院在1977年颁发的文件中规定：在我国逐步采用"国际单位制"。

按照1969年国际计量委员会的决议，国际单位制包括"国际制单位"和"国际制词冠"两大部分。

在电磁学及电动力学的书籍和文献中，长期存在多制并用的状态。用得最多的是MKSA有理制及高斯制。常用的电磁学量见表4-1-1。

1. MKSA有理制

MKSA有理制是一种有关电磁学（包括力学）的国际单位制，基本量是长度、质量、时间和电流四个，相应的基本单位则是米（m）、千克（kg）、秒（s）和安培（A）。

2. 高斯制

高斯制是在研究电磁理论的过程中逐渐演变而来的一种单位制，基本量是长度、质量和时间，基本单位是厘米（cm）、克（g）和秒（s）。

表4-1-1 常用的电磁学量

电磁学量	单位名称	与导出单位的关系
电压 U	伏特（V）	
电容 C	法拉（F）	1法=1库/伏
电阻 R	欧姆（Ω）	1欧=1伏/安
电阻率 ρ	欧姆米（Ω·m）	
功率 P	瓦特（W）	1瓦=1伏安
电导率 σ	西门子每米（S/m）	
磁感应强度 B	特斯拉（T）	1特=1韦/米^2
磁场强度 H	安培每米（A/m）	
自感 L	亨利（H）	1亨=1韦/安
磁导率 μ	亨利每米（H/m）	

【知识拓展】　　　【心灵驿站】　　　【头脑风暴】

【思考题】

1. 简述各种电路基本物理量的定义。
2. 简述各种磁场基本物理量的定义。
3. 简述什么是法拉第电磁感应定律。
4. 简单描述楞次定律。

项目二　涡流检测原理及影响因素

知识目标

1. 了解涡流的各项特性。
2. 了解影响涡流线圈阻抗的因素。

能力目标

1. 掌握涡流检测的原理。
2. 掌握涡流线圈的各种类型。

素质目标

1. 培养学生对不同工作环境的适应能力。
2. 培养学生的开拓创新能力。

任务一　涡流检测原理

根据电磁学理论，当整块金属内部的电子受到某种非静电力作用时（如磁洛伦兹力或感生电场力），金属内部就会出现电流，这种感应电流叫作"涡电流"，简称"涡流"。

图 4-2-1 中描述的涡流产生过程是，通有交变电流的线圈放置于导电试件上时（以电流顺时针流动为例），根据法拉第电磁感应原理，线圈产生的激励磁场（方向向下），由此在材料中产生逆时针方向的涡流，根据楞次定律，涡流也同时产生阻碍激励磁场的感应磁场（方向向上）。产生涡流时的空间磁场分布如图 4-2-2 所示。

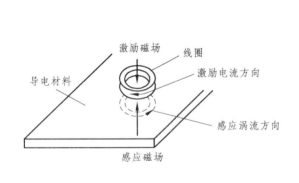

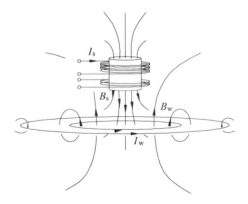

I_s—激励电流；B_s—激励磁场；I_w—涡流；B_w—涡流场。

图 4-2-1　涡流的产生

图 4-2-2　产生涡流时的空间磁场分布

【任务目标】

1. 了解涡流产生的原理。
2. 掌握涡流的各种特性。

【相关知识】

一、涡流检测概念

（一）材料中产生涡流的过程

1. 涡流产生过程模拟

模拟的线圈电路包括交变电流振荡器、线圈和信号显示。图 4-2-3 ~ 图 4-2-4 描述了线圈与材料间由于电磁感应产生涡流的过程模拟：

（1）AC 振荡器将一定频率的交流电作用于线圈，使交变电流在线圈中流动，如图 4-2-3（a）所示。

（2）线圈中的交变电流在线圈周围产生原（激励）磁场，如图 4-2-3（b）所示。

（3）线圈磁通量在线圈中感应出电压，引起感应电抗，如图 4-2-4（a）所示。

（4）线圈中的磁通量变化在检测材料中引起感应电动势，产生涡流，如图 4-2-4（b）所示。

（5）涡流产生一个二次（涡流）磁场，与线圈产生的原磁场相互作用，如图 4-2-5 所示。

涡流流动的任何变化都将引起二次磁场的变化，同时引起线圈的感应电抗和有效电阻的变化，从而导致线圈中电流的变化，最终引起仪器显示屏上阻抗显示的变化。

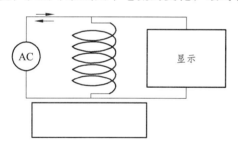 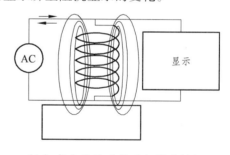

（a）通有交变电流的线圈接近导电材料　　　　（b）产生激励磁场（初级磁场）

图 4-2-3　激励磁场的产生

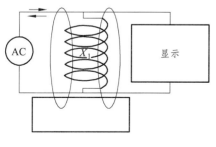 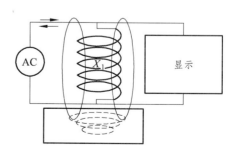

（a）产生感抗　　　　　　　　　　　　　　（b）产生涡流

图 4-2-4　涡流产生

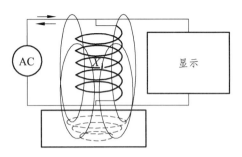

图 4-2-5　面流磁场与激励磁场相互作用

2. 涡流信号产生实例

利用差动涡流线圈检测管材的实例，说明涡流信号的产生过程。

（1）图 4-2-6（a）所示为检查管子而设计的差动式涡流探头，探头由两个相同的线圈组成，安置在管子同一轴线上，间隔很小，两个线圈形成了电桥的两臂，电桥的不平衡信号就是两个线圈的阻抗压差。

（2）当探头移动经过不连续性（缺陷）时，第一个线圈经过不连续件时的阻抗变化导致了一个不平衡电压。其差动阻抗在阻抗平面上的轨迹为 OAO，如图 4-2-6（b）所示。

（3）在第二个线圈经过不连续性时（缺陷），差动阻抗轨迹是相反方向的 OBO。

从图 4-2-6 可以看出，阻抗平面上的轨迹形状是不连续的特征函数。

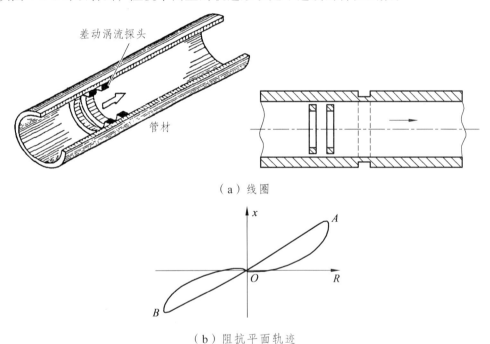

（a）线圈

（b）阻抗平面轨迹

图 4-2-6　涡流检测信号产生实例

（二）涡流检测基本原理

涡流检测的基本原理为电磁感应原理。当载有交变电流的检测线圈接近被检测的导电试件时，由于检测线圈磁场的作用，在导电试件表面和近表面将感应出涡流，涡流密度随检测深度增加成指数衰减。涡流信号幅度、相位及其在试件中的流动轨迹，与试件的电磁特性、几何尺寸、试件中缺陷、线圈与试件间耦合状态等因素有关。该涡流产生的磁场作用又使检测线圈阻抗发生变化，通过测定检测线圈阻抗的变化，即可获得被检件有无缺陷的质量信息。

试样中没有缺陷时，涡流轨迹分布是均匀、规则的，如图 4-2-7（a）所示；涡流轨迹在缺陷处发生变形，引起线圈阻抗的变化，如图 4-2-7（b）所示。

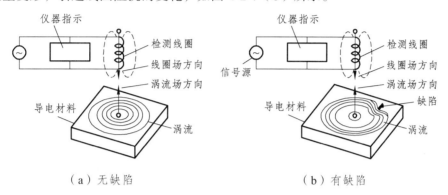

（a）无缺陷　　　　　　　　　　（b）有缺陷

图 4-2-7　涡流检测基本原理

二、涡流的流动特性

当涡流的流动轨迹不受材料边界或者不连续性（缺陷）的干扰时，流动轨迹通常为圆形，并在封闭的同心圆环内流动。涡流轨迹的流程垂直于多匝线圈的轴线，并与线圈磁通量场的轴向垂直，如图 4-2-8 所示。通过选择适当的线圈，进而控制和改变线圈相对于检测材料的方向，可以使涡流的流动轨迹更容易发现缺陷（在缺陷处变形量最大），以获得最佳的结果。

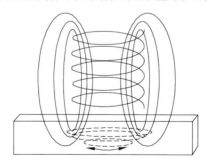

图 4-2-8　线轴型线圈磁通量和涡流

（一）涡流的敏感性

涡流对不连续性的敏感程度与轨迹受干扰的程度成比例。如图 4-2-9（a）所示，当不连续性（缺陷）的长度方向平行于涡流轨迹的流程时，该缺陷的检测灵敏度最低；如图 4-2-9（b）所示，当缺陷的长度方向垂直于涡流轨迹的流程时，该缺陷的检测灵敏度最高。

当缺陷向平行于涡流轨迹的流程时，小体积的不连续性可能检测不到，因此检测线圈设计和选择的重点就是确保所有可能方向的不连续性都能够被检测出来。一般情况下，涡流的流动特征与不连续之间的关系如下：

（1）总是沿着非导电障碍物周围的最小电阻路径流动。

（2）在长而浅的不连续性下方流动。

（3）围绕短而深的不连续性流动。

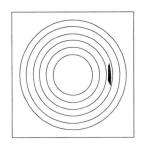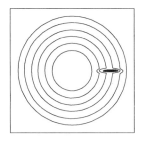

（a）不连续性平行于轨迹流程　　　　　　（b）不连续性垂直于轨迹流程

图 4-2-9　不连续性的涡流轨迹

（二）边缘效应

涡流的流动轨迹像可压缩性的流体，呈现边缘效应。只要涡流不受绝缘材料的边缘和不连续性的干扰，轨迹是圆形的[图 4-2-10（a）]，当涡流遇到边缘阻碍时，其轨迹将会被扭曲和压缩[图 4-2-10（b）]，造成线圈阻抗值的急剧增大，影响检测数据的判读。

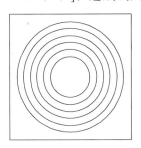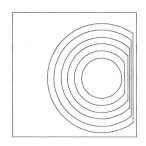

（a）未受到材料边缘干扰的涡流　　　　　　（b）受到材料边缘干扰后压缩的涡流

图 4-2-10　材料边界的影响

（三）涡流的频率

因为涡流是由交变磁场产生，所以涡流在检测材料中的流动方向也同样按顺时针和逆时针方向交替改变，交变频率取决于原磁场的交变频率，也与产生交变磁场的交变电流频率相同。

（四）涡流的滞后性

涡流的滞后性可以用搅动盛水高玻璃杯中的冰块进行模拟。假设有一个盛满水的高玻璃杯，一直到杯子的底部处处充满了小方冰块。如果把一个茶匙稍微伸进玻璃瓶子里并在近表面开始搅动，表面的小方冰块首先转动起来，当由茶匙带入的能量向杯子底部传递时，那些较深位置处的冰块稍后也逐渐地转动起来。相似的道理，随着深度的增加，涡流的活动性逐渐延迟。涡流在检测材料中的相位滞后速率是 57.3° 每标准透入深度，可以利用信号相位滞后程度判定缺陷深度或材料厚度。

三、涡流特性

（一）表面涡流密度和趋肤效应

一段均匀的柱状导体通过直流电流时，电流密度在导体横截面上是均匀分布的。但当交变电流通过导体时，交变电流激发的交变磁场会在导体内部引起涡流，涡流密度在导体横截面上不再均匀分布，而是越靠近导体表面处电流密度越大，这种交变电流趋向于导体表面的效应叫作趋肤效应。

根据趋肤效应，材料表面的涡流密度最大，随着深度的增加涡流密度按指数减小。因此，在较厚的材料中，涡流检测仅能对材料的外层"皮肤"起作用，而且检测灵敏度随着深度的增加而迅速降低。

（二）标准透入深度和有效透入深度

1. 标准透入深度

涡流在材料表面处的密度最大，随着透入深度的增加而减小（图 4-2-11），距表面下一定深度处的涡流密度计算公式为

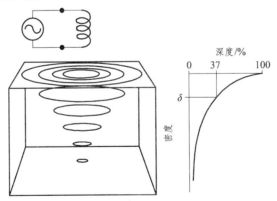

图 4-2-11　涡流密度随深度增加而减小

$$I_x = I_0 \mathrm{e}^{-\sqrt{\pi f \mu_0 \mu_r \sigma} X} \tag{4-2-1}$$

式中　I_x——距离材料表面 X 处的涡流密度（A）；

　　　I_0——材料表面 X 的涡流密度（A）；

　　　f——频率（Hz）；

　　　μ_0——真空磁导率，$4\pi \times 10^{-7}\mathrm{H/m}$；

　　　μ_r——相对磁导率，非铁磁性材料为 1；

σ——材料的电导率（S/m）；

X——距离材料表面的深度（m）。

标准透入深度（δ）定义为涡流密度减小到 1/e 时的深度（"e"为自然对数，即 2.71828，"e"表示许多现象的自然衰减率），1 倍、2 倍和 3 倍标准透入深度处的涡流密度为 37%、13.5%和 5.0%。如图 4-2-12 所示，超过 3 倍标准透入深度外的涡流密度由于太小而不能提供可显示的信号。

标准透入深度

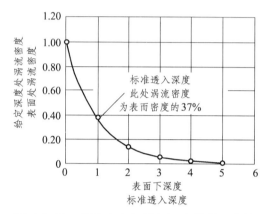

图 4-2-12　涡流密度与透入深度的关系曲线

2. 有效透入深度

有效透入深度的定义：能够获得可显示的涡流信号的最大材料深度，人为规定为涡流密度减小到表面涡流密度 5%时的深度，有效透入深度等于 3 倍的标准透入深度式（4-2-4）。在有效透入深度处，涡流密度将能够产生充足的二次磁通量，满足改变线圈阻抗所必需最小涡流密度的要求。因此，只有在线圈的直径至少为 3 倍标准透入深度时，有效透入深度才等于 3 倍的标准透入深度。但线圈直径也不能无限增加，因为当线圈直径增加时，对小缺陷的检测灵敏度会降低。

【任务实施】

引起检测线圈阻抗发生变化的直接原因是线圈中磁场的变化。在对检测线圈阻抗进行分析时，首先需要分析和计算工件放入检测线圈后磁场的变化情况，得到检测线圈阻抗的变化（或线圈感应电压的变化）后，才能对工件的各种影响因素进行分析。

任务二　阻抗分析方法

【任务提出】

涡流检测信号取自检测线圈阻抗或次级线圈感应电压的变化。线圈阻抗分析方法的基础是分析涡流效应引起线圈阻抗幅值及其相位变化，使用阻抗分析法可以鉴别各影响因素。

【任务目标】

1. 了解线圈阻抗的定义。
2. 掌握影响线圈阻抗的因素。

【相关知识】

一、线圈阻抗

最简单的线圈是由金属导线绕制成的单个线圈，线圈具有电感，同时导线之间存在电阻，各匝线圈之间有耦合电容。线圈可以用电感、电容和电阻串联的电路表示，如果忽略线匝间分布的电容，线圈自身的复阻抗表示为

$$Z = R + \mathrm{j}\omega L \qquad\qquad (4\text{-}2\text{-}2)$$

线圈的阻抗振幅（Z）表示感应电抗与电阻矢量和的大小，是线圈对电流的总阻力；感应电抗和电阻的比例关系称为阻抗的相位角，代表着线圈中涡流的滞后性。

二、影响线圈阻抗的因素

从电磁传播的角度来看，阻抗分析法的实质是根据信号具有不同相位延迟来区别不连续性，因为在电磁波的传播过程中，相位延迟是与电磁信号进入导体中的不同深度和折返回来所需的时间相互关联的。

涡流检测实际应用时，电导率、磁导率、频率、缺陷类型以及工件厚度等变化都会引起阻抗变化，其变化的方向各不相同。因此可采用相位分离法将需要提取的信息与干扰因素分离开来，达到检测目的。

（一）电导率 σ 对阻抗的影响

将检测线圈放置于各种不同电导率的材料上，在其他条件相同的情况下，材料的电导率不同，获得的信号也不同。图 4-2-13 中给出了几种不同电导率的非铁磁性材料在相同的线圈和频率下测得的电导率。

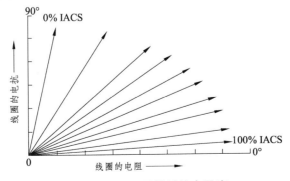

图 4-2-13　不同材料的电导率

将图 4-2-13 中的每条曲线的阻抗值相连形成如图 4-2-14 中所示的曲线,该阻抗曲线显示了随着电导率的变化阻抗值的变化情况。如果保持其他因素不变,电导率的改变将导致阻抗值轨迹沿曲线改变。当电导率增加时,阻抗值将沿曲线向右下方移动;当电导率减小时,阻抗值将沿曲线向左上方移动。

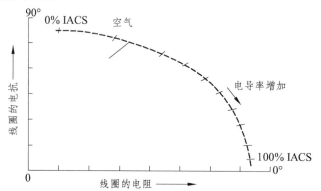

图 4-2-14　非磁性材料在阻抗平面图中的电导率变化轨迹

(二)提离效应对阻抗图的影响

线圈和工件之间距离的变化,会引起检测线圈阻抗的变化,这种由于距离改变产生的影响称为提离效应。一般来讲,即使是很小的提离会都会产生大的阻抗变化,这是由于改变提离时,工件中的涡流密度改变很大。图 4-2-15 给出了在电导率为 100%IACS 的材料上,提离变化时的阻抗变化曲线。当线圈与材料接触时,轨迹位于电导率曲线中 100%IACS 的位置点上,当线圈离开材料表面,阻抗沿着虚线指示的方向移动;当线圈逐渐远离材料表面,阻抗一直沿着虚线指示的方向移动直到材料对线圈没有影响为止,即返回到电导率曲线上的 0%IACS 的位置。

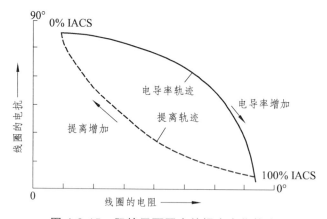

图 4-2-15　阻抗平面图中的提离变化轨迹

图 4-2-16 所示是一簇提离效应曲线,每条曲线代表不同的电导率。图中角度 A 和角度 B 是阻抗图中提离增加曲线与电导率增加曲线相交处的夹角。在阻抗图的低电导率区域,角度 B 较小,在高电导率区域,角度 A 较大,说明在高电导率区域更容易区分不同影响因素。

从阻抗平面图上可以看出，高电导率的材料，更容易判断提离的改变。在阻抗图的高电导率区域，高电导率的变化将导致线圈感抗的变化（垂直方向），提离的变化将导致线圈电阻的变化（水平方向）。因为在方向上存在巨大差异，提离效应很容易从电导率变化中区分出来。

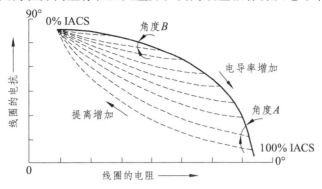

图 4-2-16　不同材料电导率的提离变化轨迹

三、频率对阻抗图的影响

如果施加在线圈上的交变电流频率发生改变，线圈阻抗中的感抗会发生改变。如果更换不同频率，并绘制在此频率下的不同电导率材料的阻抗平面图，电导率轨迹曲线将发生改变，但两者的变化趋势是相似的。随着频率提高，材料的感抗和电阻都变大，与电导率增加的趋势相同。频率较低时，电导率差异大的材料在电导率曲线上很容易区分，如青铜和铝；频率较高时，电导率曲线上相距很近，将不容易区分。通过改变检测频率可以鉴别出不同类型的材料或缺陷。

四、材料厚度对阻抗图的影响

图 4-2-17 给出了几种典型金属厚度变化对阻抗影响的轨迹。从图中可以看出，由于厚度增加会引起涡流效应的逐渐减弱，最终当材料厚度超过有效透入深度时，厚度的变化已经对检测灵敏度几乎没有影响。

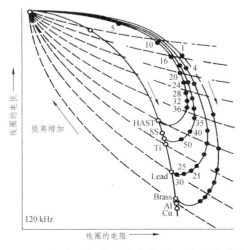

图 4-2-17　多种材料的厚度变化对阻抗轨迹的影响

五、检测频率对厚度测量的影响

由标准透入深度公式可知，随着频率的改变，涡流透入深度也随之改变。图 4-2-18 给出了检测频率的改变对黄铜厚度测量的影响。应注意较低频率的透入深度会大于高频率的透入深度，避免基体厚度对测量准确性的影响。

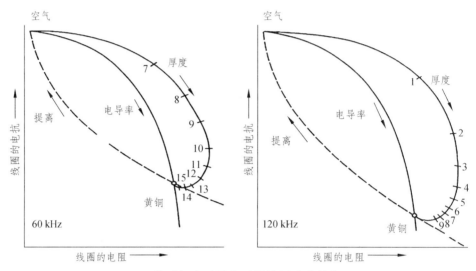

图 4-2-18　检测频率对厚度测量的影响（单位：mils）

六、缺陷对阻抗的影响

试样中存在不连续性或杂质会引起涡流轨迹的变形，导致激励线圈中感抗和电阻的变化，图 4-2-19 表示当线圈分别接近非铁磁性和铁磁性材料时，材料中有和没有不连续性（缺陷）的线圈阻抗变化轨迹。从图中可以看出，对于非铁磁性材料，与没有缺陷位置相比较，阻抗轨迹在缺陷处发生的变化为电阻几乎没有变化，而感抗急剧减小；对于铁磁性材料，发生的变化为电阻和感抗同时减小。

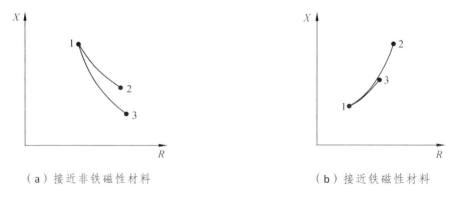

（a）接近非铁磁性材料　　　　　（b）接近铁磁性材料

1—线圈在空气中；2—试样中无缺陷；3—试件中有缺陷。

图 4-2-19　线圈接近试件表面时的阻抗平面轨迹

由于影响阻抗和电压的因素很多，各种因素影响的程度也不同，因此需要对信号进行处理，消除干扰信号。在涡流检测的发展过程中，曾提出多种消除干扰因素的手段和方法，但直到阻抗分析法的引进，才使涡流检测技术得到了重大突破和广泛的应用。到目前为止，阻抗分析法仍然是涡流检测中应用最广泛的分析方法。

任务三　涡流检测线圈

【任务提出】

绝大多数无损检测方法都需要采用适当的形式（声、光、电等），将能量传递给被检材料，材料在外部能量的作用下会产生与材料特征相关联的非损伤性物理变化，此类变化将改变能量传播的形式并被仪器设备接收。

无损检测中，经常使用线圈（coil）、探头（probe）和传感器（transducer）来定义在仪器设备与被检材料间进行能量或信号传输的装置，不同名词所表达的内涵基本一致，区别在于"检测线圈"突出了涡流检测原理的内涵，"检测探头"更侧重于应用形式的表达，"传感器"则考虑电磁能量转换的角度。这些在本任务中被统称为"检测线圈"。

本任务将分成检测线圈分类、影响检测线圈的主要因素、检测线圈驱动方式、典型检测线圈部分进行讲述。

【任务目标】

1. 掌握线圈各种分类方法。
2. 掌握影响检测线圈的主要因素。

【相关知识】

一、检测线圈分类

涡流检测线圈的分类原则并不是严格唯一的，考虑到线圈技术原理和使用要求的不同，一般按照线圈的结构形式、几何尺寸和感应方式进行分类。

（一）结构形式

涡流检测线圈依据线圈绕组的结构形式不同，分为绝对式涡流检测线圈（简称绝对线圈）和差动式涡流检测线圈（简称差动线圈）。由于绝对线圈和差动线圈在涡流仪器连接形式、参数设置和信号显示、适用对象等方面截然不同，因此按结构形式分类是涡流检测线圈最基本的分类方法。

1. 绝对线圈

绝对线圈是最简单有效、最广泛使用的涡流检测线圈。绝对线圈由单个线圈或其等价形式构成，通常只有一个绕组，如图 4-2-20 所示。绝对线圈既能在被检试件中产生感应磁场，又能作为信号接收电路的前端，直接测量线圈阻抗或感应电压。

由于绝对线圈能直接检测试件中涡流流动的变化，因此对包括缺陷在内的电磁特性变化十分敏感，具有很高的检测灵敏度，但绝对线圈对干扰信号也反映强烈，如提离和材料温度的变化。

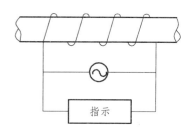

图 4-2-20　绝对线圈的绕组形式

2. 差动线圈

差动线圈（也称为差分线圈）是由一对反向串接（差动连接）的绝对线圈组合排列而成，所显示的信号代表着两个线圈阻抗的比较差值，而不是一个单线圈和检测材料相互作用的绝对阻抗，如图 4-2-21 所示。

在差动线圈内部，如果两个线圈（也称为初级线圈和次级线圈）处于相同检测条件下，阻抗或感应电压相互抵消，线圈输出为零。只有两个线圈分别所处的检测位置中，存在有包括缺陷在内的电磁特性差异时，线圈才会输出一个不为零的信号。

差动线圈的优点在于抵消了同时作用于两个线圈的噪声和其他不需要的信号，并且降低了某些干扰因素对涡流检测的影响，因为这些干扰因素对两个线圈的影响基本相

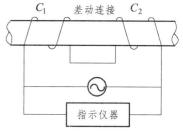

图 4-2-21　差动线圈的绕组形式

同。例如，提离变化、温度变化和探头抖动等。差动线圈的检测信噪比高于绝对线圈。

差动线圈的缺点在于当某一个缺陷同时被两个线圈检测到时，由于线圈绕组的差动连接，将不产生输出信号。例如，使用差动线圈检测管棒材时，仅仅能显示长条状不连续性的末端信号，对不连续性的平缓变化不敏感，而且如果其末端非常窄，长条状缺陷不连续有可能漏检。总体上讲，差动线圈对材料中微小不连续性（缺陷）的检测灵敏度低于绝对线圈。

为避免出现长条状不连续漏检，差动线圈的另外一种连接方式是，使用外部参考线圈（也称外部比较方式）辅助检出长条状不连续。外部参考线圈结合了绝对模式和差动模式的特点，将一个线圈与检测材料耦合，将另一个线圈与参考基准（试样）耦合，如图 4-2-22 所示。当被检材料和对比试样存在电磁特性等方面的不同时，仪器都将出现异常信号显示。

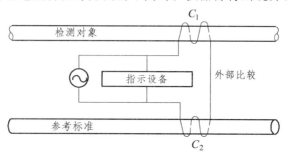

图 4-2-22　差动线圈的外部比较方式

（二）几何尺寸分类

由于检测线圈需要按照被检件的实际外形和检测面的特殊性进行设计和制作，因此，根据线圈几何尺寸的不同可分为表面线圈、内穿线圈、外穿线圈。

1. 表面线圈

"表面线圈"的名称，一方面突出了涡流检测的适用范围，表面及近表面检测；另一方面说明此类线圈是单侧接触被检试件表面。在大多数情况下，表面线圈是在骨架上按照螺旋管状绕制的，线圈绕组为扁平形状（绕组高度小于绕组直径）。为了增强电磁场的作用效果，绕制的线圈尽可能贴近于被检测件的表面，常用于检测平整或较大曲率的表面。

表面线圈在被检件中产生涡流的过程如图 4-2-23 所示（图中有意放大了线圈高度）。由于线圈的轴线垂直于试样表面，因此这类线圈对于检测与表面垂直的裂纹和不连续性能力强。

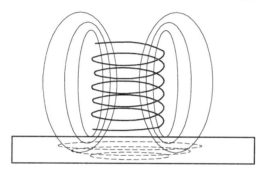

图 4-2-23　表面线圈产生磁场和涡流

为满足不同产品的检测需要，表面线圈外形可以根据检测产品的特定尺寸和形状定制。表面检测线圈常规的设计是手持式，并用环氧树脂灌注安装在保护外壳里。例如，原位检测航空发动机涡轮叶片疲劳裂纹时，表面线圈可安装在导杆上，使线圈沿着涡轮叶片边缘移动。在探头内部增加弹簧是为了使线圈在被按压到试件表面上时能缩回到平行于外壳位置，较好地减少线圈抖动引起的提离噪声干扰，线圈安装结构如图 4-2-24 所示。

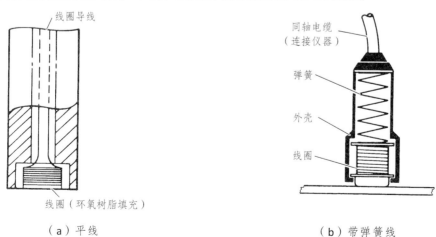

（a）平线　　　　　　　　　　　（b）带弹簧线

图 4-2-24　表面线圈的安装结构

表面线圈在航空发动机、承力零部件、紧固件螺栓孔、焊接结构等产品的表面裂纹检测、金属材料分选、电导率测量等方面应用效果良好。表面线圈的主要技术特点如下：

（1）表面线圈的接触面可以根据被检对象的表面状态进行设计，如加工成不同直径、不同型面的笔式、圆柱式和盘式，实用性好。典型的表面线圈如图 4-2-25 和图 4-2-26 所示。

（2）表面探头可以手持或安装于自动检查装置上。

（3）线圈产生的磁场范围接近线圈尺寸。

（4）可以通过增加屏蔽的方法提高分辨率。

（5）直径较大的表面线圈能够快速扫描，且穿透深度大，但不能有效地确定小不连续性的位置。例如，电导率测量探头属于宽表面线圈，能够将沿着材料表面局部的电导率变化平均化处理。

（6）直径较小的线圈的磁场范围小，更适用于检查表面微小的裂纹或不连续，同时边缘效应会较小，如笔式线圈。

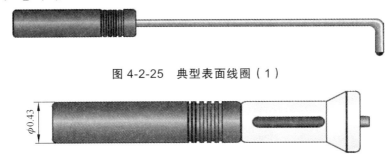

图 4-2-25　典型表面线圈（1）

图 4-2-26　典型表面线圈（2）

2. 内穿线圈

内穿线圈（也称 ID 线圈）一般在小于被检测管棒材内径的非导电尼龙骨架上环形绕制一定匝数的铜线，绕制和安装方式如图 4-2-27 所示。内穿线圈在管材内表面产生感应磁场（图4-2-28），进而在一定范围内感应出环绕内壁流动的涡流（图 4-2-29），当管材内表面存在缺陷时，涡流流动轨迹会发生畸变，引起线圈涡流阻抗变化，实现管子或圆孔内表面的不连续的检测。内穿线圈适用于在役管路涡流检测，在核电、化工等行业应用广泛，常见的内穿线圈如图 4-2-30 和图 4-2-31 所示。

图 4-2-27　内穿线圈绕制和安装示意图

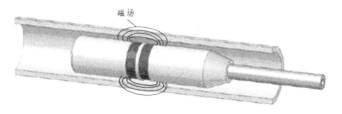

图 4-2-28　内穿线圈产生感应磁场

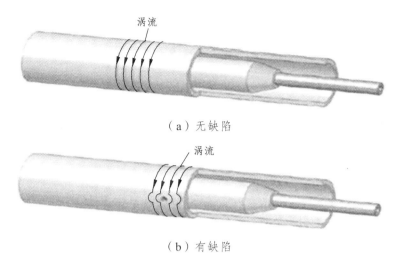

（a）无缺陷

（b）有缺陷

图 4-2-29　内穿线圈在管壁上形成的涡流轨迹

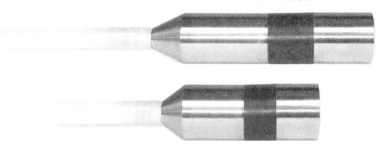

图 4-2-30　常规内穿线圈

注：黑色区域为封装后的绕组。

图 4-2-31　特殊内穿线圈

注：黑色区域为柔性连接，适合通过一定弯角的管路。

内穿线圈的主要技术特点如下：

（1）线圈可以利用多种运载工具进入管材内部，如塑料导管、蛇形导链、自动爬行器等。

（2）除了检测内表面不连续，还可以利用相位曲线检查壁厚的变化。

（3）可根据检测要求，调整线圈的宽窄，提供有效的磁场作用范围。

3. 外穿线圈

外穿线圈（也称环绕线圈或 OD 线圈）一般在大于被检测管棒材外径的非导电尼龙骨架上环形绕制一定匝数的铜线，类似通电螺旋管，绕制方式如图 4-2-32 所示。外穿线圈在被检管棒材外表面形成的涡流流动路径如图 4-2-33 所示。从图中可以看出，涡流轨迹是沿圆周方向环绕流动的，可以有效检查出垂直于管棒材周向的裂纹或不连续。外穿线圈一般用于自动检测圆形材料的外表面，如管材、棒材、丝以及方型材，管棒材自动检测线使用的外穿线圈如图 4-2-34 所示。

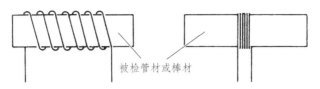

图 4-2-32　外穿线圈绕制的方式

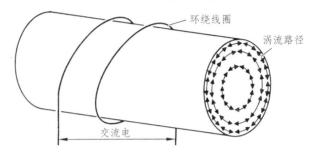

图 4-2-33　外穿线圈中的涡流流动路径

图 4-2-34　管棒材自动检测线上的外穿线圈

外穿线圈的主要技术特点如下：

（1）线圈绕组的形状与被检对象相符，使得管、棒、线材能够从探头中心通过。

（2）线圈的宽度可以调整，适用于检测不同类型的缺陷。线圈宽、覆盖面积大，适用于体积效应明显的信号响应，如电导率；线圈窄、检测分辨率高，能检测出微小的变化，如不连续或厚度变化。

（3）管材外表面的涡流密度高，检测灵敏度高沿管壁厚度方向降低。

（4）当棒材的直径足够大时，中心区域没有涡流，此现象称为"棒材中心效应"。

（5）检测效率高，利于实现自动化检测，但存在端部盲区。

（6）由于线圈必须从管材两端通过，外穿线圈只能检测没有加装接头的直管材和棒材。

（三）感应方法分类

《美国无损检测手册——电磁卷》介绍了基于感应线圈特征变化的分类方法，将检测线圈分为阻抗感应式线圈（简称阻抗线圈）和发射/接收式感应线圈（简称发射/接收线圈）。

1. 阻抗线圈

在阻抗线圈中，产生涡流的驱动线圈也是信号拾取线圈。由于线圈电压（对于恒定电流源）或线圈电阻（对于恒定电压源）的变化取决于线圈阻抗的变化，因此可以运用这种方式测量任何导致阻抗变化的材料参数（电导率、磁导率）及缺陷。

2. 发射/接收线圈

发射/接收线圈中，驱动线圈（或绕组）和拾取线圈（绕组）是分离的，阻抗变化产生的感应电压由拾取线圈测量，工作原理如图 4-2-35 所示。

在实际使用中，阻抗线圈和发射/接收线圈没有根本的区别。在特定的应用场合下，发射/接收线圈的检测深度超过阻抗线圈。图 4-2-36 和图 4-2-37 所示分别为两种线圈检测同一件样品的效果图，从图中可以看出，对于上表面缺陷，阻抗线圈和发射/接收线圈都能够检测出来，但对于下表面缺陷，发射/接收线圈的检测能力远超阻抗线圈。

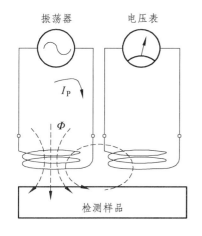

图 4-2-35　发射/接收线圈工作原理　　　　图 4-2-36　阻抗线圈检测结果

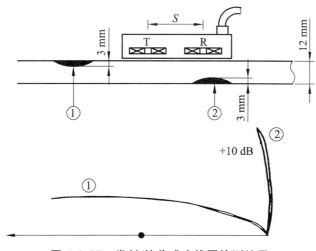

图 4-2-37　发射/接收感应线圈检测结果

（四）各类检测线圈的组合

虽然检测线圈可以按照结构形式、几何形状和感应方法进行分类，但单独的分类没有实际意义，必须有针对性地将分类进行交叉组合才能应用到实际检测中，图4-2-38列出了三种分类之间的常用组合形式。

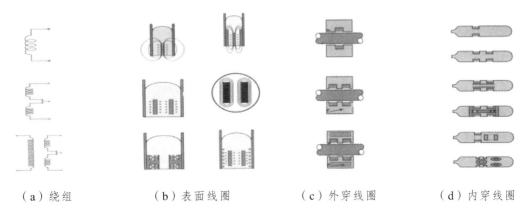

（a）绕组　　　　　（b）表面线圈　　　　　（c）外穿线圈　　　　　（d）内穿线圈

图4-2-38　常用线圈分类的组合

注：每一列从上到下依次为绝对、差动和发射/接收线圈。

二、影响检测线圈的主要因素

（一）提离曲线

涡流线圈制作完成后存在自身的初始阻抗（空线圈阻抗），属于检测线圈的固有特性，称为"无限提离阻抗"。当线圈逐渐靠近被检对象并接触材料表面时，阻抗的实部和虚部发生最大变化，称为"零提离阻抗"。线圈在这两点之间移动时所描绘出的阻抗曲线即提离曲线。

提离曲线是非线性的，靠近材料表面时磁场变化量增大，远离材料表面时磁场变化减小。小直径线圈在很小的提离范围内就会出现明显的提离效应。大直径线圈和发射/接收线圈的提离效应相对较小。

检测线圈提离效应可应用于导电基材上，非导电板材或非导电覆盖层的涡流测厚。当探头稳定接触于非导电覆盖层上时，覆盖层厚度就等于线圈的提离间距，涡流在下面的金属导电材料中感应产生。由提离造成的检测线圈幅度变化可用于间接测量覆盖层的厚度。同样，非导电板材的厚度也可利用提离效应进行测量。

（二）填充系数

对于内穿线圈和外穿线圈，提离效应也称为填充系数。填充系数是用于表征检测线圈与被检管棒材间电磁耦合程度的术语，是对被检件与线圈吻合程度的度量。最大的信号是在材料与线圈完全吻合（填充系数近似等于1.0）时获得的。尽管需要尽可能提高填充系数，但过高的填充系数有可能损坏线圈或管材表面。

如图 4-2-39 所示，当分别使用内穿线圈（绕组直径 D_i）和外穿线圈（绕组直径 D_o）检测外径 d_o、内径 d_i 的管材时，填充系数的计算方法如下：

（1）外穿线圈检测的填充系数 η_o 为

$$\eta_o = \frac{d_o{}^2}{D_o{}^2} \tag{4-2-3}$$

（2）内穿线圈检测的填充系数 η_i 为

$$\eta_i = \frac{D_i{}^2}{d_i{}^2} \tag{4-2-4}$$

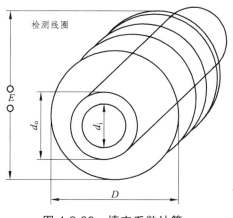

图 4-2-39　填充系数计算

（三）透入深度

感应产生的涡流在材料中并非均匀分布。涡流在表面上密度较高而随着材料深度增加成指数衰减。涡流透入材料中的距离称为"透入深度"。

标准透入深度的实际数值是指涡流密度衰减到相当于表面数值的 1/e（37%）时的深度，也称为"集肤深度"。在 5 倍标准透入深度处，涡流密度小于其表面值的 0.7%。

标准透入深度取决于电导率、磁导率和检测频率，对于大多数金属来说这个深度是相当小的，如 100 kHz 时，铜的标准透入深度约为 0.2 mm。标准透入深度对于探头的设计具有两个重要指导作用：

（1）检测线圈更适用于表面检测。

（2）近表面检测应使用低频。

（四）检测线圈直径

1. 对感抗的影响

涡流线圈的电感与线圈所包围的磁通量总和成正比。磁通量总和是通量密度 B 和线圈绕组内部面积的乘积，与线圈直径 d 的平方成正比。检测线圈的感抗对于空气中的空线圈而言也与检测线圈直径的平方成正比。小直径线圈具有较小的感抗，较大直径的线圈感抗大。空线圈感抗也随着线圈绕组的匝数增加而增大，因此检测线圈的电感基本与其直径和匝数的平方成正比，见式（4-2-10）。与激励线圈同轴绕制的拾取线圈的感应电压，也与线圈直径的平方和绕组匝数的平方成正比。

$$L \propto d^2 N^2 \tag{4-2-10}$$

2. 空气中磁场传输的影响

对于给定匝数或输入功率，围绕涡流线圈的磁场的作用范围直接与线圈直径成正比。例如，对于环绕类型的线圈，磁场的分布状况对于所有线圈都有相似的形状，其尺寸与环绕线圈的直径成正比。小线圈使磁场通常限于线圈绕组周围的一个小区域，大线圈能使磁场传输到远离线圈的空间。因此，小直径线圈只检测临近线圈区域内的被检材料，对于大直径线圈，可以检查的区域相对较大。

非屏蔽检测线圈的直径也决定了磁场作用范围。一般情况下，磁场延伸到非屏蔽检测线圈直径三倍以外的区域，用高功率驱动电路时，可以延伸到更大的区域。

3. 对磁场轴向传输的影响

一般情况下，仅在 1/10 线圈直径的轴向距离内存在相当强的磁场；在相当于线圈直径 1/3 处，磁场为线圈正面处的 50%；在相当于线圈直径的轴向距离处，磁场为线圈正面处的 10%左右，很低的磁化场产生的涡流信号非常小。大部分的线圈电压来自非常靠近线圈处的强磁场和被检材料最靠近线圈表层的密集涡流磁场。

【任务实施】

涡流检测线圈的基本工作过程可以描述为：检测线圈与激励单元匹配连接后，将一定幅度和频率的交变电流施加给被检材料，最终将涡流引起的阻抗变化信号反馈回调制接收单元。检测线圈还能与被检试件保持稳定的电磁耦合状态，抑制由材料表面和外形尺寸变化引起的干扰。

涡流检测线圈的性能和使用方式直接影响检测结果的准确性和可靠性。设计和制作涡流检测线圈时，需要控制的参数或材料包括自感、直径、长度、厚度、绕线匝数和线圈骨架材料等。正确选择涡流检测线圈的前提是，必须明确检测对象在电磁特性、结构形状和尺寸、质量控制等方面的具体要求。

【心灵驿站】　　　　【头脑风暴】

【思考题】

1. 简述涡流检测的基本原理。
2. 简述涡流的各项特性。
3. 影响线圈阻抗的因素有哪些。
4. 简述提离效应对阻抗图的影响。
5. 检测线圈有哪几种分类方式？
6. 影响检测线圈的主要因素有哪些？

项目三　涡流检测设备仪器及其应用

知识目标

1. 了解涡流检测仪的工作原理。
2. 了解涡流检测仪的各组成单元。

能力目标

1. 掌握涡流检测仪的分类。
2. 掌握涡流检测仪标准试样与对比试样的区别。

素质目标

1. 培养学生正确认识各种规章制度的重要性。
2. 强化学生的安全意识。

任务一　涡流检测仪器的工作原理及分类

【任务提出】

涡流检测设备的主要用途是给涡流检测线圈提供激励信号，分析处理反馈信号，并显示检测结果。

航空、航天、核电、化工等行业使用的涡流检测仪器设备类型多样，包括简单、通用、单频的涡流仪器以及复杂、专用、多频的检测系统。实施涡流检测时，应根据检测对象、检测灵敏度和成本控制等要求合理选用涡流仪器设备，既可能选择简单的模拟仪表显示信号幅值，也有可能选择带有计算机处理的数字多频检测系统。

【任务目标】

1. 了解涡流检测的设备的工作原理。
2. 了解涡流检测的设备的分类。

【相关知识】

随着电子技术的快速发展，各种类型的常规涡流检测仪器更加轻巧便携，功能更加强大，并且能完成较为复杂的检测工艺。

未来涡流检测仪器设备中将更多地使用数字信号处理技术和人工智能技术，逐步克服需要高级涡流检测人员进行高度主观解释的缺点。涡流信号分析系统的发展目标是使涡流检测能与其他无损检测方法一样，进行不连续性特征的定量分析。

一、涡流检测设备概述

通常所指的涡流检测设备是专用于原材料、半成品、成品质量检测专用的涡流检测仪，按照功能和用途的不同，又可分为便携式涡流检测仪、通用或专用涡流检测设备和特殊用途的涡流探伤系统。另外，根据特殊的应用对象和检测原理，用于电导率测量的电导仪和覆盖层厚度测量的涂层测厚仪也属于涡流检测仪器。

在工程使用中的涡流检测系统除涡流检测仪和检测线圈，还可能根据用途和条件增加线圈固定、线圈/检测试样传送、记录等辅助装置以及必要的软件系统。

（一）涡流检测仪器设备的主要评价指标

评价涡流检测仪器设备的技术指标主要包括：

（1）检测频率范围和精度。检测频率决定涡流标准透入深度。由于不同深度处的缺陷响应信号的幅度和相位与检测频率密切相关，因此检测频率范围和精度是评价涡流检测仪器的重要指标。

（2）驱动精度。

（3）增益线性和精度。

（4）水平/垂直偏差。

（5）积分精度。

（6）数字化率和采样率。

（7）带宽。

（8）稳定性。

（二）电子分析线路的基本特性

涡流检测仪归属于高精度的电子类仪器设备，使用了大量的电子元器件和集成电路，存在影响缺陷检测性能的各种因素.满足涡流缺陷检测用的电子分析线路应具有以下基本特性：

（1）灵敏度满足显示检测需要。

（2）信噪足够大，以便清晰识别最小有用信号和干扰噪声信号。

（3）稳定性好，校准仪器参数设置后，在规定使用周期内，不发生漂移。

（4）放大电路和检波电路能突出有用信号，而拒斥或抑制干扰信号。

（5）响应速度快，保证检查速度的同时，显示全部有用信号。

（6）适合各种环境条件，诸如振动、电子噪声、灰尘、温度和湿度的范围和极限值等。

（三）涡流检测仪器设备的选择

根据不同的检测对象，选用具体的涡流检测仪器设备时，应考虑的主要因素包括：

（1）采用的线圈类型。

（2）检测频率范围。

（3）相位显示或幅度显示要求。

（4）信号滤波要求。

（5）饱和磁场的要求（用于检测铁磁性材料）。

二、涡流检测仪器分类

（一）仪表型涡流检测仪

早期的仪表型涡流检测仪是使用模拟仪表显示。由于仪表型仪器只能显示最高或最低刻度的偏转，无法帮助使用者对信号进行进一步的判读和解释，并且响应速度较慢，不适用于快速检测。例如，一个典型的模拟仪表指针会在大约 0.5 s 的时间内从零刻度偏转到满刻度，这个上升时间等于一个约 2 Hz 的信号带宽，因此模拟仪表仅适用于以较低的速度进行手工扫描的检测现场。目前，仪表型涡流检测仪已经被阻抗平面显示仪器替代。

（二）标准阻抗平面显示仪器

标准阻抗平面显示涡流检测仪是使用 LCD 屏显示数字信号。标准阻抗平面显示仪器大多属于便携式涡流检测仪器，应用广泛、使用成本低。例如，用于国防科技工业涡流检测技术培训的 MIZ-21SR 型便携式涡流检测仪，如图 4-3-1 所示。

图 4-3-1　便携式涡流检测仪

带有阻抗平面显示的涡流仪器能综合显示阻抗的变化，主要控制功能包括：

（1）频率：调节信号发生器，在一个宽频范围内可选择驱动检测线圈的频率。

（2）增益（灵敏度，dB）：调节电桥输出信号的放大，以满足显示的需要。

（3）水平/垂直原点位置：调节显示屏上的原点位置。

（4）相位旋转：旋转原点偏转的方向。

（5）平衡（零点）：调节电桥的阻抗平衡。

（6）擦除（清除）：清除屏幕。

（7）闸门：设定特别关注的区域，能够触发报警。

（8）滤波器：以不同方式阻止一定频率范围的信号显示。

（9）探头驱动：调节作用于检测线圈上的电压幅度。

（10）水平和垂直显示放大：为了增强信号，允许显示的一个轴刻度相对于另一个轴刻度进行比例放大。

（三）多频涡流仪器

在涡流检测仪器的发展过程中，多频仪器的研制成功并且商业应用是最重大的技术进步之一。此类检测仪器解决了不同矢量叠加的合成信号难于解释的难题。由于在多个频率下驱动检测线圈，因此多频仪器不仅可以分别显示单一频率下的检测结果，还能显示不同频率信号彼此相减后的"混合输出"。

多频涡流仪的技术优势

（四）专用仪器

专用仪器是为了特殊应用而设计的，与通用涡流检测仪上配置的电导率、涂层厚度测量单元（或模式）相比，此类仪器在测量精度、方便调试等特点上更加突出，因而在完成该类检测项目时，专用仪器比通用涡流检测仪器更有效。专用涂层测厚仪如图 4-3-2 所示；数字电导仪（直接读出以 IACS% 值表示的电导率）如图 4-3-3 所示。

图 4-3-2　涂层测厚仪

图 4-3-3　数字电导仪

【任务实施】

涡流检测仪的基本工作原理：信号发生器产生交变电流供给检测线圈，线圈产生交变磁场并在工件中感生涡流，涡流受到被检件电磁性能的影响并反过来使线圈阻抗发生变化，通过信号检出电路检出线圈阻抗的变化。检测过程包括信号激励、信号拾取、信号放大、信号处理、消除干扰和显示检测结果等步骤。

常用的涡流检测仪器都具有阻抗分析功能，阻抗平面分析系统模式如图 4-3-4 所示。

图 4-3-4　涡流阻抗平面分析系统模式

任务二　涡流检测仪的组成单元

【任务提出】

涡流检测仪的组成单元主要包括信号激励、信号调制、信号预处理、信号检波和信号显示，主要组成单元的原理如图 4-3-5 所示。需要提示的是，涡流仪器的种类很多，讲述仪器内部结构和组成单元的著作、文献也较多，本任务中选用的图 4-3-5 出自《美国无损检测手册——电磁卷》。

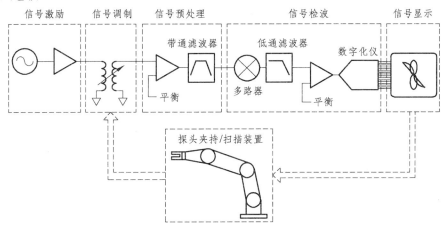

图 4-3-5　涡流检测仪的主要组成单元

【任务目标】

1. 了解涡流检测仪的各组成单元。
2. 掌握涡流检测仪的各组成单元的作用。

【相关知识】

一、信号激励单元

信号激励单元包括振荡器、分频电路和匹配电容。根据要求可以设置振荡器输出的正弦交变电流的幅度和频率。信号激励单元的核心是振荡器，它就是一个不需要外信号激励的频率源，可以将直流电能转化为交流电能的装置。

二、信号调制单元

信号调制单元具有信号调制和探头驱动的功能。

（一）信号调制

信号调制的目的就是使用载波的形式传输涡流信号。载波通常是由信号发生器产生的高频正弦波，具有可被调制的特性。使用载波传输的理由：由于发送的数据频率为低频，如果按照数据原有频率传输，不利于同步和接收。如果将数据信号通过调制后加载到载波信号上，按照载波的频率接收和同步数据信号，再通过解调提取缺陷信号，使得数据传输失真度小，损耗低。为避免发生混叠现象，一般要求正弦载波的频率远远高于被调制信号的频率。

在信号传输过程中，把原始信号附加到高频载波的过程称为调制。调制过程是将模拟或数字信号转换成特殊的高频模拟信号。常用的模拟信号调制技术有三种：

（1）改变载波的振幅称振幅调制。

（2）改变载波的频率称频率调制。

（3）改变载波的相位称相位调制。

（二）探头驱动

涡流检测仪信号调制单元中线圈驱动电路如图 4-3-6 所示。

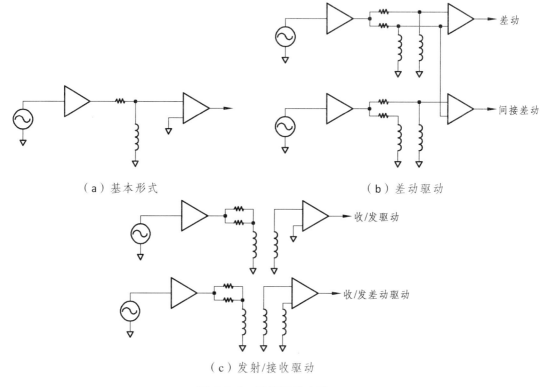

（a）基本形式　　　　　（b）差动驱动

（c）发射/接收驱动

图 4-3-6　线圈驱动电路

三、信号预处理单元

信号预处理单元主要包括平衡电路和带通滤波器，部分涡流仪器还包括前置放大器。

（一）平衡电路

涡流仪在与检测线圈进行匹配时通常采用电桥电路，无论是差动线圈还是绝对线圈都会存在检测线圈不可能严格一致的现象。当检测线圈空载或线圈放置在电磁性能相同且无缺陷的位置时，仍然会有微弱的残余电压（或称不平衡电压）输出，从而影响检测的正常进行。因此在涡流仪的信号检出电路中，都有消除残余电压干扰的补偿器（绝对线圈和差动线圈分别调整）。

（二）带通滤波器

带通滤波器是允许特定频段内信号通过，阻断其他频段信号通过的器件。一个理想的带通滤波器应该有平稳的通带，同时限制所有通带外频率的信号通过。但是实际上，没有真正意义的理想带通滤波器，这是由于在理想通带边界有一部分频率衰减的区域，不能完全过滤。

带通滤波器可以表示成具有单一的传输频带（具有衰减相对较小的通带）的滤波器，它从大于零的下限频率延伸到有限的上限频率。在频带较低的剪切频率 f_1 和较高的剪切频率 f_2 之间是共振频率，滤波器的带宽就是 f_2 和 f_1 之间的差值（图 4-3-7），此带宽内的信号增益的衰减不超过 3 dB。

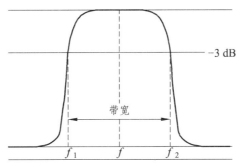

图 4-3-7　带通滤波器的频谱图

四、信号检波单元

检测信号经过放大后，需要提取由试件的不连续性叠加在信号中的调制成分，可以使用检波电路进行解调。最简单的检波器是一个由二极管和低通滤波器（有时是峰值检波器）组成的幅值或包络检波器，这类检波器的输出与信号幅值成正比，与其相位角无关。相敏检波器用来恢复信号中所包含的相位角信息。

信号检波单元包括多路器、低通滤波器、数字化仪和平衡电路等部件。

五、信号显示、记录、控制单元

（一）显示器

显示器用于显示经过放大和处理后的检测信号，用于检测结果的判定。目前，用于涡流检测系统的显示器主要有指针式电表、数字显示器和示波器等。

（二）记录装置

检测时，需要将检测结果记录下来，然后进行后期的分析与判断。根据检测设备不同，对记录仪的要求也不一样。对于以显示信号幅度为主的检测仪来说，只需用二通道的记录仪，以分别记录 X 分量和 Y 分量。对于某些在役检测中的多频涡流仪，需要多通道（有时多至八通道）记录仪，除纸带记录仪外，有时也用磁带记录仪。

目前，配备计算机的涡流仪的记录形式很多，如软、硬磁盘，磁带机，光盘等都已经得到大量应用，不仅可记录下多通道的缺陷信息，还可将针对不同检测任务（如检测不同工件）的合适检测参数（采用频率、场强、增益、相位等）分别赋予文件名，定量存储，以供现场检测需要时方便调用。

【任务实施】

实施涡流检测过程中，可以根据需要增加辅助装置进行自动或半自动检测，包括无法实现手动操作的特殊位置的。辅助装置可以提供更稳定的电磁耦合状态，定位准确并且检测效率高，但辅助装置的设计、制造、使用和维护都与检测成本密切相关，需要综合考虑。典型的辅助装置如图 4-3-8 所示。

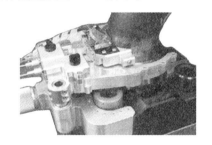

（a）管接头焊缝自动检测装置

（b）弯曲管道的多通道检测装置

（c）用于管道内穿线圈检测的气动推进器

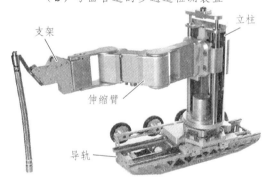

（d）特殊位置检测的探头支架

（e）管道检测系统

（f）飞机轮毂自动检测装置

图 4-3-8　辅助装置

任务三　涡流检测的标准试样与对比试样

【任务提出】

涡流检测与超声波检测方法一样，不能对试件中的自然缺陷的深度直接定性、定量判断，是一种相对的检测方法。检测时，为了确定调试仪器的状态（如灵敏度、干扰抑制等）和确定验收标准，需要借助已知样品对仪器进行调试，对检测对象的质量做出评价，而已知样品是按照用途设计制作的具有一定已知几何形状和尺寸的人工缺陷。如果脱离了这类起参比作用的已知样品，任何涡流检测方法将无从实施，这类参考物质在涡流检测中通常被称作标准试样或对比试样。根据标准试样或对比试样的具体形态不同，又有标准试块和对比试块，或标准试片和对比试片。

目前，在一些标准文件和文献资料中对于标准试样和对比试样冠以不同的名称，甚至对标准试样和对比试样不加区分地混用。以下从无损检测技术领域已形成的较为广泛共识的角度，对涡流检测中涉及的标准试样和对比试样做一介绍。

【任务目标】

1. 了解涡流检测的标准试样与对比试样。
2. 能根据不同的工况正确地选用标准试样与对比试样。

【相关知识】

一、标准试样

标准试样是按相关标准规定的技术条件加工制作，并经被认可的技术机构认证的用于评价检测系统性能的试样。

标准试样是按照相关标准加工制作并用于仪器性能测试与评价的标准样品，并不直接与被检测对象的材质相关和用于具体产品的检验。大多数涡流探伤标准对对比试样的选材、加工制作和人工缺陷的形式、大小做了规定，但对涡流仪器的使用性能，如检测能力、周向灵敏度差、端部盲区、分辨力及线性度等性能指标均未作规定，因此也就未涉及用于涡流仪器性能测试与评价的标准试样。德国 DIN54141 标准第 2 部分《无损检测管材的涡流检测穿过式线圈涡流检测系统性能的测试方法》、GB/T 14480 – 2005《无损检测仪器　涡流检测设备》和 JGG（民航）0061 – 2001《涡流探伤仪》国家计量检定规程是关于涡流仪器性能测试的专用标准。本任务以德国 DIN54141 标准有关内容为例，对管材涡流探伤标准试样的相关知识简单加以介绍。

表 4-3-1 列出了几种材料管材对应的测试频率范围。

表 4-3-1　几种材料管材（壁厚为 2 mm）涡流检测的参考频率

材料	SF-Cu	X-10	CuZn20 Al	St35.2
测试频率/kHz	0.5 ~ 6	10	2.5 ~ 30	1 ~ 50

二、对比试样

对比试样是针对被检测对象和检测要求，按照相关标准规定的技术条件加工制作、并经相关部门确认的用于被检对象质量符合性评价的试样。与标准试样的定义相比，可以看到对比试样不同于标准试样的重要特性包括以下两个方面：

对比试样

一是与被检测对象密切相关，即对比试样的材料特性与被检测对象必须相同或相近，这一点在标准的技术要求中会做出明确规定，如材料牌号、热处理状态、规格或形状等。

二是与检测要求相适应，即对比试样上人工缺陷的形式和大小应根据检测要求确定，这一点是由对比试样的本质用途所决定。

根据定义，对比试样是用作被检测对象质量状况的评价依据，因此其上面人工伤的形式和大小尺寸应根据被检测对象在制造或使用过程中最可能产生的自然缺陷的种类、方向、位置和对产品可靠使用的影响等因素确定。

表 4-3-2 列出了常见人工缺陷的种类，图 4-3-9 是它们的图形。在实际的检测中，以通孔和矩形刻槽最为常见。在用人工纵向刻槽的场合，刻槽的截面形状采用矩形较为合适，因为涡流检测的灵敏度与刻槽的体积有关。另外，也由于 V 形槽要确定夹角的大小，制作困难，所以在涡流检测中大多采用矩形（即 U 形槽）作为人工缺陷。

表 4-3-2　对比试样常用缺陷类型

种类		形状	尺寸标注
人工缺陷	刻槽	矩形槽	深、长、宽
		圆形槽（圆片铣刀加工）	深、长、宽
		V 形槽	深、长、角度
	钻孔	通孔	孔径
		平底孔	孔径、深度
	自然缺陷	裂纹、夹杂等	缺陷种类、尺寸

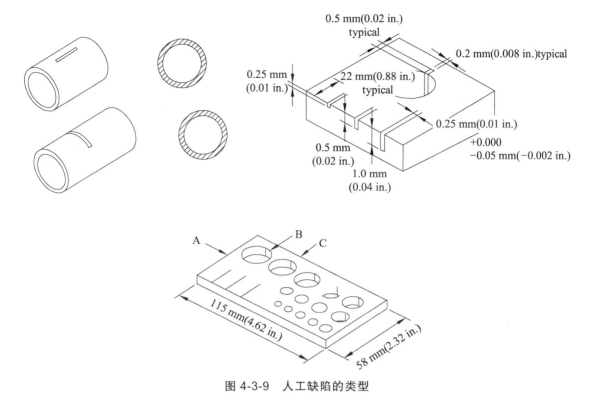

图 4-3-9　人工缺陷的类型

三、对比试样的选材

对比试样在加工制作前的选材十分重要,理想的对比试样可以从同一批被检试样中选取,加工后的对比试样可直接用于材料或零件的探伤,并据其评价缺陷信号的大小、相位。在选材过程中应遵循以下基本原则:

（1）材料、热处理和表面状态应与被检测对象相同或近似。

（2）规格、外形与被检测对象一致。

为满足上述要求，一般采用截取被检测材料或零件的典型部位加工制作。由于被检测材料和零件千差万别、多种多样，在检测每一种材料、每一种规格的零件时都制作相应的对比试样往往不可能或有时是不允许的，因此可采用电磁性能相近、外形相似的对比试样替代使用。但应确认替代使用的对比试块对于被检测材料或零件具有等效性和代表性，避免随意、盲目地使用替代试块。

对比试样加工方法

对比试样的本质用途是建立评价被检测产品质量符合性的标准，即以对比试样上人工缺陷作为判定该产品经涡流检测是否合格的依据。除此之外，对比试样在检测过程中还具有其他作用:

（1）对涡流检测系统进行调试和检查。实验前，利用对比试样进行预调，选择检测条件，确定最佳检测装置，从而确定检测参数，如检测频率、相位等检测参数的设定和机械系统传送速度、稳定度的调整。

（2）检测系统长时间工作稳定性的监测。为消除外界干扰因素的影响，保证涡流检测结果的一致性，通常在涡流检测系统连续工作一段时间后（如 2 h 或 4 h）或发现涡流仪器显示出现异常时，要求采用对比试样对检测系统进行重新测试。

（3）产品的验收标准。涡流检测是以标准制定的对比试样人工缺陷来调节仪器的，并以缺陷信号为基准，判断试件是否合格。但要注意，当试件有一个与人工缺陷信号相同的指示信号时，不能认为试件中的缺陷与人工缺陷的几何尺寸相同，因为人工缺陷只是作为调整仪器的标准当量，而不是实际存在的自然尺寸的度量标准。

【任务实施】

涡流检测技术
及应用

图 4-3-10 所示试样是一典型的管材探伤用对比试样。试样上 3 个通孔缺陷沿轴向方向等距离排列，在圆周方向上以 120°均匀分布在圆周面上，其作用是调定检测灵敏度和传动系统的对中状态；在接近对比样管某一端部位置上的通孔的作用是评价和保证涡流检测系统的端部盲区。

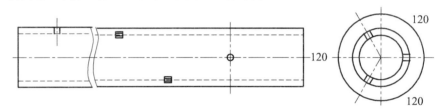

图 4-3-10　评价检测系统周向灵敏度差的标准试样

图 4-3-11 所示试样是一典型的热交换器管探伤用对比试样。试样外表面从左至右加工有 5 个深度分别为管材壁厚 10%、20%、30%、40% 和 50%深度的周向刻槽，内表面刻有 1 个深度为壁厚 10%的周向刻槽，槽深容许偏差为 0.075 mm。各槽宽度和间距分别均为 10 mm 和 50 mm，槽宽和间距容许偏差为 5 mm。

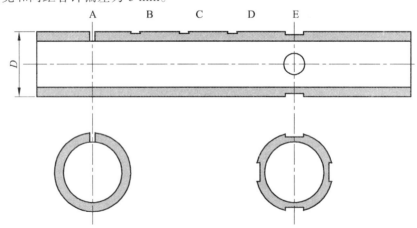

图 4-3-11　热交换器管探伤用对比试样

图 4-3-12 给出了两个零件探伤用典型对比试样。这两种对比试样分别用于平板试件或具有较大曲率半径试件和带有螺栓孔零件探伤。槽的深度如图所示，宽度为 0.15 mm，容许偏

差均为 ± 0.05 mm。

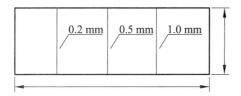

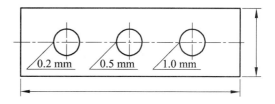

（a）平面试件探伤用对比试样　　　　　　　（b）螺栓孔探伤用对比试样

图 4-3-12　零件探伤用对比试样

【心灵驿站】　　　　　　　【头脑风暴】

【思考题】

1. 涡流检测仪器设备的主要评价指标有哪些？
2. 简述电子分析线路的基本特性。
3. 涡流检测仪由哪些单元组成的？
4. 简述信号预处理单元的作用。
5. 简述标准样管的规格、尺寸及材料。
6. 简述对比试样的两种重要特性。
7. 金属管材的缺陷是如何形成的？

单元五　目视检测技术

　　目视检测，又称外观检验，是一种手续简便而又应用广泛的检验方法，主要用于发现材料表面的缺陷。目视检测包括直接和间接两种方法，直接检测不依靠辅助工具直接用肉眼进行观测，间接检测则可以借助放大镜、镜片、内窥镜（迷你相机）、闭路电视等工具协助进行检测。

　　目视检测是极为重要的无损检测方法，却经常被忽视，它是无损检测工业的基础。例如，对现行工程应用目视检测常可发现一些较为明显的问题，如泄漏、高频超差、腐蚀和错位等。同时，目视检测也可有效确认局部进行无损检测的必要性。

项目一　目视检测基础知识

 知识目标

1. 了解目视检测的定义及应用场合。
2. 理解目视检测中的光学基础。
3. 了解目视检测中的设备及器件。

 能力目标

掌握目视检测的操作。

 素质目标

培养学生细致观察的良好习惯。

任务一　目视检测中的光学基础

【任务提出】

人类的视觉功能是一种本能，因此目视检测可以说是有人类以来就有的最为古老的检测方法，从广义上说只要人们用视觉进行的检查都称为目视检查。现代目视检测是指用观察评价物品（诸如容器和金属结构和加工用材料、零件和部件的正确装配、表面状态或清洁度等）的一种无损检测方法，它仅指用人的眼睛或借助于光学仪器对工业产品表面观察或测量的一种检测方法，典型的是将目视检测限制在电磁谱的可见光范围之内。

【任务目标】

1. 了解目视检测的应用场合。
2. 熟知目视检测中的光学基础。

【相关知识】

目视检测是无损检测的重要方法之一。由于其原理简单，易于理解和掌握，不受或很少受被检产品的材质、结构、形状、位置、尺寸等因素的影响，一般情况下，无须复杂的检测设备器材，检测结果具有直观、真实、可靠、重复性好等优点，被广泛应用于产品制造、安装、使用的各个阶段。它不仅可应用于原材料的检查，如铸件、锻件、坯料、棒材、丝材、管件、粉末冶金、非金属材料等；也可应用于产品检查，如焊接件、设备支撑、螺栓、螺母、减振器、限位、压力容器等；还可应用于产品使用过程中的定期和非定期检查。

光和人类的生产生活有着十分密切的关系，人的视觉要依靠光，人类的一切活动几乎都离不开光，人们常说"耳听为虚，眼见为实"正反映了人对光的重要作用的认知。下面介绍与目视检测相关的一些概念。

一、光学中的基本物理量

（一）光通量

在单位时间内通过某一面积的光能，称为通过这个面积的辐射通量。各色光的频率不同，人眼对各色光的敏感度也有所不同，因此，即使各色光的辐射量相等，在视觉上产生的亮度也不同。按照产生亮度程度来估计辐射通量的物理量称为光通量，光通量的国际单位为流明（lm）。一个光源发出的总光通量与总辐射通量之比称为光源的发光效率，它表示每瓦辐射通量所产生的光通量。对于利用电能的光源，其发光效率是每瓦耗电功率所产生的流明数。表5-1-1列出了一些光源的发光效率。

表 5-1-1　常用光源的发光效率

光源名称	钨丝灯	卤素钨灯	荧光灯	氙灯	碳弧灯	钠光灯	高压汞灯	镝灯
发光效率/（lm/W）	10～20	30	30～60	40～60	40～60	60	60～70	80

（二）发光强度

发光强度用来描述光源发光的强弱，简称发光度，单位坎德拉（cd）。点光源向各个方向发出的光能，如果在某一方向上划出一个微小的立体角，则在此立体角的范围内光源发出的光通量与立体角的比值称为点光源的发光强度。

（三）照　度

1. 照　度

物体单位面积上所得到的光通量称为物体表面上的光照度，简称照度，单位勒克斯（lx）。1 lx 等于 1 m² 面积上得到 1 lm 的光通量，即 1 lx = 1 lm/m²。

2. 光出射度

发光体表面上微小面积范围内所发出的光通量与这一面积之比，称为这一微小面积上的光出射度。

3. 反射率

被照明物体表面的反射或散射出入射到光源表面上的光通量称为二次光源。二次光源的光出射度与受照的光照度之比，称为表面的反射率。

（四）照度定律

1. 照度第一定律

用点光源照明时，假使光源的光度不变，垂直照射面上的照度跟它到光源的距离的平方成反比。这就是照度第一定律，也称为照度的平方反比定律。光的平方反比定律只用于点光源。如果光源的尺寸比较大，甚至光源的尺寸大于光源到物体之间的距离时，照度并不因距离的改变而有多大的改变。光源尺寸不超过它到物体表面距离的 1/10 时，平方反比定律是比较正确的。

2. 照度第二定律

照度的大小还与受照面的法线和光线之间的夹角（也就是入射角）有关。物体表面上的照度跟光线入射角的余弦成正比，这就是照度的第二定律，也称为照度的余弦定律。

（五）亮　度

亮度是光源单位面积上的发光强度，单位为坎德拉/平方米（cd/m^2）。其另一种单位是"熙提"，它表示 $1\ cm^2$ 的均匀发光表面上发出的 $1\ cd$ 发光强度的亮度，即 1 熙提 $= 1\ cd/cm^2$。

一般，光源在不同辐射方向上亮度的值不同。有一些光源的亮度不随辐射方向变化，这种光源称为"朗伯光源"，一般的漫反射表面，如磨砂玻璃等漫透射面以及涂有氧化镁或硫酸钡的漫反射表面，经光源照射后，其漫透射光和漫反射光近似具有这种特性。

二、图像形成及看清物体的条件

视力是指人眼视物的能力。决定视力的主要因素是物体的大小及物体离眼睛的距离，其他还有物体的亮度、背景、对比度、颜色等。

（一）图像形成

1. 眼睛的调节

眼睛能清晰地看见不同距离的物体的能力称为调节。人眼能看清的物体的范围称为调节范围。正常人眼可从无限远到 250 mm 轻松调节。把眼睛中晶状体肌肉处于放松状态下所能看清的点称为明视远点，把眼睛中晶状体肌肉处于紧张状态下所能看清的点称为明视近点。人眼最适宜观察和阅读的距离为 250 mm，这个距离称为明视距离。

2. 眼睛的适应

眼睛的适应可分为暗适应与亮适应。暗适应是指从亮处到暗处，瞳孔逐渐变大使进入眼睛的光亮逐渐增加，暗适应逐渐完成。此时，眼睛的敏感度提高，经过 50～60 min 达到极值。人眼能感受到的最低照度值称为绝对暗阈值，约为 10^{-9} lx。亮适应是从暗处到亮处时的适应，亮适应的过程比较短，一般只需几分钟。

3. 人眼的分辨率

分开靠得很近的两个相邻点的能力称为人眼的分辨率。眼睛的分辨率随着被观察物体的亮度和对比度的不同而不同。当对比度一定时，亮度越大分辨率越高；当亮度一定时，对比度越大分辨率越高。光谱成分也会影响眼睛的分辨率，单色光的分辨率比白光好，对波长为550 nm 的黄色光分辨率最好。

（二）看清物体的条件

人眼看清物体的条件包括视场、照度、视角。

1. 视　　场

眼睛固定注视一点或借助光学仪器注视一点时所能看到的空间范围称为视场。看清物体的第一条件是物体的像要落在视网膜上，并且落在黄斑中央的中心凹处。

2. 照　　度

光亮度的变化范围在 10 万倍左右，而瞳孔的调节范围就光通量可能通过面积的大约 16 倍。因此，看清物体的第二个条件是物体应该具有一定的照度。

3. 视　　角

人眼能分辨的最小视角是 1′，因此看清物体的第三个条件是视角不小于 1′。

任务二　目视检测的设备及器件

【任务提出】

目视检测只是一般的宏观表面检测，眼睛的观察和分辨能力毕竟有限，不能发现表面非常细微的缺陷。在观察过程中，由于受到工件表面照度、颜色的影响会发生漏检现象。为了提高目视检测效果，早期人们曾应用放大镜、窥膛仪等光学仪器进行目视检测。近年来随着科学技术的发展，先后出现了光纤内窥镜、视频探测镜和工业检测用闭路电视等新型的光电仪器。

【任务目标】

1. 了解目视检测中的设备及器件的构造与性能。
2. 会使用反光镜、放大镜、望远镜、工业内窥镜、照相机及测量工具。

【相关知识】

一、光源的种类及其特点

凡能发射电磁辐射且有一段辐射光在可见光范围之内的物体称之为可见光光源。可见光光源可分为自然光源和人工光源两大类，日光是最重要的自然光源。人工光源大致可分为温度辐射光源、气体放电光源、固体发光光源、激光光源等几类。

（一）自然光源

日光是人们天天都要使用的，最熟悉的一种自然光源，它透过大气层照射到地面，强度和光谱特性均会受到一定影响，并随地理位置、气候、季节、时间的变化而变化。它是一种色表和显色性较好的光源，在目视检测中被广泛运用。但受地点、时间、照度要求、使用要求与使用条件的限制，往往不能充分利用自然光源。

（二）人工光源

1. 温度辐射光源

温度辐射光源是使物体温度升高而发光的光源，如钨丝白炽灯及卤钨灯。白炽灯发出的光是连续光谱，故其显色性较好。当灯丝温度升高时，色表愈接近日光。由于用途不同，白炽灯的结构形式很多，其灯丝的形状有点光源、线光源和面光源。

碘钨灯和溴钨灯是最常用的卤钨灯。与白炽灯相比，卤钨灯寿命长，发光效率高，在整个寿命期中可始终保持接近 100%的光通量，灯丝亮度高，玻璃小而坚固，因而可使灯具和光学系统小型化，使成本降低。

2. 气体放电光源

使电流通过气体（包括某些金属蒸气）而发光的光源称为气体放电光源，如钠灯、汞灯、氙灯等。它们是光谱仪器中常用的光源，统称为光谱灯，发出不连续的线光谱。

3. 半导体灯

半导体灯又称 P-N 发光灯或发光二极管，它电压低、耗电少、点燃频率高、寿命长、体积小，但光效率低，目前常用于指示灯或显示器。

4. 激光光源

它是一种新型光源，具有单色性好、方向性好、相干性好及辐射密度高等特点，在国防、生产和科研中被广泛应用。

（三）不可见光源

有些发光体可以发射出红外线或紫外线，由于其波长不在人眼的可见范围内，我们称这类发光体为不可见光源。因为目视检测主要是利用人眼对被检对象进行观察，故不可见光源在目视检测中较少采用。

（四）光源的选择

在目视检测中，光源是一个很重要的检测器材，合理正确地选用光源是保证目视检测的一个重要因素，因此在选择光源时要考虑以下几个方面：

1. 光谱能量分布特性

不同的光源其光谱能量的分布是不相同的，在选择光源时必须考虑检测的要求，采用类似日光的光源或黄绿色光是合适的。如为了使彩色还原良好应采用光色丰富的日光、强光白炽灯、氙灯等光源。

2. 灯泡的寿命

不同型号及不同种类的灯泡，其寿命也不同，应综合考虑各种条件，以选择寿命长一些的为宜。

3. 使用条件及经济性

在检测大面积区域时应采用照度均匀，照射面积大的白炽灯为宜；检测试件某部位，对细小缺陷进行仔细观察时应采用具有聚光作用的灯为好；在进入容器等内部执行检测时，由于容器内部通常较暗应采用强光光源，同时从安全角度出发还应考虑具有防爆功能和在安全电压以下工作的光源。

二、反光镜、放大镜、显微镜和望远镜的构造与性能及使用

（一）反光镜

反光镜包括平面反光镜、凹面反光镜和凸面反光镜三种，目视检测中最常用的反光镜是平面反光镜，即反射面为平面的反光镜，它是利用光的反射原理在人眼不能直接观察的情况下，转折光路，从而达到观察的目的。

平面反光镜是由玻璃加镀层组成的，通常采用透光性能良好的光学玻璃并在其背面镀银制成。人们日常生活中使用的镜子就是最简单的平面反光镜。平面反光镜因其结构简单、成本低廉，市场上随处都可购得，故而是目视检测的重要工具之一。但是由于平面反光镜由玻璃构成，使用中非常容易破坏和破裂，因而在特殊场合，如容器内部及洁净场合应当慎用。医用咽喉镜，也是目视检测常用工具之一，其镜面直径约为 22 mm，并与手柄成 45°角，医学上常用于口腔检查，能清晰显示小范围内的表面状况。

（二）放大镜

为了增大视角，便于仔细观察工件的各部分细节，应近距离观察。但是，眼睛的调节是有限度的，正常的眼睛不能聚焦的距离小于 150～250 mm。在平均视野条件下，能看清直径约 0.25 mm 的圆盘和宽度为 0.025 mm 的线。使用放大镜就可以克服人眼这些极限条件，使眼睛能够看清工件各部分细节。

（三）显微镜

观察微小的物体要用放大倍数比较大的显微镜。显微镜的结构颇为复杂，常由 4 个以上的透镜组合而成，放大倍数可达几十万倍，可对工件的组织结构进行观察。目视检测是一种宏观检测，通常情况下很少使用放大倍数很高的显微镜。

（四）望远镜

望远镜是一种用于观察远距离物体的目视光学仪器，能把远方很小物体的张角按一定的

倍率放大，使之在像空间具有较大的张角，使本来无法用肉眼看清或分辨的物体变得清楚可见或明晰可辨。所以，望远镜是目视检测中常用的工具之一。

三、工业内窥镜的构造与性能及使用

内窥镜检测最早用于人体的医学检查。20 世纪 50 年代开始逐渐进入工业检测领域，并出现专门的工业内窥镜。随着工业产品对内窥检测的需求，以及工业内窥镜制造技术的完善，内窥检测在各个工业系统得到了广泛的应用。工业内窥镜已成为一种必不可少的检测工具，根据不同的检测需求人们研制生产了各种不同规格形式的工业内窥检测设备，以适应不同具体要求。

我国在 20 世纪 70～80 年代开始从国外引进工业内窥镜，主要用于航空、航天产品内部多余物控制及一些零部件的质量检查。近年来，国内内窥检测已进入了实用阶段，越来越多地运用于产品生产质量的控制，并发展成为一项专用的检测手段。

内窥镜检测设备主要包括内窥镜、检测工装、辅助照明设备等，其中最主要的为内窥镜。内窥镜有不同的分类方法：

（1）根据使用领域分为工业内窥镜和医用内窥镜两大类。

（2）根据其能否弯曲分为刚性内窥镜和柔性内窥镜两大类。

（3）根据其成像特征分为光纤内窥镜和视频内窥镜两大类。

（一）直杆内窥镜

直杆内窥镜通常限用于观察者和被观察物之间是直通道的场合，根据使用要求的不同，可有不同的类型。典型的直杆内窥镜其结构如图 5-1-1 所示，在不锈钢镜管内，光导纤维束将光从外部光源导入，以照亮观测区，由接物镜、一系列消色差转像透镜和接目镜组成的光学系统使观测者可对观测区进行高分辨力的观测（内窥镜的放大倍数常为 3 倍到 4 倍，也有放大到 50 倍的）。这种内窥镜的插入部分管径为 7～10 mm，工作长度为 20～1 500 mm，观测方向（视向）可以是 0°、45°、70°、80°、90°、110°，而视野可以是 35°、50°、56°、60°、70°、80°、90°（图 5-1-2）。目前的直杆镜可以做轴向 360°旋转，周向扫查更为方便，并且可以实现单根直杆镜视向 55°～115°可调，具有这种功能就可以达到用一根直杆镜来代替多根直杆镜的目的。图像可用肉眼观测，也可通过转接器用照相机拍摄，也可通过转接器和电视摄像机在电视监视器上观测。插入部分可全防水，工作温度为 -10～150 ℃，压力可至405 kPa。

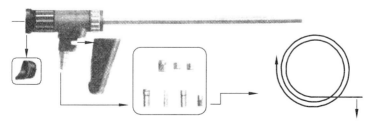

图 5-1-1　焦距可调直杆内窥镜典型机构示意

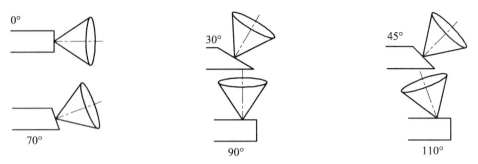

图 5-1-2　某些直杆内窥镜视向和视野示意

微型直杆内窥镜其结构如图 5-1-3 所示，在不锈钢镜管内装的是光导纤维和由自聚焦透镜等组成的自聚焦光学系统，其特点是可做到插入部分的管径为 7 ~ 2.7 mm，在极小的焦距处放大倍数可高达 30 倍，工作长度可达 260 mm，视向为 0°、15°、30°、70°，视野为 65°、80°、90°。

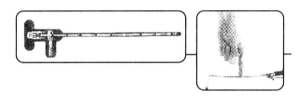

图 5-1-3　微型直杆内窥镜典型结构示意

（二）光纤内窥镜

光纤内窥镜主要用于观察者到观察区并无直通道的场合。

1. 光导纤维的传光和传像

普通形式的玻璃抗弯强度是非常低的，但玻璃纤维能弯而不断。光学玻璃较普通玻璃有好得多的传光性能，用光学玻璃制成的细纤维能沿弯曲路径很好地传送光线，它被称为光导纤维（光纤）。光导纤维的截面多数是圆形，由具有较高折射率 N_1 的芯体和较低折射率 N_2 的涂层组成，如图 5-1-4 所示。在光纤中，如果光线以 θ 角入射到光纤的入射端面上，按折射角 θ_1 进入光纤后将到达芯体与涂层间的光滑界面，当满足全反射条件时，便会在界面上发生光纤内的全反射，全反射光线又可按同样的角度在相对面上发生全反射，依靠不断的全反射，该光线即可在光纤中传播，直至从光纤的另一端（出射端面）射出。显然，要使光线在包含光纤轴线的平面（子午面）内作全反射传播，其入射角必有一极限值 θ_M，有

$$\sin\theta_M = (N_1^2 - N_2^2)^{\frac{1}{2}} \tag{5-1-1}$$

只有入射角 $\theta < \theta_M$ 的光线才能在光纤中传播。$\sin\theta_M$ 称为光纤的数值孔径，它反映了光纤的集光本领，数值孔径越大，集光本领也就越强。

光纤弯曲时，光线在内部的入射角 φ 将发生变化，如图 5-1-5 所示，此时，通过光纤轴线的平面也只有一个，一部分光线将在弯曲部分逸出，从而引起传输损失。一般，由于芯体直径很小（几微米至数百微米），当弯曲的曲率半径相对光纤直径来说很大时，弯曲损耗可以

忽略。此外，入射到光纤端面的光线，除了处于通过光纤轴线平面的光线外，还有许多斜光线，它们的逸出也会引起一定的传输损失。

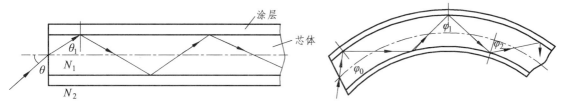

图 5-1-4　光线在光纤子午面内的传播　　　　图 5-1-5　光线在弯曲子午面内的传播

一根非常细的光纤不可能传送足够的光，将许多单根光纤整齐排列成光纤束，则每根光纤的端面都可看成是一个取像单元，这样，通过光纤束即可把图像从入射端面传送至出射端面，完成图像的传送，如图 5-1-6 所示。

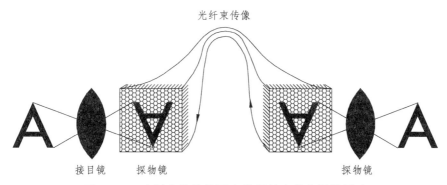

图 5-1-6　光纤束的传像面内传播的光线传播的影响

2. 柔性光纤内窥镜的构成

典型的柔性光纤内窥镜由物镜先端部、弯曲部、柔软部、操作部和目镜组成。导光束、导像束和用以操纵头部角度的钢丝等均装在镜筒中，如图 5-1-7 所示。

光传导束所用光纤直径通常是 30μm，图像传导束中光纤的直径关系到所获图像的分辨力，光纤直径小，排列精确，这样在图像传导束中就可装填更多的光纤，可获得较好的分辨力。在分辨力较高的情况下，方有可能利用较宽视场的物镜将图像放大，图像传导束光纤直径一般在 6.5 ~ 17 μm。

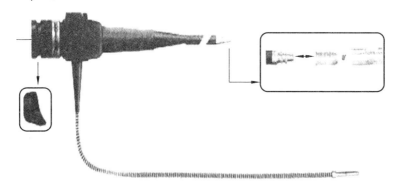

图 5-1-7　工业光纤内窥镜结构示意

3. 视频内窥镜

应用光纤内窥镜虽然可以在一些狭小弯曲的试件内部进行检验，使用方便、用途也很广泛。但由于光纤传像束的固有结构特征，其分辨率不够高、图像不够清晰。

在光纤内窥镜图像传导束中，每一根光纤都为目镜传送一部分检测图像，但在各根光纤之间则有一个很小的空间成为图像传送的空档，形成一个个"蜂房"或网格图形，因而增加图像的颗粒状使之模糊不清。另外，光纤束的长时间固定弯曲及拐折也会使一些光纤折断，它们所传送的像素就会消失，因而出现黑点，称为黑白点混成灰色效应，从而使分辨力下降。

直杆内窥镜在具有成像清晰、便于操作等优点的同时，也存在成像范围小（一个圆形的局部）、焦距范围短、观察使用易疲劳等缺点。

光学内窥镜还存在一些其他技术缺陷，比如导向不够灵活、亮度调节不够智能、不能直接存储图像、不能测量缺陷尺寸等。而视频内窥镜解决了这些问题，它自 1984 年诞生以来逐渐成为内窥检测主流技术。

视频内窥镜首先利用光导束将光送至检测区（有时在远端处也有采用发光二极管作为工作长度大于 15 m 时的照明），先端部的一只固定焦点透镜则收集由检测区反射回来的光线并将之导至 CCD（电荷耦合器件）芯片（直径约 7 mm）表面，数千只细小的光敏电容器将反射光转变成电模拟信号；然后此信号进入探测头，经放大、滤波及时钟分频后，可直接在仪器数字显示屏上成像或通过模拟输出到外接监视器上观察（图 5-1-8）。

图 5-1-8　视频内窥镜

（三）内窥镜的正确使用

1. 光导纤维内窥镜的正确使用

由于光纤镜成像光纤的壁很薄，所以不能在使用中让光纤的弯曲半径过小，否则会造成光纤折断，出现"黑白点混成灰色"效应。

2. 视频成像系统的正确使用

（1）探头插入检测对象内部进行检测时，内部被检测区域的温度必须小于 80 °C，否则将导致 CCD 探头组件的损坏。

（2）主机电源使用交流电源时，必须接地，否则将导致 CCD 探头组件的损坏。

（3）开、关机之间必须间隔 15 s 以上，否则将导致主机光源灯泡的损坏。

（4）开机前，必须检查确认各接口与主机连接完好，否则将导致系统障碍。

（5）更换探头物镜转接头必须严格按操作手册的说明进行操作，否则将导致探头物镜转头卡锁的损坏。

（6）更换主机光源灯泡前，必须关机 15 min 以上以便散热。

（7）探头插入、拔出及关机之前必须按导向复位按钮，确保探头回复到正向前方的初始位置并释放导向钢丝的张力，否则将导致探头导向弯曲部或导向功能损坏。

（8）不能将探头折成小于其弯曲半径的死折，否则将导致探头损坏。

（9）避免探头超出其承受能力，或被重物砸伤、锐物割伤，否则将导致探头损坏。

（10）每次使用后，必须使用70%乙醇溶剂清洗探头及物镜转接头。

（11）长途搬运时必须将主机软驱磁头保护盘插入软驱中，否则将导致主机软驱磁头损坏。

（12）手持机及主机放入机箱的顺序与位置必须严格按操作手册的说明进行操作，否则将导致探头与主机的损坏。

四、图像记录设备及其使用

（一）照相机

照相机通常由照相物镜、取景器、调焦系统三部分组成。照相物镜（又称镜头）的作用是把外界景物成像在感光底片上，使底片曝光产生景物像。照相物镜上装有光圈，改变光圈的大小，可控制进入照相机的光通量。光强时缩小光圈，光弱时放大光圈。照相物镜分辨率表示照相物镜分辨被摄物体细节的能力，是衡量照相物镜成像质量的重要标志之一，通常用像平面上每毫米能分辨开黑白线条的对数表示，它与照相物镜焦距 F 成反比，与相对孔径成正比。

取景器的作用是用来观察被摄景物，以便在摄影时选取合适的摄影范围。通过取景器观察到的景物范围应和实际拍摄成像范围一致，对其成像质量要求并不高。

调焦系统的作用是在摄影时使不同距离的被摄景物能在感光底片上清晰成像。常用的调焦方法有毛玻璃调焦、调焦光楔调焦、微型棱镜调焦和测距、调焦联动法调焦等多种。

一般照相机的拍摄距离在 400 mm 至无穷远处，在底片上所成的像是缩小的像，为了记录工件的细节，应选用带微距拍摄功能的照相机，它可在 10～400 mm 拍摄，而且进行适当调整可以拍摄像和实物一样大小的照片。

随着数码技术的发展和推广使用，数码相机已被大量使用，正在逐步取代传统相机。数码相机以图像传感器取代了感光胶片，但从成像原理来说，与传统相机是一致的。

（二）摄像机

摄像机的基本工作原理与照相机相同，只是在成像单元用磁带取代了感光胶片，而且摄像机多用于动态记录景物，照相机多用于静止地记录景物。目前，大部分摄像机都是具有摄像和放像功能的一体机，可直接在其取景器或连接电视机进行图像观察。

五、测量工具及其使用

（一）焊接检验尺

焊接检验尺主要由主尺、高度尺、咬边深度尺和多用尺四部分组成。图 5-1-9 是一种多用途检验尺，用来检测焊件的各种角度和焊缝高度、宽度、焊接间隙以及焊缝咬边深度等。60 型焊接检验尺的用途，测量范围、技术参数见表 5-1-2。

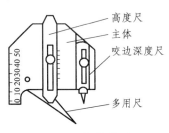

图 5-1-9　焊接检验尺

表 5-1-2 焊接检验尺的用途、测量范围、技术参数

测量项目		范围	示值允差	测量项目	范围	示值允差
高度	平面高度	0～15 mm	0.2 mm	宽度	0～60 mm	0.3 mm
	角焊缝高度	0～15 mm	0.2 mm	焊件坡口角度	≤160°	30'
	角焊缝厚度	0～15 mm	0.2 mm	焊缝咬边深度	0～5 mm	0.1 mm
				间隙尺寸	0.5～6 mm	0.1 mm

（1）测量焊缝余高，首先把咬边深度尺对准零位，并紧固螺钉，然后滑动高度尺与焊缝余高接触，高度尺示值，即为焊缝余高（图 5-1-10）。

（2）测量焊缝宽度，先用主体测量角靠紧焊缝一边，然后旋转多用尺的测量角靠紧焊缝的另一边，读出焊缝宽度示值（图 5-1-11）。

（3）测量错边量，先用主尺靠紧焊缝一边，然后滑动高度尺使之与焊缝另一边接触，高度尺示值即为错边量（图 5-1-12）。

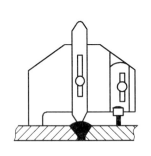

图 5-1-10　余高测量

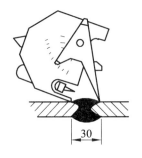

图 5-1-11　宽度测量

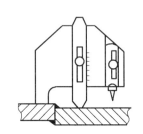

图 5-1-12　错边测量

（4）测量角焊缝焊脚高度，用尺的工作面靠紧焊件和焊缝，并滑动高度尺与焊件的另一边接触，高度尺示值即为焊脚（图 5-1-13）。

（5）测量角焊缝厚度测量，把主尺的工作面与焊件靠紧，并滑动高度尺与焊缝接触，高度尺示值即为角焊缝厚度（图 5-1-14）。

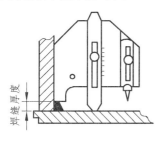

图 5-1-13　焊脚测量

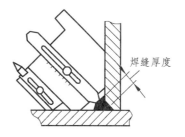

图 5-1-14　焊接厚度测量

（6）咬边深度测量。

① 平面咬边深度测量，先把高度对准零位并紧固螺丝，然后使用咬边深度尺测量咬边深度（图 5-1-15）。

② 圆弧面咬边深度测量，先把咬边深度尺对准零位紧固螺丝，把三点测量面接触在工件上（不要放在焊缝处），锁紧高度尺。咬边深度尺松开，将尺放于测量处，活动咬边深度尺，其示值即为咬边深度（图 5-1-16）。

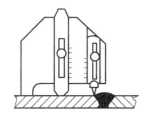

图 5-1-15　平面咬边测量

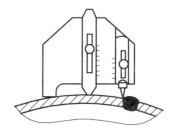

图 5-1-16　圆弧面咬边测量

（7）角度测量，将主尺和多用尺分别靠紧被测角的两个面，其示值即为角度值（图 5-1-17）。

（8）间隙测量，用多用途尺插入两焊件之间，测量两焊件的装配间隙（图 5-1-18）。

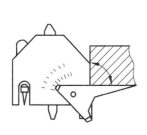

图 5-1-17　角度测量

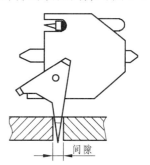

图 5-1-18　间隙测量

（二）高度尺

高度尺由主尺和滑尺两部分组成，用于焊缝余高测量和角焊缝焊脚高度测量，如图 5-1-19 所示。

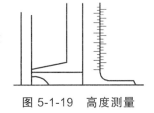

图 5-1-19　高度测量

【任务实施】

目视检测工艺操作

一、目视检测的必需条件

（一）光　源

在目视检查中，光照是必要条件之一，合适的照明条件是保证目视检测结果正确的前提。由于人眼对背景光的限制和敏感程度不同，不同的光照将产生不同的效果，所以根据检测对象和环境，制定出具体的照度范围是必要的。一般检测时，至少要有 160 lx 的光照强度，而用于检测或研究一些小的异常区时，则至少要有 540 lx 的光照强度。光源可以是自然光源（日光），也可以是人工光源，可视具体情况进行选择。

（二）目视检测的分辨率

影响目视的因素包括照在被检物体上的光线波长或颜色、光强以及物体所处现场的背景颜色和结构等。反差是很主要的，白色背景中的红线，能在白色光中被看见，在淡蓝色光中能看得很清楚。如果红色光照着整个现场，则实际上就看不见这根红线了。因此，同样的缺陷由于背景光的不同，将产生不同的视觉效果。同时，应避免光线闪耀刺眼，有时为了清楚地显示缺陷，应能改变光线的入射方向，这也是为了使背景光产生更好的视觉效果。

正常的眼睛，在平均视野下，能看清直径大约为 0.25 mm 的圆盘和宽度为 0.025 mm 的线。正常眼睛不能聚焦的距离小于 150 mm，要借助于光学仪器，使被检物由不可见变为可见。

人眼与被检表面的距离在不大于 600 mm，与被检表面夹角大于 30° 以及在自然光源或人工光源的条件下，能在 18% 中性灰度卡上分辨出一条宽度为 0.8 mm 的黑线，作为目视检测必须达到的分辨率（图 5-1-20）。

二、试件的准备

（一）试件的确认

目视检测开始前，首先应根据工作指令对试件

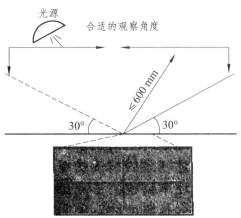

图 5-1-20　分辨率测定示意

220

进行确认，以防误检和漏检。对于大批量试件应核对批号和数量；对于单件小批量试件应核对试件编号或其他识别标识；对于容器类设备应核对铭牌。

（二）表面清理

（1）目视检测是基于缺陷与本底表面具有一定的色泽差和亮度差而构成可见性来实现的。因此，当被检测件表面有污染时，应擦拭干净，以达到全面、客观、真实的观察目的。

（2）污染物分为固体污染物和液体污染物两大类。固体污染物有铁锈、氧化皮、腐蚀产物；焊接飞溅、焊渣、铁屑、毛刺；油漆及其他有机防护层。液体污染物有防锈油、机油、润滑油及含有有机组分的其他液体；水和水蒸发后留下的水合物。

（3）清除污染物的方法有机械方法、化学方法和溶剂去除方法。机械方法有抛光、干吹砂、湿吹砂、铜丝刷、砂皮砂等。抛光适用于去除试件表面积碳、毛刺等。干吹砂适用于去除氧化皮、熔渣、铸件型砂、模料、喷涂层积碳等。湿吹砂用于清除沉积物比较轻微的情况。钢丝刷、砂皮砂适用于除去较疏松的氧化皮、熔渣、铁屑、铁锈等。

化学方法有碱洗和酸洗。碱洗适用于去除锈、油污、积碳等，多用于铝合金。强酸溶液用于去除严重的氧化皮；中等酸度的溶液用于去除轻微氧化皮；弱酸溶液用于去除试件表面痔层金属。

溶剂去除方法有溶剂液体清洗和溶剂蒸汽除油。溶剂液体清洗通常用乙醇、丙酮、三氯乙烷等溶剂清洗或擦洗，常用于大部件局部区域的擦洗。

（三）焊缝表面准备

被检焊缝表面应没有油漆、锈蚀、氧化皮、油污、焊接飞溅物、或者妨碍目视检测的其他不洁物，表面准备还得有助于随后进行的无损检测，表面准备区域包括整条焊缝表面和邻近 25 mm 宽基体金属表面。

对于锈蚀、氧化皮、油漆和焊接飞溅物可用砂皮进行磨光处理，也可以用砂轮机进行打磨处理；对于油污污染物等可以用溶剂进行表面清洗，以达到可以进行目视检测的条件。

（四）原材料表面准备

（1）铸件加工完成后应经过表面清砂、修整、打磨光滑、表面清洁等处理手段，方可进行目视检测。

（2）锻件表面应没有氧化皮或者妨碍目视检测的其他不洁物，可以用砂皮进行磨光处理，也可用钢丝刷进行清理，当然也可将两种方法混合使用以达到最适合的观察条件。用吹砂清理锻件表面是可以的，但必须防止吹得过重，影响表面细裂纹的检测。

（3）当管材被检表面上的锈蚀、氧化皮、不规则、粗糙度或污染物形成的不洁度严重到足以掩盖缺陷指示，或者当被检表面上具有涂层时，则须对相应的表面进行酸洗或碱洗，喷砂或清洗处理，以使它露出固有色泽，保证表面清洁和光洁。

三、目视检测方法

一般说来，目视检测用于观察如零件、部件和设备等的表面状态、配合面的对准、变形或是泄漏的迹象等。目视检测可分为直接目视检测和间接目视检测两种检测技术。

（一）直接目视检测

直接目视检测是指直接用人眼或使用放大倍数为 6 倍以下的放大镜，对试件进行检测。在进行直接目视检测时，应当能够充分靠近被检试件，使眼睛与被检试件表面的距离不超过 600 mm，眼睛与被检表面所成的夹角不小于 30°。检测区域应有足够的照明条件，一般检测时，至少要有 160 lx 的光照强度，但不能有影响观察的刺眼反光，特别是对有光泽的金属表面进行检测时，不应使用直射光，而要选用具有漫散射特性的光源，通常光照强度不应大于 2 000 lx。对于必须仔细观察或发现异常情况，需要做进一步观察和研究的区域则至少要保证有 540 lx 的光照强度。

直接目视检测应能保证在与检测环境相同的条件下，清晰地分辨出 18%中性灰色卡上面一定宽度的黑线（如 0.8 mm）。

（二）间接目视检测

无法直接进行观察的区域，可以辅以各种光学仪器或设备进行间接观察，如使用反光镜、望远镜、工业内窥镜、光导纤维或其他合适的仪器进行检测。我们把不能直接进行观察而借助于光学仪器或设备进行目视观察的方法称为间接目视检测。间接目视检测至少具有直接目视检测相当的分辨能力。

在实际工作中，有些区域，既无法进行直接目视检测，又无法使用普通光学设备进行间接目视检测，甚至这些区域附近工作人员无法较长时间停留，或根本无法接近。例如，对核电站蒸汽发生器一次侧管板、传热管二次侧进行目视检测时，由于附近区域放射性剂量相当高，人在这样的区域长时间工作是不适合的；又如，对反应堆压力容器内壁、接管段等进行目视检测时，由于环境放射性剂量相当高，而且反应堆压力容器中又充满了水，人根本无法靠近。因此，必须使用专用的机械装置加光学设备对这些设备进行目视检测。我们把使用特殊的机器装置加光学设备，人在相对远和安全的地方通过遥控技术对试件进行目视检测的技术称为遥测目视检测技术。遥测目视检测技术属间接目视检测技术。当然，遥测目视检测同样必须至少具有与直接目视检测相当的分辨能力。

四、图像记录

（一）记录介质的分类

记录介质一般分为纸质记录、照片记录、录像记录、覆膜记录等多种方法。

（二）记录介质的应用

1. 纸质记录

这是一种最常用的方法，适用于各种不同的场合，通过观察对发现的问题用文字描述结合绘制简图的方法进行记录，常用于单件试件的直接目视检测，具有成本低、经济性好的特点，但是对图像的记录不够直观、准确，只能绘制形状较为简单的试件和缺陷。

2. 照片记录

使用普通照相机对观察发现的问题进行拍摄，将它记录在感光胶片上，通过冲洗得到便于观察的照片；或用数码相机拍摄，记录在存储介质上，通过计算机屏幕观察，也可以感光到普通感光胶片上冲洗成照片后，进行观察分析。照相记录具有图像清晰直观、真实、成本低、经济性好等特点。但是所记录的图像往往比实际的缺陷小，有时受环境、背景的影响较难一次全面记录缺陷。

3. 录像记录

使用普通摄像机对观察发现的问题进行拍摄或对整个检测区域进行拍摄，将所摄图像记录在磁带或储存器上，然后通过放录系统重现所摄图像。其具有图像清晰、直观、真实等特点，但是使用摄像机要有较高的专业技能，否则所摄图像容易产生抖动，模糊等现象。

4. 覆膜记录

使用特种材料如橡皮泥、胶状树脂等对缺陷进行印膜，适用于记录表面不规则类缺陷，其记录的印膜与真实缺陷凹凸相反，大小相同，有助于缺陷大小深度精确测量和永久保存。使用覆膜记录对操作者有较高的要求，揭膜时必须小心以防印膜损坏。

【心灵驿站】

【头脑风暴】

单元六　　渗透检测技术

20 世纪 50 年代，我国开始实施第一个五年计划。当时，将渗透检测作为一项独立的无损检测技术首先应用于飞机制造工业。我国主要沿用苏联航空工业应用的渗透检测材料，所采用的荧光渗透液由煤油和滑油组成，在黑光照射下发出浅蓝色荧光，典型配方：航空煤油 85%、机械滑油 15%。这种渗透液荧光亮度很低，发光强度只有 10 lx 左右，检测灵敏度也很低，渗透检测工艺也很落后。

20 世纪 70 年代，我国从英国引进航空斯贝发动机制造技术，同时引进了英国罗尔斯·罗伊斯公司的荧光渗透检测工艺及英国阿觉克斯公司（Ardrox）的荧光渗透检测器材。

20 世纪 80 年代，我国开始了对外转包生产项目。从美国转包生产波音飞机零部件，从法国转包生产空客飞机零部件，从法国引进核电站制造技术等，同时引进了美国波音公司及法国空客公司的荧光渗透检测工艺及美国磁通（Magnaflux）公司、美国歇尔温（Sherwin）公司的荧光渗透检测器材等。这些引进及转包生产工作，使我国的荧光渗透检测工艺技术上了一个新台阶。

自 20 世纪 90 年代起，我国在引进、消化、实施欧美国家渗透检测技术的过程中，也不断改进及提高了我国自己的渗透检测技术。

20 世纪 90 年代初，为了满足国内航空制造业的荧光渗透检测需要，国内几个单位协作研制成功了新的荧光染料（如 YJP-15 等）；并将这些新的荧光染料加入渗透液，研制成功了自乳化荧光渗透液（典型型号 ZB-1、ZB-2、ZB-3）和后乳化型荧光渗透液（典型型号 HA-1、HA-2、HB-1、HB-2）等系列产品，性能都达到国外同类产品的水平，投放市场并得到广泛应用。

20 世纪 90 年代以来，渗透检测各类标准不断发行与完善，为广大检测工作者提供了有力的依据。国家推荐性标准 GB/T 18852《无损检验　渗透检验　第 2 部分：渗透材料的检测》、GB/T 18853《无损检验　渗透检验　第 3 部分：参考试块》、GB/T 18854《无损检测　渗透检测　第 4 部分：设备》等，国家军用标准 GJB 2367 A《渗透检验》体现了我国渗透检测仪器及器材的基本状况。

通过近几十年的发展，我国渗透检测技术研发机构也形成了自己的特色和规模。大专院校的研发机构对渗透检测技术的研发主要成绩体现在渗透检测设备仪器方面，突出表现为数字式白光照度计及数字式黑光辐照度计的研发生产。

项目一　渗透检测基础知识

知识目标

1. 理解渗透检测的基本原理。
2. 理解渗透检测的物理基础与了解渗透检测材料。
3. 了解渗透检测材料系统的选择原则。

能力目标

1. 掌握毛细作用与乳化作用。
2. 会正确选用正确的渗透检测材料。

素质目标

1. 培养学生规范操作的良好习惯。
2. 贯彻安全第一、质量就是生命的原则。

任务一　渗透检测的基本原理

【任务提出】

渗透检测（Penetrant Testing，PT）是以毛细作用原理为基础用于检测非疏孔性金属和非金属试件表面开口缺陷的无损检测方法。其应用广泛，遍及现代工业的各个领域，其检测方法不受材料的组织结构和化学成分的限制，对零件进行一次性检测，可以覆盖其所有表面；可以检出缺陷的分布，但难以确定缺陷的实际深度。

【任务目标】

1. 理解渗透检测的基本原理。
2. 理解渗透检测的物理基础。

【相关知识】

渗透检测的基本原理如图 6-1-1 所示。首先将含有染料的渗透剂涂在试件表面，在毛细作用下渗透剂渗入表面开口的细小缺陷中，然后清除掉试件表面多余的渗透剂，如水洗型渗透剂可直接用水去除，再施加显像剂。缺陷中的渗透剂在毛细作用下重新被吸附出来并在零件表面形成显示，在黑光或白光下观察缺陷显示，以此来评价产品的质量状况。

（a）渗透　　　　　　（b）清洗　　　　　　（c）显像　　　　　　（d）检测

图 6-1-1　渗透检测的原理

【任务实施】

一、毛细作用

液体表面存在表面张力（称为内聚力），导致液体表面层中的分子有向液体内部拉进的趋势。比如，荷叶上的水珠、玻璃板上的水银珠等。

液体和固体接触时，液体与固体分子间存在引力（称为附着力），导致液体沿固体表面扩散开来。比如，水滴在无油脂的玻璃板上，会沿玻璃面慢慢散开。

实验 1：将内径小于 1 mm 的玻璃管（称为毛细管）插入盛有水的容器中，由于水是润湿玻璃管壁的，因此会沿玻璃管内壁自动上升，使玻璃管中液面高出容器里的液面，并形成凹液面，如图 6-1-2 所示。这种能使水在毛细管中自动上升的力，称为毛细作用力。

实验 2：将内径小于 1 mm 的玻璃管（称为毛细管）插入盛有水银的容器中，由于水银不润湿管壁，则水银在毛细管中会下降，并形成凸液面，如图 6-1-3 所示。

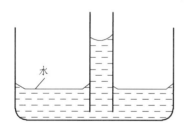

图 6-1-2　浸润现象

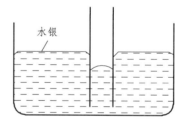

图 6-1-3　不浸润现象

润湿管壁的液体在毛细管中呈凹面上升和不润湿管壁的液体在毛细管中呈凸面下降的现象称为毛细现象。

渗透剂的渗透能力是用毛细管中的上升高度来衡量的，上升高度越高，表明其渗透能力越强。

基于上述现象，我们不难理解渗透检测的基本原理。由于零件表面的开口缺陷都是很细微的，因此可以将其看作毛细管（或毛细缝隙），而表面涂覆的渗透剂即可以看作盛装在容器当中的液体，由于渗透剂是润湿零件的，所以在毛细作用下渗透剂自动地渗进表面缺陷中。施加的显像剂颗粒会覆盖在工件表面，由于显像粉末非常细微，其颗粒度为微米级，微粒之间的间隙类似于毛细管，而细微缺陷中的渗透剂可以看作盛装在容器当中的液体，由于渗透剂是润湿显像粉末的，所以在毛细作用下缺陷中的渗透剂会沿着这些间隙上升，回渗到工件表面，形成一个放大的缺陷显示。

二、乳化作用

当我们将油和水一起倒进烧杯中，静置后会出现分层现象，上层是油，下层是水，形成明显的分界面。如果加以搅拌，虽能暂时混合，但稍静置后，又分成明显的两层。如果往烧杯中加进肥皂或洗涤剂，再经搅拌混合，油将变成微小粒子分散于水中，呈乳状液。这种乳状液即使静置后也不出现分层，这就是表面活性剂乳化作用的结果。

（1）表面活性剂不同的物质溶于水中，会使其表面张力发生变化。如图 6-1-4 所示，曲线 1 显示：某种物质溶于水中，在溶液浓度较低时表面张力急剧下降，然后下降减缓；曲线 2 显示：某种物质溶于水中，表面张力随着溶液浓度的增加而急剧减小。

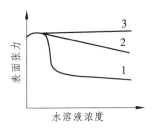

图 6-1-4　表面张力与浓度关系曲线

使溶剂表面张力降低的性质称为表面活性。由图 6-1-4 可知曲线 1 和曲线 2 均具有表面活性，但曲线 1 显示加入少量溶质能明显降低溶剂的表面张力，改变溶剂的表面状态，则符合此特性的溶质称为表面活性剂，如肥皂或洗涤剂。

表面活性剂分离子型和非离子型。非离子型活性剂溶于水时不电离，稳定性高，且在固体表面不易发生强烈吸附，同时溶解性好，所以渗透检测通常采用这种表面活性剂。

表面活性剂是否溶于水，用亲水性指标来衡量，而亲水性用亲水疏水平衡值 H.L.B（Hydropphile-LipophileBalance，也称为亲水亲油平衡值）来表示。

表面活性剂的 H.L.B 值和其作用的对应关系如图 6-1-5 所示。由图可知，表面活性剂具有润湿、去污、乳化、增溶、消泡等作用。

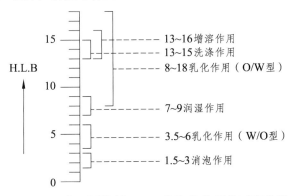

图 6-1-5　表面活性剂 H.L.B 值和其作用的对应关系

壬烷基酚和环氧乙烷的各种加成物的 H.L.B 值见表 6-1-1，从表中可知 H.L.B 值与表面活性剂的亲水或亲油性关系为：H.L.B 值越高，亲水性越好；H.L.B 值越低，亲油性越好。

表 6-1-1 壬基酚和环氧烷加成物的 H.L.B 值

环氧乙烷数	H.L.B	溶解度	
		矿物油	水
1	3.3	极易溶解	不溶
4	8.9	易溶解	稍微分散
5	10	可溶	白色乳浊分散
7	17	稍难溶	分散乃至溶解
9	12.9	难溶乃至不溶	易溶解

（2）为什么在油、水中加入肥皂或洗涤剂（表面活性剂）就不分层了呢？这要从表面活性剂的分子结构来分析。表面活性剂的分子模型类似火柴，如图 6-1-6 所示，它具有亲水基（亲水、憎油）和亲油基（亲油、憎水）两部分（或称两个基团），这两个基团不仅具有防止油、水互相排斥的功能，而且还具有把油、水连接起来不使其分离的特殊功能，所以表面活性剂就是融合剂。

图 6-1-6 表面活性剂的分子模型

表面活性剂的乳化作用如图 6-1-7 所示，当往烧杯中加进肥皂或洗涤剂（表面活性剂）后，肥皂或洗涤剂（表面活性剂）吸附在油、水的界面上，以其两个基团把细微的油粒子和水粒子连接起来，使油以微小的粒子状态稳定地分散在水中。

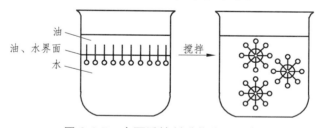

图 6-1-7 表面活性剂乳化作用示意

由于表面活性剂的作用，使本来不能混合到一起的两种液体能够混合在一起的现象称为乳化现象。具有乳化作用的表面活性剂称为乳化剂。

根据表面活性剂的 H.L.B 值和其作用的对应关系图（图 6-1-5）可知乳化作用分为两种类型。

① O/W 水包油型（亲水性），通过乳化作用将油分散在水中形成乳状液，H.L.B 值为 8 ~ 18。

② W/O 油包水型（亲油性），通过乳化作用将水分散在油中，H.L.B 值为 3.5 ~ 6。

三、紫外线和荧光

着色渗透检测时，经显像后，人眼可在白光下观察到白色背景上暗红色的显示缺陷。荧光渗透检测时，经显像后，缺陷显示在白光下是看不见的，只有在紫外线照射下缺陷显示才发出明亮的荧光。

（1）紫外线是一种不可见光，我们将其称为黑光，对应荧光检测使用的紫外线灯称为黑光灯。荧光检测用的紫外线波长分布范围为 330～390 nm，并且其中心波长约为 365 nm（波长范围内能量最大）。

330～390 nm 波长范围内的紫外线对人眼几乎是无害的，而短波紫外线（波长短于 300 nm 的紫外线）能杀死细菌、晒伤皮肤、电离空气产生臭氧、严重损伤人的眼睛；波长大于 390 nm 的可见光会在工件上产生不良的衬底，使荧光显示不明显。

（2）许多原来在白光下不发光的物质在紫外线照射下能够发光，这种被紫外线激发发光的现象，称为光致发光。

光致发光的物质常分为两类，一种是磷光物质，另一种是荧光物质。光致发光的物质，在外界光源移去后，仍能持续发光的，称为磷光物质；在外界光源移去后，立即停止发光的，称为荧光物质。

荧光渗透剂中含有荧光物质，当黑光照射到荧光渗透剂时，荧光物质便会吸收紫外线的能量，在能级跃迁的过程中向外发出光子，光子的波长在 510～550 nm，为人眼敏感的黄绿色荧光。

任务二　渗透检测设备仪器

【任务提出】

渗透检测材料主要包括清洗剂、渗透剂、去除剂和显像剂。

【任务目标】

熟知渗透检测材料。

【任务实施】

一、渗透剂

渗透剂是含有染料的具有很强渗透能力的溶液。渗透剂是渗透检测中最关键的材料，其质量直接影响渗透检测的灵敏度。

根据渗透剂所含的染料种类可将其分为着色渗透剂和荧光渗透剂两大类，如图 6-1-8 所示，着色渗透剂检测灵敏度低于荧光渗透剂。

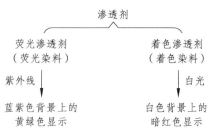

图 6-1-8　渗透剂的分类

渗透检测常用的渗透剂包括水洗型荧光渗透剂、后乳化型荧光渗透剂和溶剂去除型着色渗透剂三种。

（1）水洗型荧光渗透剂含有一定量的乳化剂，表面多余渗透剂可直接用水清洗掉，故也称为"自乳化型"渗透剂。

（2）后乳化型荧光渗透剂不含乳化剂，表面多余渗透剂不能直接用水清洗掉，需要增加乳化工序。

（3）溶剂去除型着色渗透剂采用压力喷罐，应用最广。其不含乳化剂，表面多余渗透剂采用有机溶剂擦洗的方法清除。

渗透剂一般分为四个等级：1级——低；2级——中；3级——高；4级——超高。渗透剂pH值呈中性，无腐蚀性。

二、去除剂

去除剂是用来去除被检工件表面多余渗透剂的溶剂。水洗型渗透剂，可直接用水去除，水本身就是一种去除剂；溶剂去除型渗透剂采用有机溶剂去除，通常采用的去除剂有煤油、乙醇、丙酮、三氯乙烯等；后乳化型渗透剂在乳化后可用水去除，它的去除剂是乳化剂和水。

（1）乳化剂用于乳化不溶于水的渗透剂，使其便于用水清洗。

（2）乳化剂由表面活性剂和添加剂组成，主体是表面活性剂，起乳化作用，而添加剂的作用是调节黏度、调整与渗透剂的配比、降低材料费用等。

乳化剂浓度越大，乳化能力就越强，乳化速度快，因而乳化时间难于控制。乳化剂浓度越小，乳化能力越弱，乳化速度慢，乳化时间长，乳化剂有足够时间渗入缺陷，使缺陷中的渗透剂变得容易用水洗掉，从而达不到后乳化渗透检测应用的高灵敏度。乳化剂含量太低，受水和渗透剂污染变质的速度快，需更换乳化剂的频次高，易造成浪费。因此，需要根据被检零件的大小、数量、表面粗糙度等情况，通过试验来选择最佳的浓度。

（3）乳化剂分类根据乳化形式可将乳化剂分为亲水性乳化剂和亲油性乳化剂两种类型。

① 亲水性乳化剂，H.L.B 值 8～18，乳化形式是水包油型，能将油分散在水中。亲水性乳化剂通常以浓缩状态供应，使用时需用水稀释。

② 亲油性乳化剂，H.L.B 值 3.5～6，乳化形式是油包水型，能将水分散在油中。亲油性乳化剂通常按供应状态使用，不需加水稀释。通常分为快作用型和慢作用型，作用的快慢与乳化剂的化学成分和黏度有关。

乳化剂 pH 值呈弱碱性，颜色是粉红色。

三、显像剂

显像剂是渗透检测中另一个关键材料，其 pH 值呈弱碱性。

（一）显像剂的作用

（1）通过毛细作用将缺陷中的渗透剂回渗到工件表面，形成缺陷显示。
（2）放大缺陷显示。
（3）提供与缺陷显示有较大反差的背景，达到提高检验灵敏度的目的。

（二）显像剂的分类

显像剂的种类显像剂有干式和湿式两大类，即干粉显像剂和湿显像剂。干粉显像剂的分辨率较高，湿显像剂的灵敏度较高。

渗透检测最常用的显像剂是干粉显像剂和溶剂悬浮型湿显像剂两种。干粉显像剂是荧光渗透检测中最常用的显像剂，是一种白色显像粉末，如氧化镁、氧化锌、氧化钛的粉末等，要求是轻质的、松散的、干燥的，易吸附在干燥零件表面上，形成薄而均匀的显像剂薄膜。溶剂悬浮型湿显像剂是将显像剂粉末加在挥发性的有机溶剂中配制而成的，由于有机溶剂挥发快，故又称为速干型显像剂，通常是装在喷罐中与着色渗透剂配合使用。

任务三　渗透检测方法

【任务提出】

渗透检测的典型检测方法主要有三种：水洗型荧光渗透检测、后乳化荧光渗透检测和溶剂去除型着色渗透检测；后乳化型灵敏度最高，水洗型第二，去除型着色灵敏度最低。

【任务目标】

掌握渗透检测的三种主要方法。

【任务实施】

一、水洗型荧光渗透检测

水洗型荧光渗透检测工艺如图 6-1-9 所示，其特点如下。
（1）适用于表面粗糙、形状复杂工件的检测。
（2）由于它突出的是"易于从工件表面清除"的性能，清洗不当，会对浅而宽的开口缺陷造成漏检，因此对操作人员要求较高。
（3）抗水污染能力弱，且受到水污染，乳化剂将与渗透液相互混合，导致液体密度升高，渗透能力降低。

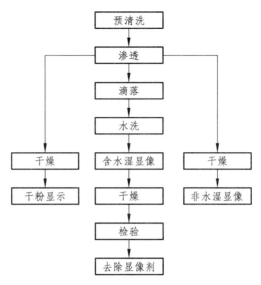

图 6-1-9　水洗型荧光渗透检测工艺

二、后乳化型荧光渗透检测

后乳化型荧光渗透检测工艺如图 6-1-10 所示，与水洗型相比增加了粗洗和乳化时间，增加粗洗的目的是尽量多地洗去工件表面多余的渗透剂，减小渗透剂对乳化剂的污染，延长乳化剂的使用寿命。其特点如下：

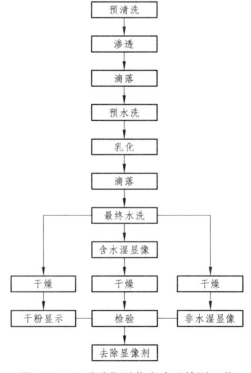

图 6-1-10　后乳化型荧光渗透检测工艺

（1）对零件表面粗糙度要求较高，适用于表面粗糙度较小和浅而宽的缺陷的检测。

（2）操作周期长，检验费用高。

（3）由于突出的是"能保留在浅而宽的缺陷中"的性能，因此它保留在缺陷中不被洗去的能力强。

（4）必须严格控制乳化时间，才能保证检验灵敏度。

（5）乳化要均匀，必须采用浸没的方法，保证工件各部位乳化程度相同。

（6）水对渗透剂污染影响小，因为后乳化型荧光渗透剂不含乳化剂，水不能与渗透剂混合，由于水的密度大，水将沉在渗透剂下方。

三、溶剂去除型着色渗透检测

溶剂去除型着色渗透检测工艺如图 6-1-11 所示，其特点如下：

（1）适用于现场检和大工件局部检，无水、无电状态下使用。

（2）设备材料简单，操作方便。

（3）很难在表面粗糙的情况下使用，因为表面粗糙会导致显像不均匀。

（4）采用擦拭技术。由于其清洗用的溶剂溶解性能好，易造成过清洗，导致检验灵敏度降低，所以擦除表面多余渗透剂时要细心，切忌用喷罐直接喷洗。

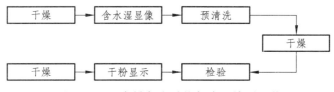

图 6-1-11 溶剂去除型着色渗透检测工艺

去除方法与从缺陷中去除渗透剂可能性的关系如图 6-1-12 所示。从图中可以看出，用不沾溶剂的干净布擦除时，缺陷中的渗透剂保留最好，用溶剂清洗法最差。

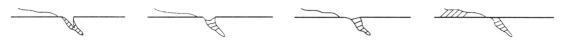

（a）溶剂清洗　　（b）水洗渗透剂的清洗　　（c）后乳化渗透剂的去除　　（d）干净干布擦除

图 6-1-12 去除方法与从缺陷中去除掉渗透剂的可能性的关系

【知识拓展】　　　　　【心灵驿站】　　　　　【头脑风暴】

项目二　机车零部件渗透（着色）探伤工艺

 知识目标

1. 了解内燃机车气门，铝裙活塞，静液压泵，马达的柱塞、连杆、芯轴。
2. 了解电力机车牵引杆销和连接杆销（材质为奥氏体不锈钢）。

 能力目标

掌握机车零部件渗透（着色）探伤工艺。

 素质目标

培养学生规范操作的良好习惯。

一、适用范围

本工艺适用于内燃机车气门，铝裙活塞，静液压泵、马达的柱塞、连杆、芯轴；电力机车牵引杆销和连接杆销（材质为奥氏体不锈钢）等非磁性配件的渗透探伤。

二、主题内容

气门是内燃机车柴油机配气系统的重要部件之一，其材质是 4Cr14 Ni14W2 Mo 耐热钢；静液压泵、马达的柱塞、连杆、芯轴为耦合件，磁粉探伤时不能完全退磁易造成拉伤；冷却风扇是冷却系统主要部件，其材质是铸铝；电力机车牵引杆销和连接杆销是走行部的重要部件，其材质是奥氏体不锈钢。以上几种零部件材质均为非导磁性材料，所以在探伤时宜采用渗透法检查其表面的开口性缺陷。部分探伤零部件如图 6-2-1 所示。

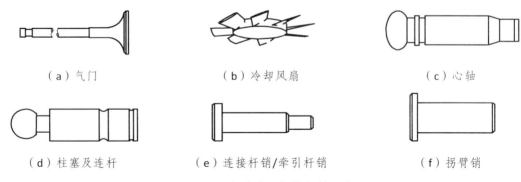

（a）气门　　　　　　　（b）冷却风扇　　　　　　　（c）心轴

（d）柱塞及连杆　　　　（e）连接杆销/牵引杆销　　　（f）拐臂销

图 6-2-1　部分渗透探伤部件示意

三、质量标准

所有零部件不允许存在裂纹。

四、设备、工具、工作场所及劳动保护

1. 设备、工具

清洗剂、渗透剂、显像剂、灵敏度试块、吸水纸或毛巾、放大镜、电吹风、有排风装置的专用工作台（工作台需带有托盘、托架和照明设备）。

2. 工作场所

工作场所必须通风良好。

3. 劳动保护

工作时，必须按要求进行劳动保护。

五、探伤工艺主要过程

1. 工艺流程

探伤工艺流程如图 6-2-2 所示。

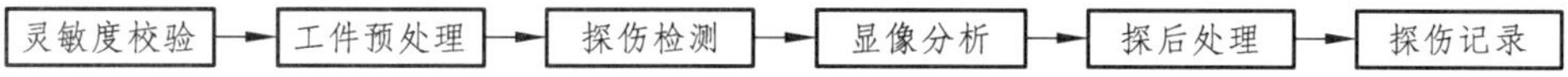

灵敏度校验 → 工件预处理 → 探伤检测 → 显像分析 → 探后处理 → 探伤记录

图 6-2-2　工艺流程

2. 灵敏度校验

用专用灵敏度试块进行测定，能清晰显示宽 0.01 mm，深 0.3 mm（或 0.5 mm）的微裂纹，并且复示性好。

3. 工件预处理

（1）将被探工件放置于专用探伤工作台上。

（2）检查确认工件表面清洁无油垢，用清洗液清洗干净，并用吸水纸或毛巾将工件擦干。

4. 探伤检测

（1）用渗透剂对已处理干净的工件表面均匀喷涂并充分湿润后，放置 15～20 min，当气温较低时可用电吹风对工件表面加热，以加快渗透。

（2）用吸水纸或毛巾将工件表面的渗透剂擦洗干净，如渗透剂已干燥，不易擦拭时，应将清洗剂喷于吸水纸上，将工件擦拭干净。

（3）将工件放置 5 min，待表面干燥后，将显像剂充分摇匀后，在距工件 300 mm 处对其均匀喷涂。

（4）待显像剂完全干燥 5 min 后，用放大镜观察红色显示轮廓，对于有红色斑点应按上面的步骤重新操作并确认。

5. 显像分析

当显像出现时，必须确认是真缺陷还是假缺陷，无法确认时必须进行复探，对于在探伤过程中或探伤结束后，发现下列情况必须将工件彻底清洗干净，重新进行探伤操作。

（1）缺陷显示模糊不清，难以确认时。

（2）因工件清理不彻底而造成缺陷难以分辨时。

（3）第二次缺陷判伤发生变化时。

（4）对探伤灵敏度有疑问时。

（5）如果判定探伤图像是缺陷图像时，应对缺陷进行测量并照相记录。

6. 探伤后处理

（1）对有缺陷的工件，可在质量标准允许的范围内进行消除处理，处理后应复探确认合格并做好记录。

（2）对于裂损超限需报废处理的机车零、部件，当场销毁或做永久性报废标记后进行隔离处理。

（3）机车零、部件裂损报废时，所补充的新品需经探伤确认合格后方能安装。

7. 探伤记录

按规定形式、要求认真填写探伤记录。

单元七 射线检测技术

随着中国铁路机车向高速、重载方向发展的趋势，无损检测技术更加深入渗透到铁路系统的各方面，为铁路产品质量及机车安全运行提供坚实的保障。2018 年，重载铁路货车 353130B 轮对轴承在大秦线运行约 50 万千米后，在检修时发现存在轴承外圈断裂的情况。轴承套圈断裂，容易导致轴承密封失效、油脂泄漏、轴承保持架断裂、轴承异常磨损，甚至可能造成断轴、翻车等恶性事故。在维修过程中，无损探伤技术作为铁道机车车辆探伤的重要检测手段，对于铁道机车车辆走形部件、车钩、悬挂件等重要部件内部缺陷的检测及提高列车运行安全发挥着重要作用。

射线检测技术是工业无损检测中的一个重要门类，主要的应用是探测工件内部的宏观几何缺陷。射线检测技术在铁路系统有较多应用，如摇枕、侧架射线检测，焊缝检测，压力容器检测等。

项目一　射线检测简介

 知识目标

1. 了解射线的产生及相关参数。
2. 掌握射线与物质间的相互作用。
3. 掌握射线检测基本原理及应用场景。

 能力目标

1. 掌握射线检测的工作机理。
2. 能根据场景，选择合适射线检测方法。

 素质目标

1. 培养吃苦耐劳、艰苦奋斗、追求卓越的精神，勇于开拓、不断创新的意识。
2. 培养细致严谨、精益求精的工匠精神。

【任务提出】

射线具有很强的穿透物体的能力，能穿透可见光不能穿透的物质。当用射线照射一个内部组织均匀的工件时，各处直透射线相同，但当工件内部存在气孔、夹渣、疏松等缺陷时，射线与物质间的作用效果将会如何变化呢？

【任务目标】

1. 了解射线的产生及其与物质间的衰减特性。
2. 熟知射线检测的基本原理。
3. 明确射线检测的特点及应用范围。

【相关知识】

射线检测（Radiographic Testing，RT）是一种重要的无损检测手段，主要应用于铸件及焊接件的内部缺陷检测。其依据被检零件成分、密度、厚度等的不同，对射线吸收或散射不同的特性为检测原理，能直观地显示缺陷影像，便于对缺陷进行定性、定量和定位。

工业应用的射线检测技术包括 X 射线检测、γ 射线检测和中子射线检测三种。其中，应用最广泛的是 X 射线检测。

一、X 射线

（一）X 射线的产生

X 射线是由高速运动的电子撞击金属靶时，由于韧致辐射产生的射线。在韧致辐射过程中，高速电子急剧减速，其动能转化为电磁辐射，产生 X 射线。

X 射线是在 X 射线管中产生的，X 射线管提供了产生 X 射线的基本条件：

（1）能够产生电子的电子源。

（2）加速电子运动的高压电场。

（3）阻止电子运动的靶。

（4）高真空的空间。

（二）射线能量

X 射线是一种光波，其具有波粒二重性性，既具有波动的特性性，又具有粒子的特性，所以它又被称为光子。一个光子有一份能量，光子的能量可表示为

$$\varepsilon = h\nu \qquad\qquad (7\text{-}1\text{-}1)$$

式中　h——普朗克常数，其值为 6.626×10^{-34} J·s；

　　　　ν——辐射频率（Hz）。

（三）射线强度

射线强度指单位时间内通过垂直于射线传播方向上单位面积的全部射线光子能量的总和。

射线强度和射线能量是完全不同的概念，能量只是单个光子的能量，其与光波的频率有关，频率越高，光子能量越强。强度则不仅与光子能量有关，而且与通过单位面积的光子数量有关。当光子数目相同时，光子能量高，射线的强度越大；当光子能量相同时，光子的数量越多，射线的强度越大。

（四）射线的主要性质

射线具有波粒二重性，其主要性质归纳如下：

（1）在真空中以光速直线传播。

（2）不带电、不受电场影响。

（3）是一种电磁波，具有反射、折射、衍射、偏振等性质。

（4）穿透力强，能穿透可见光不能穿透的物质。

（5）是不可见光，它能使某些物质发出可见的荧光。

（6）能与物质原子发生复杂的物理作用和化学作用等。

（7）具有辐射生物效应，能杀伤生物细胞。

二、射线与物质间的相互作用

X 射线属于电磁辐射，电磁辐射与物质的相互作用本质是光子与物质原子的相互作用。当 X 射线射入物体时，其光子主要与物质发生光电效应、康普顿效应、电子对效应和瑞利散射。由于这些相互作用，一部分射线被物质吸收，一部分射线被散射，使得穿透物质的射线强度发生衰减。

（一）光电效应

光电效应如图 7-1-1 所示。射线在物质中传播时，如果入射光子的能量大于轨道电子与原子核的结合能，入射光子与原子核外的内层轨道上的电子发生作用，将轨道电子击出原子，光子能量全部被电子吸收，入射光子消失。在光电效应中，飞出电子称为荧光电子，也称为光电子。

（二）康普顿效应

康普顿效应如图 7-1-2 所示。光子通过物质内部时，可能与原子核外外层轨道上的电子或自由电子发生作用，将轨道电子击出轨道，光子能量一部分被电子吸收，转变为电子的动能，生成反冲电子。同时，入射光子的能量减少，成为散射光子，并偏离入射光子的传播方向。

（三）电子对效应

电子对效应如图 7-1-3 所示。当能量高于 1.02 MeV 的光子入射到物质中时，与物质的原子核发生相互作用，光子释放出全部能量，转化成一对正、负电子，并往不同方向飞出。

（四）瑞利散射

瑞利散射如图 7-1-4 所示。瑞利散射是入射光子与原子内层轨道电子相互作用的散射过程。轨道电子被光电子击出轨道后，又跳回原来轨道，同时释放一个与入射光子能量相同的散射光子。相当于光子与电子发生弹性碰撞。

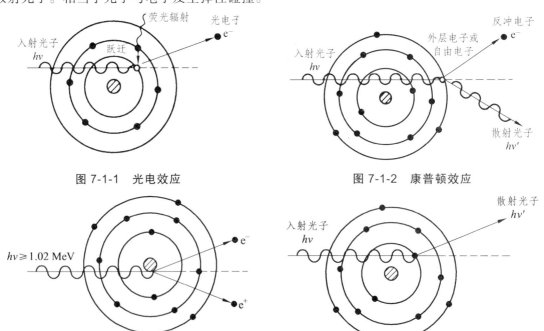

图 7-1-1　光电效应　　　　　　　　　　图 7-1-2　康普顿效应

图 7-1-3　电子对效应　　　　　　　　　图 7-1-4　瑞利散射

三、射线的衰减

（一）基本概念

1. 吸　收

电子获取了光子的全部或部分能量，光子的能量降低或消失，而电子的能量又被物质吸收。

2. 散　射

光子与核外电子相互作用后，失去部分能量，且改变传播方向，形成散乱射线。

3. 衰　减

由于光子能量被物质吸收或改变传播方向，致使直接穿透物质的射线强度降低。

4. 透射射线的组成

入射射线经过与物质相互作用后，透射射线中包括：光电效应中产生的荧光射线；康普顿效应中、瑞利散射效应中产生的散射线；光电效应、康普顿效应和电子对效应中产生的荧光电子和反冲电子；直接穿透物质的一次射线，如图 7-1-5 所示

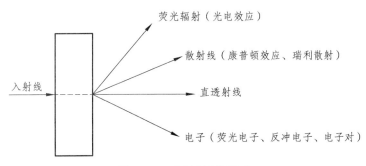

图 7-1-5　透射射线组成

（二）射线衰减规律

射线穿过物质后其强度的衰减与物质的性质、厚度及射线光子的能量相关。对于窄束射线（射线穿过物质后到达胶片的只有直透射线，而没有其他散乱射线的射线束），其射线衰减规律可表示为

$$I = I_0 e^{-\mu T} \tag{7-1-2}$$

式中　I_0——入射射线强度；

　　　I——透射射线强度；

　　　T——穿过物质厚度；

　　　μ——线衰减系数（cm^{-1}），表示射线穿过物质的过程中，射线光子与物质原子发生作用的概率。

射线穿过物体时的衰减程度以指数规律相关于所穿过的物体厚度，因此随着厚度的增加，

透射射线强度将迅速减弱。

【任务实施】

射线检测的基本原理

射线检测技术是利用射线在穿透物质过程中与物质发生相互作用，能量衰减情况进行检测，基本原理如图 7-1-6 所示。当物质内部存在缺陷时，射线在缺陷处的衰减与完好部位的衰减有所不同，两处透过的射线强度也不同。采用感光材料或其他方式检测出这种强度的变化，从而探明物质内部结构或所存在缺陷的性质、大小、分布状况，得出评价判断，实现无损检测。

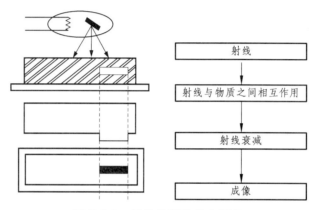

图 7-1-6　射线检测的基本原理

射线检测技术应用广泛，对铸件、焊接件、组合件、金属材料、非金属材料及复合材料均适用。对于金属铸件，可发现的缺陷类型包括气孔、夹杂、疏松、针孔、偏析、裂纹、冷隔、未浇满、缩孔等。对于焊接件，可发现的缺陷类型包括气孔、夹渣、未焊透、未熔合、裂纹、咬边等。采用小焦点软 X 射线检查非金属材料的内部质量，如玻璃增强塑料中粗纱的松散重叠不齐和方向错乱、混入的夹杂物，陶瓷增强塑料的气孔和裂纹，也都可取得较好的效果。

射线检测技术适用于几乎所有的材料，对零件几何形状及表面粗糙度均无严格要求；能直观地显示缺陷影像，便于对缺陷进行定性、定量和定位。射线底片能长期存档备查，便于分析事故原因。射线检测对气孔、夹渣、疏松等体积型缺陷的检测灵敏度较高，但对平面缺陷的检测灵敏度较低，如当射线方向与平面缺陷（如裂纹）垂直时很难检测出来，只有当裂纹与射线方向平行时才能够对其进行有效检测。射线对人体有害，需要有辐射防护措施。

【知识拓展】　　　　【心灵驿站】　　　　【头脑风暴】

【思考题】

1. 举例叙述射线检测基本原理。

2. 分析射线检测的适用范围。

项目二 射线检测方法及设备

 知识目标

1. 掌握射线照相法的工作过程。
2. 熟悉透照布置、暗室处理的具体操作方法。
3. 了解射线影像的质量评估参数，掌握典型影像特征。
4. 掌握 X 射线机、胶片、增感屏等设备基本原理。

 能力目标

1. 能熟练实施照相法射线无损检测过程，完成准备、透照、暗室处理、评片和报告。
2. 掌握透照射线检测设备的设备选用。

 素质目标

1. 培养学生戒骄戒躁、踏实肯干、细致严谨、踏实可靠的工作态度。
2. 培养学生精益求精的无损检测工匠精神，做合格的"工业医生"。

任务一 射线检测方法

【任务提出】

当用射线照射存在气孔、夹渣等缺陷时焊接件时，由于缺陷作用，射线强度衰减情况不同，但射线是一种不可见光，如何能感知射线强度变化？又怎样可以将缺陷转换为可见现象进行评估？

【任务目标】

1. 了解射线检测的常用方法。
2. 熟知照相法的工作过程。
3. 掌握射线检测设备及选用原则。

【相关知识】

射线检测中感知射线强度变化常用的方法有照相法、电离检测法、荧光屏直接观察法和电视观察法。照相法根据胶片上影像的形状及其黑度的不均匀程度进行缺陷评定，检测灵敏度高，结果直观可靠，重复性好，是应用最广泛的方法。照相法工作过程由拍片、洗片、评片三步构成。

一、射线照相技术

射线照相技术是射线检验质量的基本保证，主要包括射线胶片的选用、透照参数设置、透照布置、辅助措施等。

（一）基本透照参数

基本透照参数包括射线能量、焦距和曝光量。

1. 射线能量

射线能量取决于射线管两端电压，在射线照相中常用射线管两端电压表示射线能量，称为"透照电压"，它主要影响底片的质量和灵敏度。选择射线能量时应与透照物体的材料和厚度相适应，使射线能刚好透过工件为宜。

2. 焦 距

焦距是射线源与胶片的距离，其直接影响底片上的几何不清晰度。焦距越大，几何不清晰度越小，底片的清晰度越高。焦距与射线能量间的关系符合平方反比定律。

3. 曝光量

曝光量是照射到射线胶片上的射线剂量（总能量），它直接影响射线底片的黑度和颗粒度。在 X 射线照相中，曝光量用射线管的管电流与曝光时间的乘积表示。

（二）透照布置及方法

透照布置是指在射线透照场中，射线源、工件、胶片和监测器件的相对位置的布置。透照布置时应考虑：

透照方法

（1）缺陷的类型和特点（位置、形状、尺寸和延伸方向），使缺陷尽可能在离胶片近的位置，减小几何不清晰度。

（2）验收标准对检出缺陷的要求，射线检测灵敏度会随着透照厚度的增加而减小，要选择尽量薄的透照方向。

（3）被检工件和设备的状况。

根据不同工件形状和要求，合理地选择透照方向，对检测效果影响很大，射线照相透射的方法主要有垂直透射法、椭圆成像法和中心周向透射法。

（三）辅助措施

辅助措施主要是散射线的防护措施和增感方式的选择。

在常规射线照相检测中，散射线是有害射线，它会降低影像的对比度和产生边蚀效应。散射线是在射线与物质相互作用的过程中，射线光子改变传播方向或发生二次射线形成的。散射线防护措施主要是屏蔽。

射线照相的影像主要由胶片吸收的能量决定。所谓增感就是增强胶片的感光作用，吸收更多的射线能量，缩短曝光时间。

二、暗室处理技术

胶片暗室处理的目的是将经过曝光的潜影转变为可见的影像。暗室处理包括显影、停影、定影、水洗和干燥 5 个基本过程，其中显影和定影是最重要的过程，操作方式包括手工处理、胶片自动处理。胶片手动处理要求见表 7-2-1。

表 7-2-1　胶片手动处理要求

处理过程	温度/°C	时间/min	基本操作与要求
显影	20±2	4～6	水平或垂直方向不断移动（翻动）胶片
停影	16～24	0.5～1	胶片完全浸入停影液中
定影	16～24	10～15	间隔适当时间移动（翻动）胶片
水洗	16～24	≥30	流动水，级联方式可适当缩短水洗时间
干燥	≤40	—	环境中应无灰尘

（一）显　影

显影是一个复杂的氧化还原过程。在显影过程中显影剂被氧化，银离子被还原。整个过程如下：潜影中心吸附显影剂→显影剂释放电子→潜影中心的银离子与电子结合生成银原子，聚集在潜影中心，这个过程不断重复，使潜影转化为可见的影像。显影必须在碱性溶液中进行。

影响显影的主要因素是显影温度和显影时间。一般显影温度越高，显影能力越强。但显影温度过高或过低均会影响质量。显影时间则决定了底片的黑度，显影时间不宜过长，过长会导致检测灵敏度下降。

（二）停　影

胶片从显影液中取出后，上面分布不均匀的显影液会使胶片继续显影，这会导致显影不均匀，而且胶片上的显影液带入定影液会使底片上产生双色灰雾。为此，采用中间水洗的方式，利用流动清水冲洗约 1 min，再将显影液转入清水中，以达到立即停止显影的目的。

（三）定　影

定影的作用是将胶片上未感光的溴化银除去。

影响定影的主要因素是有定影温度与时间、定影液的老化程度、定影操作。温度越高，定影越快，但温度过高可能造成定影液分解，乳剂膜膨胀，容易发生划伤和脱膜。整个定影时间应保证定影剂能与未感光的溴化银充分发生反应，而反应生成物能充分从胶片上溶解转移到定影液中去。

（四）水洗和干燥

水洗胶片在定影液中，定影反应生成物只有一部分转移到定影液中，胶片从定形液取出后，还有一部分留在乳剂层中。水洗的目的就是将残留的反应生成物从胶片上溶出。

干燥的目的则是清除底片上的水分。

三、射线照相影像质量评价

（一）影像的特点

由于射线是一个具有一定尺寸的光源，与平行光投影不同。同时，因缺陷的分布位置不同，缺陷影像会发生一些变化。存在问题主要有影像重叠、缺陷放大、缺陷不清晰和影像畸变等，如图 7-2-1 所示。

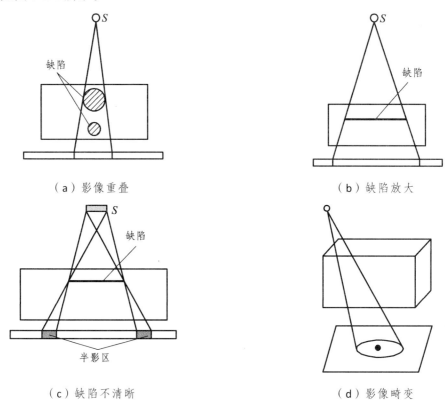

图 7-2-1　缺陷影像存在的问题

（二）影像质量的评估参数

射线照相影像质量由对比度、不清晰度、颗粒度等决定。

1. 对比度

胶片经过曝光和暗室处理后称为底片，由于底片上各处的金属银密度不同，各处的透光度也不同。底片的不透明度称为黑度，记为 D。影像黑度与背景黑度的差值称为对比度，记为。

2. 不清晰度

清晰度是指影像边界的清晰程度，即影像从一个黑度过渡到另一个黑度的宽度。不清晰度描述的是影像边界的扩展程度，记为 U，如图 7-2-2 所示。对工业射线照相检验，产生不清晰度的原因主要是几何不清晰度和胶片固有不清晰度。

246

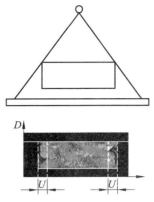

图 7-2-2　不清晰度示意图

3. 颗粒度

颗粒度是影像黑度分布不均匀性程度，记为 σ_D。其产生的主要原因是溴化银分布的随机性和感光物质吸收射线光子的随机性。

（三）常见缺陷影像

1. 气孔和气泡

气孔和气泡是铸件或焊件中常见的缺陷，是气体停留在金属内部而形成的缺陷。铸件多聚集在上部，焊件以单个、多个密集或链状的形式分布在焊缝上。如气泡小而密集，则称为多孔性缺陷。气孔一般呈圆形或椭圆形，也有不规则形状的，大小不一。

气孔在底片上的影像轮廓清晰，边缘圆滑，如气孔较大，还可看到其黑度中心部分较边缘要深一些，如图 7-2-3 所示。

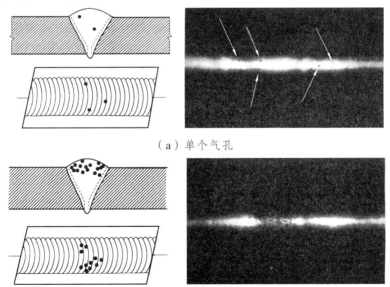

（a）单个气孔

（b）密集气孔

图 7-2-3　气孔影像

2. 夹渣

夹渣是金属凝固过程中未能排除的熔渣，有非金属夹渣和金属夹渣两种。前者在底片上呈不规则而轮廓清晰的黑色块状、条状和点状，有时连续、密集，有时以单个出现，影像密度较均匀；后者是钨极氩弧焊中产生的钨夹渣，在底上呈白色的斑点，如图 7-2-4 所示。

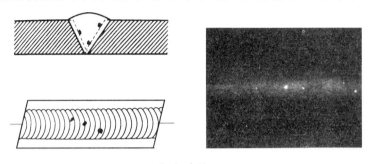

（a）夹渣

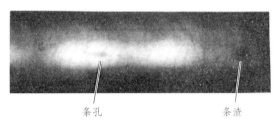

条孔   条渣

（b）条孔和条渣

图 7-2-4　夹渣影像

3. 未焊透

未焊透是指母材金属之间没有熔化，焊缝金属没有进入接头根部造成的缺陷。常因熔焊工艺选择不当造成。未焊透分为根部未焊透和中间未焊透两种，前者产生于单面焊缝的根部；后者产生于双面焊缝的中间部分。

未焊透的典型影像是细直黑线，两侧轮廓都很整齐，为坡口钝边痕迹，宽度恰好是钝边的间隙宽度。有时坡口钝边有部分融化，影像轮廓就变得不很整齐，线宽度和黑度局部发生变化，但只要能判断是出于焊缝根部的线性缺陷，仍判定为未焊透。图 7-2-5 所示为对接焊缝的未焊透影像。

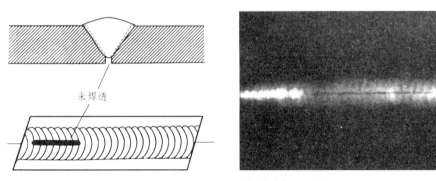

图 7-2-5　对接缝未焊透影像

248

4. 咬　边

咬边是在母材金属上沿焊趾产生的沟槽。产生咬边的原因主要是焊接电流过大、电弧过长、焊条角度不正确等。咬边是一种危险的缺陷，它减少了母材金属的有效截面，造成应力集中，容易引起裂纹。在底片上的影像类似于夹渣，但它一定出现在焊缝区两侧，因此容易识别。图 7-2-6 所示为咬边影像。

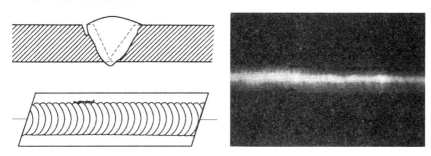

图 7-2-6　咬边影像

【任务实施】

一、拍　片

（一）透照参数设置

透照参数存在以下关系：较低的能量射线+较大的焦距+较大的曝光量＝质量好的射线底片。

透照参数主要通过曝光曲线确定。曝光曲线是通过改变曝光参量，透照由不同厚度组成的阶梯试块，根据给定的冲洗条件洗出的底片所达到的基准黑度值制作的。曝光曲线形式多样，常用的有 $T\text{-}kV$ 曲线、$T\text{-}E$ 曲线。

（二）透照布置

透照布置时确定透照方向和透照方式。典型的透照布置如图 7-2-7 所示，透照布置的基本原则是使射线照相能更有效地发现缺陷。

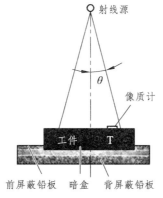

图 7-2-7　典型的透照布置示意图

249

（三）辅助措施

在射线拍照技术中，散射线防护措施主要是屏蔽，如图 7-2-8 所示。

增感方式则主要应用增感屏。在射线检验中，常采用增感屏与胶片一起进行射线照相，利用增感屏吸收射线能量，对胶片产生强感光作用。增感屏分为前屏和后屏，摆放位置如图 7-2-9 所示。

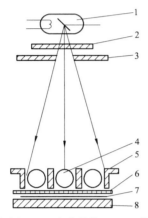

1—X 射线；2—滤波板；3—准直器材；4—工件；5—屏蔽铅板；
6—前吸收铅板；7—胶片；8—后屏蔽铅板。

图 7-2-8　散射线屏蔽

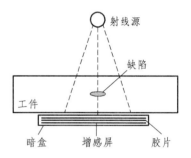

图 7-2-9　增感屏的布置

二、洗　片

洗片处理包括显影、停影、定影、水洗和干燥 5 个基本过程，其中显影和定影是最重要的过程。

（一）显　影

1. 显影液的组成

（1）显影剂：常用的显影剂是米吐尔，其还原能力强，显影快。

（2）保护剂：保护显影剂不被氧化，常用无水亚硫酸钠。

（3）促进剂：中和显影过程中的氢离子，保持显影液碱性，常用碳酸钠。

（4）抑制剂：抑制显影剂对未感光溴化银的还原作用，降低底片灰雾，常用溴化钾。

（5）溶剂水：溶解其他成分，构成显影液。

2. 显影液的配置

配置方法和程序需按照显影液配方的规定进行，主要要求如下：

（1）不能在铁、铝、铜等容器中配置，可在非金属容器或不锈钢容器中配置。

（2）溶剂要用蒸馏水或去离子水，不能含有杂质。

（3）显影液各成分按规定比例和顺序依次加入。

（4）在前一种药剂完全溶解后再加入下一种药剂。

（5）配置好的显影液应保存在密闭、避光的非金属或不锈钢容器中，至少24 h后才能使用。

3. 显影操作注意事项

（1）测量显影液温度。

（2）胶片放入显影液前要在清水中均匀湿润。

（3）不间断地移动或翻动胶片。

（4）按规定的显影时间进行显影，不得随意延长或缩短显影时间。

（二）定 影

1. 定影液的组成

（1）定影剂：定影液的核心成分，常用硫代硫酸钠。

（2）酸性剂：中和停影过程中胶片上未被中和掉的碱性物质，常用冰醋酸、硼酸。

（3）保护剂：稳定定影液的酸性，常用亚硫酸钠。

（4）坚膜剂：降低乳剂层的吸水膨胀度，增加乳剂层强度。

（5）溶剂水：溶解其他成分，构成定影液。

2. 定影操作注意事项

定影操作的注意事项与显影相同。

三、评 片

（一）影响对比度的因素

影响对比度的因素主要有工件的厚度差，工件的材质，散射线的强度，射线的能量，胶片的性能和合适的暗室处理条件。

（二）不清晰度

（1）几何不清晰度：由于射线源具有尺寸，投影时形成几何半影，造成影响边界轮廓模糊，如图7-2-10所示。

（2）胶片固有不清晰度：胶片自身特性造成的，典型现象为边蚀现象，如图7-2-11所示。

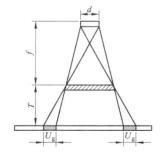

图 7-2-10　几何不清晰度

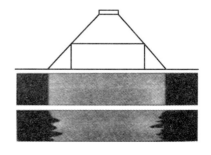

图 7-2-11　边蚀现象

（三）底片颗粒度的主要影响因素

（1）胶片颗粒度：胶片颗粒度越大，影像颗粒度越大。

（2）胶片中溴化银颗粒分布均匀性：溴化银颗粒分布均匀性影响底片黑度均匀性。

（3）射线能量：高能量的射线光子能使更多的溴化银感光，显影后生成更大的银团颗粒。

（4）暗室处理条件：主要受显影温度影响。

任务二　射线检测装置

【任务提出】

射线具有很强的穿透物质的能力，能穿透可见光不能穿透的物质，帮我们进入工件内部发现问题，为无损检测提供了新途径。那采用照相法进行缺陷检测时，射线从何而来呢？作为感光载体，工业射线胶片有何特点呢？它与日常应用胶片相比有什么区别？

【任务目标】

1. 了解 X 射线机的基本结构与类型。
2. 掌握 X 射线机的技术性能。
3. 了解工业胶片的结构。
4. 熟知胶片的选用方法与注意事项。

【相关知识】

一、X 射线机

（一）X 射线机的结构

X 射线机主要由射线发生器（X 射线管）、高压发生器、冷却系统和控制系统 4 部分组成，如图 7-2-12 所示。

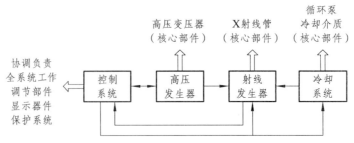

图 7-2-12　X 射线机基本结构示意

1. X射线管

X射线管是X射线机的核心器件，主要由阳极、阴极和管壳组成。

（1）阳极是产生X射线的部位，由阳极体、阳极靶和阳极罩组成。

（2）阴极是X射线管中发射电子的部位，由灯丝和一定形状的金属电极构成。

（3）管壳是高真空腔体，用于封装阳极和阴极，主要采用玻璃与金属或陶瓷与金属制作。

2. 高压发生器

高压发生器的作用是提供X射线管的加速电压和灯丝电压。它主要由高压变压器、高压整流管、灯丝变压器和高压整流电路组成，共同装在充满绝缘介质的机壳中。

3. 冷却系统

X射线机工作时，X射线管只能将1%的电子能量转换为X射线，约99%的能量在阳极靶上被转换为热能，冷却系统的作用就是冷却阳极靶，保证X射线管正常工作。冷却系统有油循环冷却、水循环冷却和辐射散热冷却3种。

4. 控制和保护系统

X射线机的控制和保护系统装在控制台中，当射线机中出现异常情况时，控制和保护装置动作，将X射线机高压切断，停止工作。

（二）X射线机的分类

X射线机按照结构分类有便携式、移动式和固定式。

1. 便携式X射线机

整机由控制器和射线发生器构成，它们之间采用低压电缆连接，如图7-2-13所示。X射线管、高压发生器、冷却系统共同安装在一个机壳中，共同组成一个组合射线发生器，射线发生器中充满了绝缘介质。其体积小、重量轻、方便携带，利于进行现场射线照相检验。

图 7-2-13 便携式 X 射线机

2. 移动式X射线机

如图7-2-14所示，它具有分立的各个组成部分，采用水循环冷却系统，可以方便地移动到现场进行工作。X射线管采用金属陶瓷X射线管，尺寸较小，它与高压发生器之间采用高压电缆连接，便于现场的防护和操作。

图 7-2-14　移动式 X 射线机

3. 固定式 X 射线机

如图 7-2-15 所示，它采用结构完善、功能强大的分立射线发生器、高压发生器、冷却系统和控制系统，射线发生器与高压发生器之间采用高压电缆连接。其体积大、重量大，不便于移动，固定在 X 射线机房内，但可保证系统完善，工作效率高。

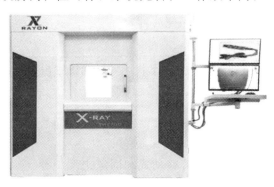

图 7-2-15　固定式 X 射线机

二、工业射线胶片

工业射线胶片广泛应用于黑色金属、有色金属及其合金或其他衰变系数较小的材料制作的器件、型材、零件或焊缝的非破坏性射线检测。

（一）射线胶片结构

射线胶片结构由片基、结合层、乳剂层和保护层组成，如图 7-2-16 所示。

（1）片基为透明塑料，是感光乳剂的载体。

（2）结合层是胶质膜，将感光乳剂牢固粘接在基片上。

（3）乳剂层主要成分是卤化银感光物质颗粒和明胶，还含有少量增感剂，其是胶片的核心，决定了胶片的感光性能。

（4）保护层：主要是一层极薄的明胶，保护乳胶层不被外界接触，避免损坏。

工业射线胶片与普通胶片的主要区别是工业射线胶片一般两面涂布感光乳胶剂层，且厚度大于普通胶片。

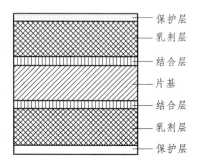

图 7-2-16　工业射线胶片结构

（二）射线胶片的感光特性

胶片的感光特性是指胶片曝光后经暗室处理得到的底片黑度与曝光量之间的关系，可用胶片的感光特性曲线来表示。如图 7-2-17 所示。感光特性曲线集中显示了胶片的主要感光特性。曲线中 CD 部分为正常曝光区，底片黑度与曝光量的对数近似成正比。

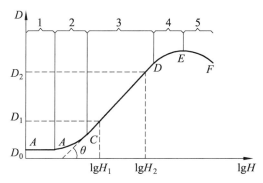

图 7-2-17　胶片的感光特性曲线

$$D = G\lg H + k \qquad\qquad (7\text{-}2\text{-}1)$$

式中　D——底片黑度；

　　　G——特性曲线斜率，即梯度；

　　　H——曝光量；

　　　k——常数。

感光特性包括感光度、梯度、宽容度和灰雾度等。

1. 感光度（S）

感光度也称为感光速度，它表示胶片感光的快慢，即对光（射线）的敏感程度。不同胶片得到同样的黑度所需要的曝光量是不同的，感光度大的胶片得到相同黑度的底片时，需要曝光量较少，曝光时间较短。

2. 梯度（G）

胶片特性曲线上任点的切线的斜率称为梯度（G）。胶片梯度越大，相同性质和尺寸的缺陷在底片上产生的黑度差越大，越容易识别。

在正常曝光区常常近似认为胶片梯度为一常数，用平均梯度来表示。

3. 宽容度（L）

胶片特性曲线上正常曝光区对应的曝光量范围称为宽容度。宽容度表示胶片所适用的射线透照厚度范围，宽容度大的胶片适于透照厚度差较大的工件。

4. 灰雾度（D_0）

灰雾度表示不经曝光的胶片，经暗室处理后所得底片的黑度，在胶片感光特性曲线上是曲线起点对应的黑度。

影响胶片感光特性的因素包括溴化银颗粒的大小，射线波长，存放时间存放条件和暗室处理条件。

三、射线照相检测常用辅助设备

（一）增感屏

射线照相影响主要是由被胶片吸收的能量决定的。在射线检测中，常采用增感屏与胶片一起进行射线照相，通过增感屏吸收部分射线能量，增感屏在射线作用下激发出荧光或产生次级射线对胶片由有强感光作用，可缩短曝光时间。

增感屏主要有金属增感屏、荧光增感屏和复合增感屏。其中，金属增感屏清晰度最高，它是将厚度均匀、平整的金属箔粘贴在基板上构成，增强胶片的感光作用，同时过滤低能射线。

（二）像质计

像质计是测定射线照相灵敏度的器件，根据底片上显示的像质计影像，可以判断底片影像质量，评定透照技术、暗室处理情况和缺陷检验能力。目前，使用最多的是丝型像质计。其采用与被测工件材质相同或相近的材料制作的金属丝，按照直径大小顺序、以规定的间距平行排列、封装在对射线吸收系数很低的透明材料中，并配备一定的标志说明字母和数字。

（三）其他设备和器材

为了完成射线检验，还需要其他的一些小设备和器材。

1. 观片灯

观片灯是用于底片评定的基本设备。对观片灯的主要要求包括三个方面，即光的颜色、光源亮度、照明方式与范围。光的颜色般应为日光色，光源应具有足够的亮度且可调整，其最大亮度应能达到与底片黑度相适应的值。光源的照明应以漫射方式，照明的区域应当可以调整大小，可以控制在评片者注意观察的范围。

2. 黑度计

黑度计是测量底片黑度的设备。黑度计使用的一般程序为：接通电源→复位→校准0点→测量。

3. 暗室设备与器材

暗室必需的主要设备和器材包括工作台、切片刀、胶片处理的槽或盘（或自动洗片机）、安全红灯、上下水、计时器等。

4. 标记与铅板

使用标记主要是为了缺陷定位和建立档案，以实现质量追踪。标记包括指示标记和定位标记。指示标记一般包括产品号、工件号、部位号、透照日期等；定位标记主要是中心标记和搭接标记。标记应放置在工件适当的部位，与工件同时透照，所有标记的影像不应重叠，且不干扰有效评定范围内的影像。

铅板主要是用于屏蔽散射线。

【任务实施】

射线检测设备的选用

一、X 射线机

X 射线机的主要技术指标为管电压、管电流、辐射强度、焦点尺寸、辐射角等。在选取 X 射线机时，应考虑以上性能是否适应所进行的工作。如 X 射线机的管电压直接决定了 X 射线的能量，也决定了其适宜检验的材料厚度和厚度范围。不同管电压适宜检测的刚厚度见表 7-2-2。

表 7-2-2　不同管电压适宜检验的钢厚度

管电压 U/kV	100	160	200	250	320	420
厚度 T/mm	~ 5	~ 15	~ 20	~ 30	~ 40	~ 50

X 射线机在使用时应注意：不能超负荷使用；注意老化训练，提高 X 射线管的真空度，充分预热和冷却，注意日常维护。

二、射线胶片

能否正确选用胶片直接关系射线照相所得影像的质量。增感型胶片适宜与荧光增感屏配合使用，非增感型胶片适宜与金属增感屏一起使用或不用增感屏直接使用。

按照胶片感光乳剂的粒度和主要感光特性，射线胶片定性划分为 4 类见表 7-2-3。

表 7-2-3　射线胶片分类性能要求

胶片类型	G1	G2	G3	G4
颗粒	微粒	细粒	中粒	粗粒
感光度（S）	很低	低	中	高

一般来说，采用中等灵敏度的射线照相技术，应选用 G3 类或性能更好的胶片，采用高灵敏度射线照相检测技术时，应选用 G2 或性能更好的胶片；当检测裂纹缺陷时，一定要选用性能好的胶片。

胶片存放时应注意：

（1）尽量放到适宜的温度和湿度中。温度和湿度过高会导致胶片灰雾增强，乳剂膜发黏，引起胶片间粘连；温度和湿度过低会造成胶片变脆，易断裂和产生摩擦静电。

（2）胶片在存放过程中应避免接触有害气体，远离热源和辐射源。

（3）胶片存放时应立放，避免受压受损，避免胶片粘连和发生折痕。

三、增感屏

金属增感屏、荧光增感屏和复合增感屏各具特色，适应不同要求，使用时应根据产品要求、射线能量、胶片特性等来决定选用的增感方式。对于一般技术级别和较高技术级别都应采用金属增感屏。增感屏一般设置 2 个,前屏和后屏。

使用金属增感屏时应注意:

（1）胶片夹在两增感屏之间,增感物质面向胶片。

（2）胶片与增感屏间应直接接触,不能放置其他物品。

（3）保证胶片与增感屏紧密接触,不能过分弯曲和挤压。

（4）避免胶片与增感屏间的摩擦。

（5）及时更换已损坏的增感屏。

四、像质计

像质计中有 19 根丝,分成 5 组,各组像质计适用于不同的厚度,在射线照相中选择哪一组丝按照透射厚度和技术要求确定,所应识别的丝不应处在所在组的边缘。

同时,像质计的摆放位置也会直接影像检测灵敏度,原则上应摆放在灵敏度最低的位置,摆放方法如图 7-2-18 所示。将像质计摆放在工件靠近射线源的一侧,靠近透照场边缘的表面上。

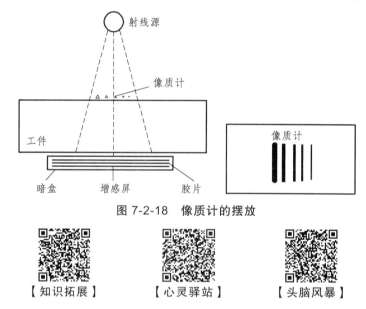

图 7-2-18　像质计的摆放

【知识拓展】　　　【心灵驿站】　　　【头脑风暴】

【思考题】

1. 简述照相法射线检测的过程。

2. 胶片暗室处理的步骤是什么? 处理时要注意什么问题?

3. 影像产生不清晰度的原因是什么?

4. 简述 X 射线机的组成及各部分的作用。

5. 简述胶片保存时的注意事项。

6. 射线照相时设置增感屏的目的是什么? 如何布置?

无损检测技术与应用新技术

铁道机车车辆无损检测新技术

在中国铁路跨越式大发展的新形势下，无损检测技术在机车上的创新应用更加迫切，尤其是关键零部件的无损检测工作更要积极跟进，以适应新形势下无损检测发展的要求。无损检测新技术不断发展和完善，产生了工业 CT 检测、红外检测、激光检测、微波检测、液晶无损检测等新技术。在铁路行业，动车组动态检测技术、客车动态检测技术也发挥了重要作用。

项目一　动车组动态检测技术
（动车组运行故障图像检测系统，TEDS-3D）

 知识目标

1. 掌握 TEDS 系统构成。
2. 掌握 TEDS 系统功能。
3. 掌握 TEDS 系统现场作业规范。

 技能目标

1. 按照规范步骤利用 TEDS 系统进行故障诊断。
2. 正确利用 TEDS 系统进行故障分析及判断。

 素质目标

1. 培养学生勇于创新的奋斗精神。
2. 培养学生爱国主义情怀。

【任务提出】

　　动车组运行故障动态图像检测系统（Trouble of moving EMU Detection System，TEDS）是保障动车组安全运行的重要监测设备。随着该项技术的不断发展、完善，它在确保动车组运行安全、提升安全风险防范能力方面发挥了重要的作用。

　　TEDS 系统利用轨边安装的高速面阵相机和高速线阵相机，采集动车组车体底部、车体两侧裙板、车辆连接装置、转向架等可视部位图像，采用自动识别技术识别车体故障，实现故障的分级报警，同时图像通过网络实时传输至室内监测终端，由人工对异常报警进行确认和故障提交，以提高动车段作业质量和作业效率，加强动车检修运用中隐性故障的发现能力，并提供故障基础信息的收集、分析和管理功能。而 TEDS-3D 系统在轨边加装了 LPS 一体化3D 成像组件，能实现自动采集并分析运行动车组走行部、制动配件、底架悬吊件、钩缓连接、车体两侧裙板、转向架、踏面、轮缘、轮辋等部位图像，同时使用 3D 数据有效降低 2D 数据识别产生的误报率。

【任务目标】

1. 正确理解动车组运行故障图像检测系统。
2. 明确动车组运行故障图像检测系统功能及技术优势。

3. 学会分析动车组重点部位重点故障分析。

【相关知识】

一、动车组运行故障图像检测系统（TEDS-3D）

TEDS 是利用轨边摄像装置采集传输运行动车组车体底部、侧部裙板、连接装置、转向架等可视部位图像，采用线阵图像采集、3D 成像、图像识别等技术自动对比分析发现故障并报警，实现对动车组底部及侧部可视部件状态监控的系统。系统组成包括探测站设备、动车段（车辆段）监控中心设备、铁路局监控中心设备、国铁集团查询中心设备及网络传输设备等。

（一）TEDS-3D 产生的背景

动车组具有结构复杂度高、零部件多（尤其细小部件多）、检修范围大、底板高度低、侧面裙板封闭等结构特点，导致动车出库质量保障压力大。

动车组具有高站台、一站直达、长交路折返，停站时间短等运行特点，导致无法中途检修。尤其速度 250 km/h 在有砟轨道上运行的动车组易被异物击打底部部件造成损伤。而在高速运行状态下，任何细小、细微的故障都有可能引发重大事故。

由于运行中动车组具有以上两个特点，因此提高动车段的检修效率，进一步保证动车组运行安全，需要利用动车组运行故障图像检测系统（TEDS-3D 系统）。

（二）TEDS-3D 系统的组成

TEDS-3D 系统通过采集运行中的动车组图像送入计算机进行分析与处理，利用轨旁设备采集动车运行中的图像数据、电磁信号、数据信息、视频信息等，将这些信息通过光纤电缆等通信设备送入机房设备，与标准库中的标准样图进行拟合，通过人机结合的方式，对拍摄的图像进行分析、判读有关故障，从而达到动态检测动车组运行状态的目的，轨旁设备组成如图 8-1-1 所示。

轨旁图像采集模块为线面一体化布局，左右侧面以及轨内分别各 3 个成像模块，共 9 个成像模块，包括右裙板成像模块、右转向架成像模块、轨外底右成像模块；轨内底右成像模块、轨内底中成像模块、轨内底左成像模块、轨外底左成像模块、左转向架成像模块、左裙板成像模块。通过这些模块可以更全面地采集动车组车底与车两侧图像信息，方便及时准确地发现故障，提高行车安全，如图 8-1-2 所示。

而从图 8-1-3 中可以清晰看出现场左右侧箱、辅箱、底箱轨旁布置，当动车通过时，成像模块箱盖打开，采集车底车两侧图像信息，并通过分线箱中通信电缆送入机房内机柜等，然后再通过网络通道送入动车组 TEDS 动态检车中心。

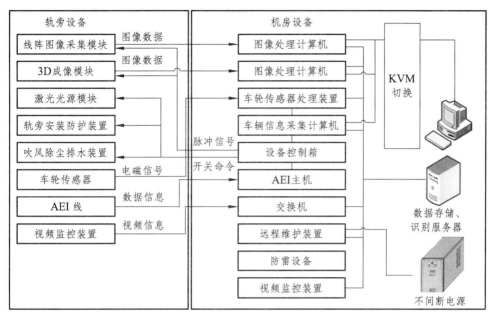

图 8-1-1 轨旁设备组成

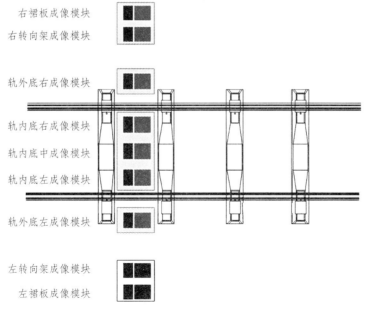

图 8-1-2 轨旁图像采集模块布局

263

图 8-1-3　探测站轨旁设备布置及机房内机柜

（三）TEDS-3D 系统功能

（1）通过采集车轮传感器信号，实现自动计轴计辆、测速，形成完整的动车组车辆信息。

（2）能够对动车组底部及侧部可视部件进行线阵图像采集。

（3）能够对动车组底部及侧部可视部件进行 3D 数据采集，形成列车可视部件的 3D 数据模型，并可对 3D 数据模型进行多角度查看。

（4）能够分别按转向架、车体裙板、车体连接处和底板 4 个部位对图像进行分析识别，对异常情况按部位及类型报警

（5）能够自动识别动车组车组号、车辆号、车次，实现车辆部件图像与车辆号及位置的匹配。系统采用图像识别技术，自动识别动车组车号，建立车辆部件图像与车号的一一对应关系，实现同一车辆的部件图像自动比对和异常分级报警。

（四）TEDS-3D 系统工作流程

当动车即将通过时，TEDS-3D 系统处于等待接车状态，当车轮经过远端磁钢磁感应器探测站机房接收到有效信号后，系统进入接车状态并开始检测，此时要计算列车车速，探测站机房给出"开始接车"信号，并控制轨旁设备打开保护门、补偿光源以及控制触发信号。

当车辆通过时，发出信号进行图像、车辆信息采集，当探测站机房接收到近端磁钢信号时，进行计轴计辆判断并开始传输图像、车辆信息，并在探测站服务器进行图像拼接。同时，探测站机房服务器确认过车是否完毕，如果是，机房发出控制信号，控制光源、防护门、车号采集装置关闭，再次进入等待接车状态；如果否，机房给出信号，继续进行图像、车辆信息采集直到系统给出过车完毕信号，如图 8-1-4 所示。

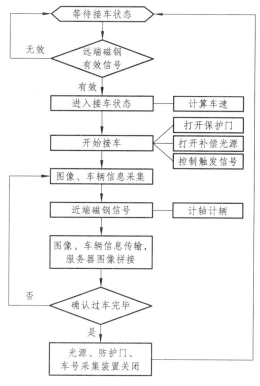

図 8-1-4　系统工作流程

二、TEDS-3D 系统技术优势

（一）更成熟的 3D 采集技术

利用 3D 相机，获得视差图，该技术可以将所拍摄目标的空间位置精确的复现出来，获得立体信息。通过一个扫描单元可以构建一个双目视觉采集通道，利用 GPU 并行计算技术可以实时计算出点云数据并且得到视差处理图。图 8-1-5 所示为动车组底部一张 2D 图，利用 3D 激光三角法可以从三个视角将该部位空间位置精确的复现出来，获得同一部位立体信息，如图 8-1-6 所示。

图 8-1-5　动车组底部 2D 图

265

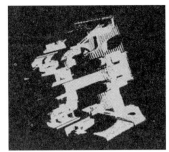

图 8-1-6　动车组底部三个视角 3D 图

另外，采用了图像融合技术，将所拍摄部位二维灰度图与三维尺寸图融合获得更为清晰明了的二维三维融合图，便于 TEDS 检车员观察比对，从而更为及时准确地发现故障，提高检修效率。图 8-1-7 所示为拍摄的动车侧架。

（a）侧架二维灰度图

（b）侧架三维尺寸图

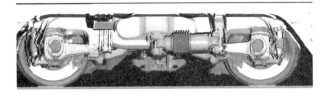

（c）侧架三维融合图

图 8-1-7　二维三维图像融合

2D 系统对人工标记报警率为 100%，该报警属于误报，利用了 3D 技术可去除二维灰度图上的粉笔痕迹等人工印记的误报警，还可去除部件在运行过程中出现的水渍、污渍的误报警，系统对人工标记的粉笔印、水渍、污渍等信息报警率都为零，因此 3D 系统较 2D 系统有更低的误报率而且报警数更少、更准确，如图 8-1-8 ~ 图 8-1-11 所示。3D 系统通过分析零部件的三维尺寸信息，可以检测细微的变化，因此 3D 系统漏报率低，有更高的准确率，如图 8-1-12 所示。

图 8-1-8　有明显人工标记的二维图

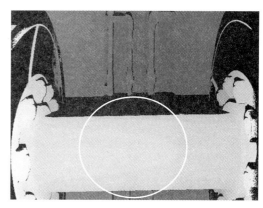

图 8-1-9　去除干扰的三维信息图

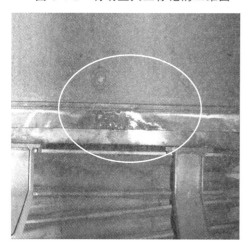

图 8-1-10　有明显水渍的二维图

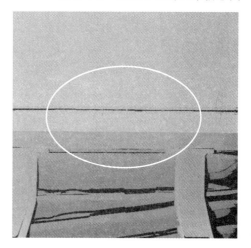

图 8-1-11　去除干扰的三维信息图

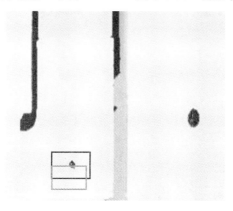

图 8-1-12　利用 3D 系统检出螺栓丢失

（二）TEDS-3D 系统采集模块化设计技术

TEDS-3D 系统具有标准化、小型化、模块化、轻便化设计特色，如轨旁设备采用的是插拔式拆卸，实现了快速更换、快速恢复功能，如图 8-1-13 所示。采用平开门设计，可减少开启后的气流冲击，具有故障导向安全设计特色。因此 TEDS-3D 系统采集模块化设计技术能够缩短故障停时，减少维护人员上线时间，确保行车及作业人员安全，还实现了线上快速替换恢复、线下精细维修的检修模式。

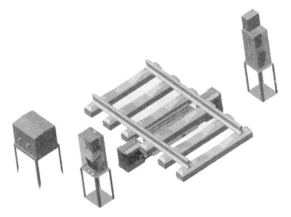

图 8-1-13　轨旁设备模块化设计

（三）兼容基于图像识别及 RFID 电子标签两种识别车号的模式

RFID 技术，又称电子标签、无线射频识别，是一种通信技术，可通过无线电信号识别特定目标并读写相关数据。动车组利用固定信息编程器对电子标签输入车型、车号、车次、配属局、段等较详细的基本信息，当列车通过地面识别系统（AEI 设备）时可读出正确信息。而 TEDS-3D 系统增加了侧部车号图像识别技术，专门负责识别车号信息，可实现动车组车号识别准确率 99.99%，TEDS-3D 系统兼容了基于图像识别（图 8-1-14）及 RFID 电子标签（图 8-1-15）两种识别车号的模式，杜绝了动车组错号、重号事故的发生，显著提高了动车组正点率。

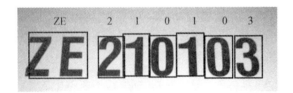

图 8-1-14　侧部车号图像识别

图 8-1-15　电子标签地面识别设备

（四）采用 FPGA 与高速电气化控制技术

使用 FPGA 与高速电气化控制技术，实现了对 5～250 km/h 动车组的图像采集。

FPGA，即现场可编程门阵列，是一种新型数字电路。 FPGA 是一个超大规模的并行计算设备，非常适合用于开发并行计算应用。

（五）智能机器学习

更智能的机器学习，人工智能与机器视觉涉及数学、计算机科学、哲学、心理学、信息论、控制论等学科的交叉和边缘学科。系统具有以下特征：具有感知能力，记忆与思维能力，学习能力，自适应能力以及行为判断能力。

（六）图像传输与加速器技术

TEDS-3D 系统自主研发的图像传输与加速器技术，实现了大数据量在低带宽的条件下，路局、国铁集团可远程实时查看。

【任务实施】

TEDS 现场应用

一、作业准备

（1）接班组长按规定着装，按规定时间提前 15 min 到岗。
（2）接班分析员按规定着装，按规定时间提前 10 min 到岗。

二、交接班

（1）接班组长提前了解工作重点情况，包括 TEDS 监控故障情况、未复核故障情况、设备运行情况、公文传达、上级指示等。
（2）接班组长登录系统，对交接日志进行确认后进行接班。

三、设备检查

分析员检查 TEDS 终端机、打印机工作良好，终端机网络连接状态良好。

四、确认登录、接车准备

（1）打开浏览器，输入访问地址，进入登录界面，如图 8-1-16 所示。
（2）输入个人用户名、密码，分析员确认已正常登录 CRH 动车组运行故障动态图像检测系统，确认页面显示本人姓名，做好接车准备工作。如未登录时在登录界面登录。

五、掌握故障预报流程

（1）确认自动报警故障为真实故障或在非报警区域发现疑似故障，分析员使用人工手动预警提报故障信息。

（2）点击工具栏【报警】按钮，选取故障部位后弹出【故障信息填报】界面，如图 8-1-17 所示。

（3）依次填报故障类别、部件分类、故障模式、故障描述后点击【填报】按钮。

图 8-1-16　登录界面

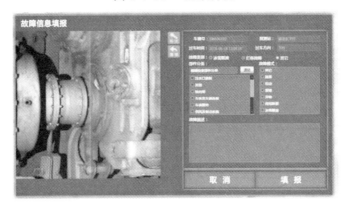

图 8-1-17　故障信息填报

六、接车作业

【接车】按钮由灰色变为红蓝色交替闪烁时，分析员需点击【接车】（或按快捷键 E），系统接收到拍摄图像，如图 8-1-18 所示。

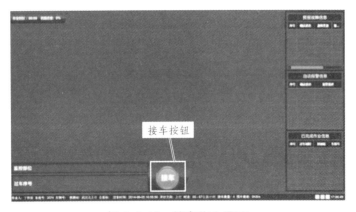

图 8-1-18　接车作业界面

七、动车组重点部位重点故障举例及处理办法

（一）异物类举例

CRH$_{380B}$型动车组制动夹钳夹异物，前方办客站停车检查，如图8-1-19所示。

CRH$_{380B}$型动车组闸片托有异物，立即停车检查，如图8-1-20所示。

CRH$_{380AL}$型动车组牵引电机与轴之间夹异物，前方办客站停车检查，如图8-1-21所示。

CRH$_{380B}$型动车组牵引变流器裙板内疑似有异物，途中监控入库检查，如图8-1-22所示。

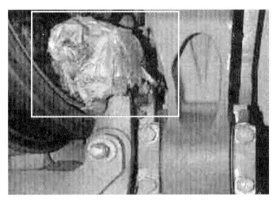

图8-1-19　制动夹钳夹异物

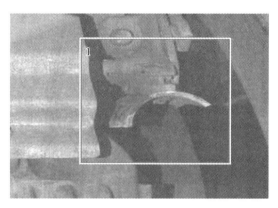

图8-1-20　闸片托有异物

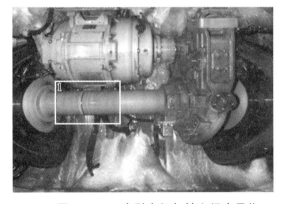

图8-1-21　牵引电机与轴之间夹异物

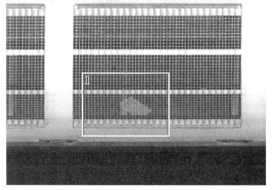

图8-1-22　牵引变流器裙板内疑似有异物

（二）油迹类

CRH$_{1A}$型动车组齿轮箱疑似油迹，立即停车检查，如图8-1-23所示。

CRH$_{2A}$型动车组牵引电机疑似有油迹，立即停车检查，如图8-1-24所示。

CRH$_{2A}$型动车组齿轮箱疑似漏油，立即停车检查，如图8-1-25所示。

CRH$_{1A}$型动车组底板有漏液痕迹，立即停车检查，如图8-1-26所示。

图 8-1-23　齿轮箱疑似油迹

图 8-1-24　牵引电机疑似有油迹

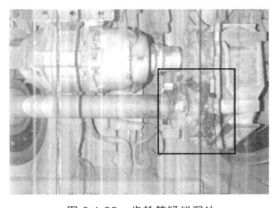

图 8-1-25　齿轮箱疑似漏油

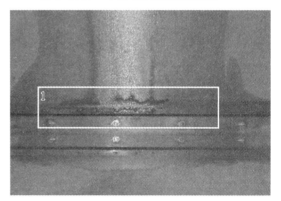

图 8-1-26　底板有漏液痕迹

【知识拓展】

中国的高铁列车的型号：

CRH_1、CRH_2、CRH_3、CRH_5、CRH_{6A}、$CRH_{380A（L）}$、CRH_{2-380}、$CRH_{380C（L）}$、$CRH_{380D（L）}$、CRH_{1-380}、CR400AF、CR400BF、CR300、TR08（上海磁悬浮列车）等。

【心灵驿站】

【头脑风暴】

【思考题】

1. 简述 TEDS-3D 系统的工作流程？

2. 简述 TEDS-3D 系统的技术优势。

3. 看图分析动车组重点部位的重点故障。

项目二　其他无损检测新技术

知识目标

1. 了解现有的无损检测新技术。
2. 掌握工业 CT 检测技术、红外检测技术、激光检测技术、微波检测技术、液晶检测技术的基本原理和特点、应用。
3. 了解无损检测技术的发展的趋势。

能力目标

1. 能列举目前发展迅速的无损检测新技术。
2. 掌握各检测方法的应用场景，能根据目标选择合适的检测方法。
3. 把握无损检测技术的发展新方向。

素质目标

1. 培养学生创新意识，紧跟技术发展前沿。
2. 让学生展现自我，发展特长，培养自主学习能力。

【任务提出】

无损检测技术是现代社会中不可缺少的共性技术，随着我国现代化建设的飞速发展，在多方面都要逐渐与国际社会接轨，无损检测技术的应用面会越来越广、应用要求会越来越高，会有更多的领域需要应用无损检测技术。传统检测技术日趋成熟，新的无损检测技术也在不断发展和完善。在各个领域，无损检测技术都有什么新发展及应用呢？

【任务目标】

1. 了解无损检测新技术。
2. 了解检测技术发展趋势。

【相关知识】

一、工业 CT 检测技术

（一）工业 CT 检测基本原理

CT（计算机断层扫描成像技术）检测技术在 20 世纪 70 年代首先成功地应用于医疗领域，使医疗技术获得革命性的发展。CT 的应用不断扩大，早已延伸至工业测量行业。随着工业测量从外部传统测量向内部无损分析及全尺寸测量转变，工业CT技术应运而生。

工业CT检测技术能在对检测物体无损伤条件下，以二维断层图像或三维立体图像的形式，清晰、准确、直观地展示被检测物体的内部结构、组成、材质及缺损状况。其检测依据是辐射在被检测物体中的减弱和吸收特性。当X射线穿过被检物体，由于被检物体内部各体积元对射线的衰减程度不同，探测器接收的透射能量也不一样，最终通过计算机以图像形式将被检物体呈现出来。

工业CT检测系统组成主要包括射线源、探测器、样品扫描系统和计算机系统，如图8-2-1所示。射线源用以提供可控射线来穿透被测物件，射线源常用X射线机和直线加速器。探测器测定穿过被测物件的射线信号。探测器一般有数百至上千个，组成阵列，其数量越多，采点数越多，有利于缩短扫描时间，提高图像分辨率。样品扫描系统为位置数据采集系统，实现CT扫描时试件的旋转或平移，以及射线源-试件-探测器空间位置的调整，包括机械实现系统及电器控制系统。计算机系统是CT的核心，用于扫描过程控制、参数调整，完成图像重建、显示及处理等。

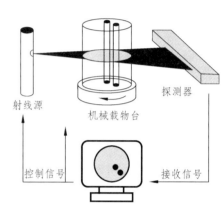

图 8-2-1　工业 CT 检测系统

（二）工业CT检测基本特点

工业CT无损检测系统是以辐射成像技术为核心，是将核技术、计算机、控制、精密机械等集于一体的先进无损检测设备，具有以下几方面优势：

（1）系统可以采用高能量加速器射线源系统，强大的穿透能力能满足摇枕、侧架等大型铸件的检测需求。

（2）工业CT检测能给出检测工件的二维或三维图像，目标不受周围细节特征的遮挡，图像容易识别，从图像上可以直接获得目标特征的空间位置、形状及尺寸信息。

（3）工业CT具有较高的密度分辨能力，可发现小尺寸的铸造缺陷。

（4）工业CT图像是直接数字化的结果，与X射线胶片照相比较，节省了胶片更换、冲洗等步骤需要花费的时间，成像检测效率更高，且图像便于存储、传输、分析和处理。

工业CT检测灵敏度高，分辨力强，对工件内部缺陷，可实现由于复杂零件的结构限制，某些部位的缺陷用传统的射线照相或超声检测方法无法进行的探伤。在焊缝质量诊断中，能够为技术人员提供准确的焊缝质量数据，为焊接工艺的改进提供依据。在内部结构及装配情况检测中，可通过三个视图方向观察内部结构，效果更直观，清晰度更高，并且可以在3D成像中精确定位缺陷位置。

二、红外检测技术

（一）红外检测基本原理

红外线实际上就是电磁辐射，其波长在 0.75～1 000 μm。理论和实验研究表明，任何温度高于绝对零度的物体，都向外发出电磁辐射，自然界普遍存在着红外辐射。红外检测就是以红外辐射的原理为基础，运用红外辐射测量分析方法和技术对设备、材料及其他被测对象物体表面的温度及温度分布进行测量和检验。

红外检测的基本方法分为以下两种：

（1）被动红外检测法，又称无源红外检测法。在检测时不对被测目标加热，仅仅利用被测物体本身热辐射造成的温度差异进行检测。

（2）主动红外检测法，又称有源红外检测法。其特点是在进行检测时利用外部热源对被测物体注入热量，使被测目标失去热平衡，内部缺陷会对热流产生影响，相应的表面会产生热的异常。

主动红外检测中常采用光作为热源，当固体物质受到周期性强度调制的光束（或电子束、等粒子束）照射时，部分光被吸收并转换成热，在固体表面及其内部形成温度梯度，采用红外热像仪记录这种表面温度分布得到热图像序列，然后对采集到的热图像进行处理（如去噪、增强、对比度调节、区域分割等）和计算，最终实现对待测物表层或内部缺陷信息的判断，工作原理如图 8-2-2 所示。

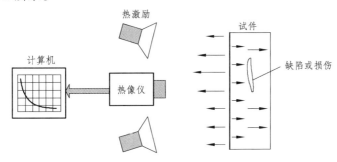

图 8-2-2 主动红外检测法工作原理

（二）红外检测的特点

自然界中普遍存在红外辐射现象，红外检测技术适用范围宽广，主要具有以下特点：

（1）非接触，检测过程中不污染、不接触被检测试件。

（2）以红外热像仪为核心的红外热波无损检测系统，热响应时间一般以秒或毫秒计，检测速度快，还可以成片检测，检测效率高。

（3）图像式显示的测量结果，包含的信息完整，且形象、直观和易懂。

（4）操作安全，检测系统设备轻便、可移动，适合外场应用及在线、在役检测。

基于上述特点，红外无损检测技术在电气、航空、工业制造和新材料研究等方面均有应用。通过红外检测技术，可实现各种电力设备的疲劳裂纹的检测，设备的在线以及在役监测，检测新型及多层复合材料中脱粘、分层、开裂等结构损伤，也可对各种粘接、焊接质量以及装备上的镀膜、夹层厚度进行检测与探伤。

三、激光检测技术

（一）激光检测的基本原理

由于激光具有单色性好、能量高度集中、方向性很强等特点，其在无损检测领域的应用不断扩大，并逐渐形成了激光全息、激光散斑、激光超声等无损检测新技术。

激光全息是激光无损检测中应用最早、最多的一种方法，其基本原理是通过对被测物体施加外加载荷，利用有缺陷部位的形变量与其他部位不同的特点，通过加载前、后所形成的全息图像的叠加来判断材料、结构内部是否存在不连续。

激光散斑技术是利用激光照射被检物时的散射形成的自相干技术，通过被检物体在加载前后的激光散斑图的叠加，从而在有缺陷部位形成干涉条纹。

激光超声技术的基本原理是使激光与被测材料直接作用激发出超声波，或利用被测材料周围的物质作为中介来产生超声波，然后运用表面栅格衍射、反射等非干涉技术或差分、光外差等干涉技术，利用激光检测所产生的超声波，从而确定被测材料的缺陷。

（二）激光检测特点

激光检测的 3 种方法各有其特点，在不同领域均有其应用特色。

激光全息检测技术作为一种干涉计量术，可以检测微米级的变形，灵敏度极高，具有不需接触被测物体，检测对象不受材料、尺寸限制，检测结果便于保存等优点，主要应用在复合材料、印制电路板、飞机轮胎等的缺陷检测。但激光全息检测需在暗室中进行，对检测环境要求较高。

激光散斑检测技术始于轮胎检测，目前主要应用于对复合材料、蜂窝夹层、火药柱包覆等的检测。可检缺陷类型包括分层、脱粘、冲击损伤和孔洞等。激光散斑干涉技术受外界干扰小，检测速率高，便于在现场使用。

应用激光可实现非接触式的高灵敏度测量，但其不能通过非透明材料的内部，而超声波却可以。激光超声波检测技术综合了激光和超声波的特点，检测中不需要使用耦合剂，有极强的抗干扰能力，易于实现远距离的遥控，可以在恶劣环境中进行检测，并能实现工件的在线检测，具有快速、非接触、不受被检对象结构形状影响的特点。激光超声技术是近年无损检测领域中迅速发展并得到工程应用的一项十分引人注目的新技术。

四、微波检测技术

（一）微波检测基本原理

微波无损检测技术是将 330～3 300 MHz 中某段频率的电磁波照射到被测物体上，微波与被测物体相互作用，通过分析折反射波和透射波的振幅和相位变化以及波的模式变化，了解被测样品中的裂纹、裂缝、气孔等缺陷，确定分层媒质的脱粘、夹杂等的位置和尺寸，检测复合材料内部密度的不均匀程度。微波检测方法主要有穿透法、反射法、干涉法、散射法等。

（二）微波检测特点

（1）微波具有波长短、频带宽、方向性好、贯穿介电材料的能力强的特点，工作过程与超声波类似，但是微波不需要耦合剂，避免了耦合剂对被测对象的污染。同时，微波能穿透声衰减很大的非金属材料，微波技术可以弥补超声波检测的不足。

（2）微波检测技术还可以进行最有效的无损扫描，提供精确数据，准确确定缺陷区域。

（3）微波无损检测设备简单、费用低廉、易于操作、便于携带。

（4）由于微波不能穿透金属和导电性能较好的复合材料，因而不能检测此类复合结构内部的缺陷，只能检测金属表面裂纹缺陷及粗糙度。

五、液晶检测技术

（一）液晶检测基本原理

液晶是物质在固态晶体和各向同性液体之间的一种过渡相，其外形类似液体，分子排列结构又类似晶体。液晶除了具有固体和液体的一些共性外，还具有一些独特的性质，如光电效应、压电效应、双折射、旋光性及热色性等。

液晶检测技术主要依据液晶的热色特性。将液晶附于物体表面，然后给试件进行局部加热。由于缺陷的存在，热量在试件内传递时造成了物表面上温度分布不均匀。借助液晶色彩变化的奇异性了解物体内部的情况，可以非常明显地揭示缺陷的有无或缺陷的形状、位置等信息。胆甾相液晶对热非常敏感，微小温度变化将导致液晶分子显示不同的色彩，是目前最常应用的显示元件。应用胆甾相液晶对铝板焊接状态的检测结果如图 8-2-3 所示，图 8-2-3（a）所示为焊接完全时的液晶色彩分布，图 8-2-3（b）所示为焊接不完全时的液晶色彩分布。

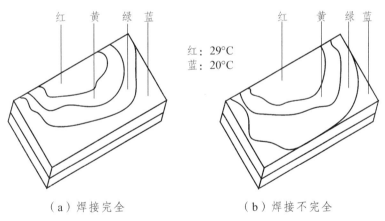

红：29℃
蓝：20℃

（a）焊接完全　　　　　　　　（b）焊接不完全

图 8-2-3　胆甾相液晶检测铝板焊接状态实例

（二）液晶检测的特点

液晶测温技术也是一种行之有效的无损检测技术。它不仅可以检测金属材料和非金属材料中的裂纹等缺陷，还可以用于非金属材料的疲劳检测及裂纹扩展跟踪。相比其他无损检测技术，液晶检测便宜、操作简便、灵活性强、便于携带和野外检测，并且几乎对被测物没有任何腐蚀。此外，液晶无损检测技术还具有显色灵敏、准确可靠、图像直观和快速等优点。

【任务实施】

无损检测新技术发展趋势

随着工业领域各类检测需求的不断提升，近年来，无损检测技术也得到了空前的发展，这都得益于人们在无损检测和相关领域的不断创新.随着技术的不断进步和社会发展的需要，无损检测技术发展呈现出了一些新的发展趋势：

（1）无损检测（NDT）技术正向无损评价（NDE）方向发展。

无损检测技术不但要在不损伤被检对象使用性能的前提下，探测其内部或表面的各种宏观缺陷，判断缺陷的位置、大小、形状和性质，还应能对被评价对象的固有属性、功能、状态和发展趋势（安全性和剩余寿命）等进行分析、预测，并做出综合评价。

（2）无损检测技术应当为保护生态环境服务、为预防地球的温室效应服务、为提高人类生活质量服务。

工业领域的一个重要发展方向即绿色制造，低耗能、低排放和环境友好是绿色的核心。未来的无损检测设备也应该是绿色的，即环境友好型设备。因此，随着技术本身的发展和进步，一些传统的、可能会对环境产生污染的检测方法将会被逐步被淘汰，或者被新的方法、新的检测媒介所代替。

（3）无损检测技术向自动化、图像化、计算机化发展，使检测更快、更可靠和更直观。

自动化对于工业发展具有重要意义，这不仅是节省人力的问题，同时也是能够保证检测重复性和可靠性的问题。在探索过程中，直观解答是最理想的结果，因而图像化也在无损检测中具有不可取代作用。

（4）无损检测技术集成化。

利用各种检测方法之间的互补性，发展无损检测集成技术，在一台设备中融合多种检测方法，对关键部件采用多种检测手段，可以提高检测结果的置信度。无损检测集成技术的应用，将使检测结果从定性到定量转变，并融入设备健康状态评估和再制造技术之中，从而形成设备制造、使用、维护和再制造的绿色循环经济体系。

随着微电子技术、计算机技术和与无损检测相关学科的飞速发展，无损检测技术比以往任何时候都会有更加快速的发展。从每一种无损检测新技术的产生、发展到应用不难看出，工业需求和新材料、新工艺的研究是无损检测技术创新的第一源泉，技术自身发展和完善是无损检测技术创新的动力，推广应用是无损检测新技术追求的最终目标。因此，适应技术发展与自我完善的需要，不断创新是无损检测技术发展永恒的主题。

【头脑风暴】

【思考题】

1. 简述各无损检测新技术的应用场景。
2. 简述分析无损检测技术的发展新趋势。

参考文献

[1] 魏坤霞. 无损检测技术[M]. 北京：中国石化出版社，2016.

[2] 王乐生. 射线检测[M]. 北京：机械工业出版社，2012.

[3] 李家伟. 无损检测手册[M]. 北京：机械工业出版社，2012.

[4] 岳玉国. 射线检测[M]. 北京：机械工业出版社，2013.

[5] 邹永宁. 工业 CT 三维图像重建与分割算法研究[D]. 重庆：重庆大学，2014.

[6] 刘丽. 基于红外热波无损检测技术的钢轨裂纹检测研究[D]. 兰州：兰州交通大学，2017.

[7] 王跃辉. 目视检测[M]. 北京：机械工业出版社,2006.

[8] 沈玉娣. 现代无损检测技术[M]. 西安：西安交通大学出版社，2012.

附　录

行业标准